# 페미니즘 고전을 찾아서

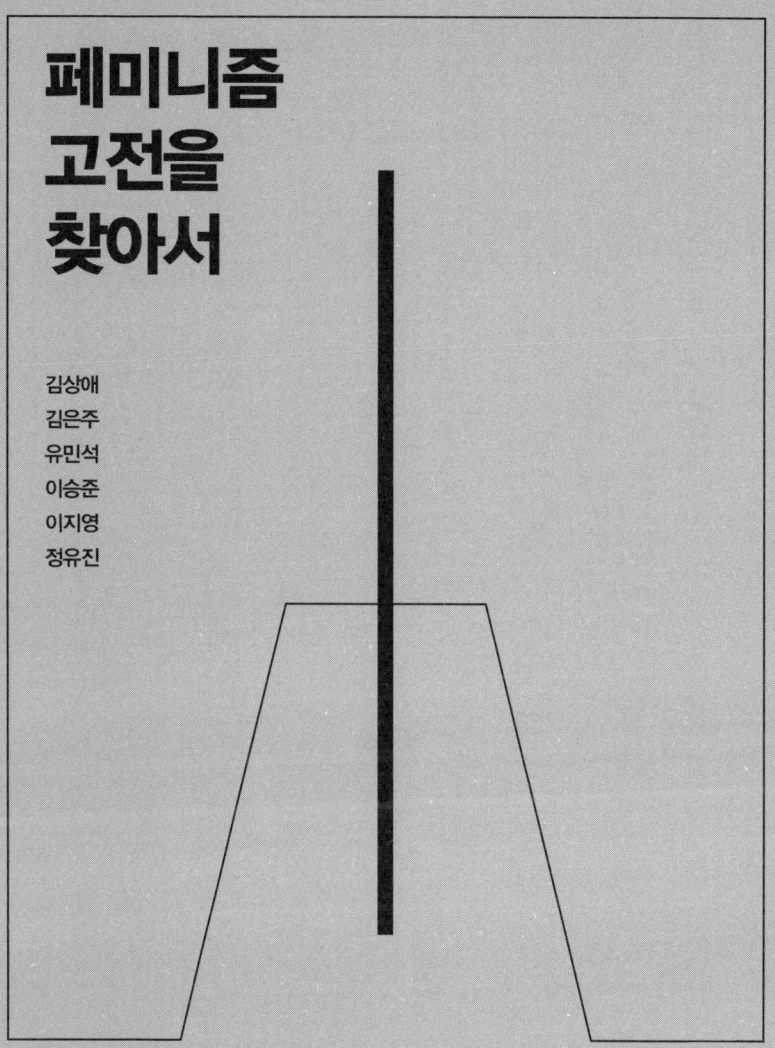

# 페미니즘
# 고전을
# 찾아서

김상애
김은주
유민석
이승준
이지영
정유진

에디투스

# 페미니즘 고전을 생각하다

## 2016년 '강남역 사건' 이후

2016년 5월 17일, 서울 강남역 인근 공용 화장실에서 한 여성이 단지 '여성이라는 이유'로 살해당한 그날 이후, 강남역 10번 출구에는 포스트 잇이 붙기 시작했다. 3만 5천여 장의 포스트잇에는 거리와 직장, 집, 화장실, 학교 등 여성들이 삶을 영위하는 거의 모든 곳이 '강남역'에 다름 아님을 고발하는 외침으로 가득 차 있었다.

강남역 사건 이후, 오랜 시간 침묵하던 여성들은 각자 자신의 목소리로 이 사회가 여성에게 가하는 혐오와 폭력을 고발하기 시작했다. 그로부터 2년이 지난 작년 2018년 1월 29일, 서지현 검사가 법무부 남성 고위 간부로부터 성추행당한 후 인사 불이익을 받았다는 고발이 있었고, 이를 시발로 문화예술계의 폭로가 잇따르면서 이른바 '미투(#Me Too) 운동'이 대중적으로 확산되었다. 이 운동은 무엇보다 안희정 전 충남지사 비서였던 김지은 씨가 업무상 위력에 의한 성폭행으로 안 전 지사를 고발하면서 본격적으로 공론화되었다. 뿐만 아니라 이제 이러한 움직임은 학교 현장에서 오랫동안 묵인되어 온 성폭력과 성희롱을 이야기하기 시작한 십대들의 '스쿨 미투'로도 번지고 있다.

또한 2018년 5월의 '홍대 몰카 사건'과 편파 수사로 촉발된 불법 촬영과 디지털 카르텔을 규탄하는 혜화역 시위를 빠트릴 수 없다. 1만에서 6만 명의 여성을 결집시킨 혜화역 시위는 한국에서 여성들만 참여한 시위 중 역대 최대 규모였으며, 대부분이 인터넷 카페, SNS 등을 통한 자발적 참여라는 점에서도 나름의 의미와 특징을 지닌다 할 수 있다. 이와 더불어 여성의 외모 규제에 저항하는 '탈코르셋' 운동이 전개되었는데, 혜화역 시위와 탈코르셋 운동은 온라인을 중심으로 활동했던 페미니즘 운동이 오프라인과 거리에서도 대중적 파급력을 지닐 수 있다는 사실을 보여 주는 것이었다.

강남역을 기점으로 오늘에 이르기까지, 바야흐로 페미니즘은 한국 사회의 낡은 구조를 해체하고 재편하는 중이다. 이 시간 동안 페미니즘이 주목을 받으면서 이와 관련한 다양하고 많은 책들이 쏟아져 나왔다. 원전(原典)으로만 접할 수 있던 페미니즘 사상가들의 저작이 순식간에 번역되는 한편, 작금의 한국 페미니즘을 진단하는 비평서는 물론 운동의 당사자인 젊은 페미니스트들의 목소리를 담은 책들도 등장했다. 또한 페미니즘 이론의 분화 역시 빨라졌다. '여성도 인간이다'라는 구호에서 나아가, 가부장제의 억압에서 벗어나 여성들만의 목소리를 본격화하려는 논의에서부터 여성들이 서 있는 위치의 차이와 다양함, 퀴어 이론과의 조우에 이르기까지, 온라인과 오프라인에서 그리고 지적 성찰이 이루어지는 학계에서 페미니즘 담론의 지평은 깊고 넓어졌다.

그런 점에서 확실히 페미니즘 사상은 페미니즘 운동의 치열하고도 풍부한 현장성과 더불어 분화하고 다양한 이론과 조우할 뿐 아니라, 새로운 사유 방식으로 우리 사회를 변화시키는 전망을 제시하는 탁월한 성취를 이루어 온 것이 분명하다.


## 페미니즘의 고전을 생각해 보다

이 책은 바삐 달려온 운동의 시간만큼이나 페미니즘 이론의 필요성을 요구하는 한국 사회에, '페미니즘 고전'으로 불릴 수 있는 12개의 저작을 선정하여 그 주요 개념과 의미를 되짚어봄으로써 '지금 여기'를 성찰해 볼 수 있는 기회를 제공할 목적으로 기획되었다.

그렇다면 페미니즘 고전이란 무엇인가? 고전은 라틴어 '클라시쿠스(classicus)'를 어원으로 하며, 보통 모범이 될 만한 속성을 지닌 것, 영속적이고 보편적인 가치를 시간의 흐름 속에서 소진시키지 않는 것을 뜻한다. 그런 점에서, 페미니즘 고전은 페미니즘 사상사에서 변하지 않은 가치를 지닌 저작으로 이해할 수 있다. 그러나 페미니즘의 고전을 단순히 변치 않은 가치라는 의미로서만 설명할 수 없다.

사실상 페미니즘 사상은 근대적 세계관과 더불어 출현했고, 본격적 이론화는 20세기 중반 이후, 제2물결 페미니즘 운동의 성과와 더불어 대학과 학계에서 여성학의 탄생과 진출로 이루어졌다. 그런 점에서도 페미니즘 고전은 오랜 세월을 거쳐도 퇴색되지 않은 정수로만 정의될 수는 없는 것이다. 오히려 페미니즘 고전의 가치와 의미 그리고 그에 대한 정의는 페미니즘 저작을 요청하고 재탄생하게 하는 지금 여기의 현장(location)에서 증명된다.

예를 들어, 이 책에서 소개하고 있는 메리 울스턴크래프트의 『여권의 옹호』는 출판 당시에 잠시 인기를 끌다가 오랫동안 잊힌 채로 있었으며, 여성들의 참정권 운동이라는 사건을 통과하면서 비로소 고전으로 다시 탄생할 수 있었다. 이렇듯 페미니즘 저작은 지금 여기에서 벌어지는 현실을 투과하면서 되살아나고 펼쳐진다. 그 책에 쓰인 글들은 그저 과거의 사실이나 의미로서만이 아니라, 여기 현재의 시간 속에서 우리와 더불어 파묻혀 있던 의미가 생생히 되살아남으로써 고전으로 읽힌다.

고전의 재탄생은, 지금 이 시기 고전을 요청하는 현재를 들여다보게 한다. 이 점에서, 페미니즘 저작을 고전으로 되살리기는 언제나 똑같이 읽어 왔던 동질적인 텍스트 읽기에서 벗어나, 시대의 요청과 상황과 얽히면서 고전이 함축하고 있는 '다름'을 발견해 내는 것이기도 하다. 고전으로서 페미니즘 저작은 누군가가 이미 읽었던 책일 수도 있지만, 지금 여기에서 다시 읽고 또 읽는 이유가 분명해야 할 것이다. 고전은 시대적 호소를 반영해 쓰여 생명을 얻고, 다양한 독자들의 이질적 읽기 덕분에 살아 있다.

이 책이 선정한 페미니즘 고전은 흔히 물결로 비유되는 페미니즘 운동의 서사에서 페미니즘 사상의 계보학을 그려내는 데 의미 있고 동시에 한국 페미니즘 지평에서 다시 읽기가 필요하다고 여겨지는 저작들이다. 저작을 전적으로 지지하는 데 목적을 두기보다, 다시 읽기를 통해 그때 알지 못했던 걸 이제 발견하기도 하고, 그때 발견했던 걸 새롭게 읽어 내기를 시도하려 한다.

이 책은 각 2권의 고전을 하나의 주제/부(part)로 묶어 총 여섯 가지의 주제를 제시해 페미니즘 사상의 흐름을 보여 주려 한다. 1부의 주제 "여성은 인간이다"에서는 근대적 시각에서 페미니즘 이론의 형성을 다룬 메리 울스턴크래프트의 『여권의 옹호』과 존 스튜어트 밀의 『여성의 종속』을 소개한다. 2부 "만들어진 여성을 부수고 자신의 목소리를 내다"는 참정권 운동 이후 오랜 침묵을 깨고 법적 평등을 넘어 '생물학적 가족의 압제로부터의 자유'를 주창한 슐라미스 파이어스톤의 『성의 변증법』과 베티 프리단의 『여성성의 신화』를 통해 제2물결 페미니즘의 주요한 주장을 이해한다. 3부 "가부장제의 숨은 전제를 들추다"는 페미니스트의 시각에서 모성과 이성애에 대한 급진적 성취를 달성한 낸시 초도로우의 『모성의 재생산』과 에이드리언 리치의 『피, 빵, 시』를 다룬다. 4부 "페미니즘, 새로운 공동체를 상상하다"에서는, 이탈리아 페미니스트 마리아로사 달라 코스타의 「여성과 공동체의 전복」과 소위 제1세계의 시각과 재현에서 벗어난 반다나 시바와 마리아 미스의 『에코페미니즘』을 통해 페미니즘 이론이 맑스주의, 생태주의와 만나 일군 성과를 이해한다. 5부 "페미니즘의 영역을 확장하다"는 게일 루빈의 『일탈』과 주디스 버틀러의 『젠더 트러블』이 제시하는 페미니즘 이론과 퀴어 이론의 접면을 들여다본다. 마지막 주제인 6부 "차이와 감정으로 정의를 설명하다"에서는 페미니즘 정치철학의 걸출한 이론가인 아이리스 매리언 영의 『차이의 정치와 정의』와 페미니즘 법철학자 마사 누스바움의 『혐오와 수치심』을 통해, 차이와 감정의 프리즘을 통과해 정의를 새롭게 설명하는 페미니즘의 시도를 조명한다.

이 책은 한국철학사상연구회 웹진 'e시대와 철학'에 실린 글들을 대폭 보완하고 수정하여 만든 것이다. 책의 출간을 고민할 때 다리를 놓아 준 한상원 선생과 출간에 앞서 강의를 제안해 준 '말과활 아카데미', 그리고 이 책이 세상에 나오기까지 함께 고군분투해 준 에디투스 출판사 연주희 대표께 감사의 인사를 드린다. 마지막으로, 한국철학사상연구회 '여성과 철학' 분과에서 함께 공부하고 있는 연구자들에게 깊은 고마움을 전한다.

2019년 7월
저자들을 대신하여
김은주

# 차례

**PART 1**

# 여성은 인간이다

이성에는 여남 없다
**메리 울스턴크래프트의 『여권의 옹호』**

## 김은주

이화여자대학교 철학과에서 여성주의와 들뢰즈 연구로 박사학위를 받았다. 지은 책으로 『생각하는 여자는 괴물과 함께 잠을 잔다』, 『정신현상학—정신의 발전에 관한 성장소설』, 『공간에 대한 사회인문학적 이해』(공저)가 있으며, 함께 옮긴 책으로 『트랜스포지션』, 『페미니즘을 퀴어링!』이 있다. 한국철학사상연구회 여성과 철학 분과에서 공부하고 있다.

나는 여성이 처한 비굴한 의존 상태를 위장하기 위해 남성이 선심 쓰듯 내뱉는 귀엽고 여성스러운 어구들과, 여성의 성적 특징으로 간주되어 온 나약하고 부드러운 정신, 예민한 감성, 유순한 행동거지 등을 거부하고, 아름다움보다 덕성이 낫다는 걸 밝히려고 한다. 남자든 여자든 한 인간으로서 자기만의 개성을 만들어 가는 것이야말로 가장 중요한 목표이므로, 모든 것이 이를 기준으로 평가되어야 할 것이다.[1]

## 가부장제에 핍박받는 여성들을 목격하다

『여권의 옹호(A Vindication of the Rights of Woman)』(1792)의 저자 메리 울스턴크래프트(Mary Wollstonecraft)는 1759년 영국 런던 근교의 스피탈필즈에서 에드워드 울스턴크래프트의 여섯 자녀 중 둘째로 태어났다. 부모의 불행한 결혼 생활과 사회적으로 성공하지 못한 아버지가 어머니에게 그 울분을 푸는 폭력을 목격하면서, 그는 남성에게 여성을 종속시키는 불합

---

[1]  메리 울스턴크래프트, 『여권의 옹호』, 손영미 옮김, 연암서가, 2014, 35-36쪽.

리한 결혼 제도에 대해 의문을 품었다.

18세기 말, 영국의 법은 기혼 여성을 남편의 일부로 취급했다. 여성은 결혼과 함께 모든 법적 권한과 권리를 남편에게 양도해야 했다. 다시 말해 여성은 남편의 폭력 앞에서 저항할 길이 없을 뿐더러 사법적 보호를 받는 일이 불가능했다. 기혼 여성은 채무의 책임은 없었지만 계약서에 대신 서명도 할 수 없었고, 소송의 당사자가 될 수 없었으며, 심지어 법률적 효력이 있는 유언을 남길 수도 없었다. 당연히 그 어떤 경제활동도 불가능했고, 가정의 모든 경제권뿐 아니라 아내가 유산으로 물려받았던 재산과 자식마저도 모두 법적으로 남편에게 속했다.

상속할 장자가 없는 네 자매에게 벌어지는 로맨스와 결혼을 다룬 제인 오스틴(Jane Austen)의 『오만과 편견(Pride and Prejudice)』(1813)을 떠올려 보면, 당시 여성의 상황을 이해할 수 있을 것이다. 교육의 기회 역시 사교육 외에는 가능하지 않았기에, 사회에서 여성이 할 수 있는 일은 존재하지 않았다. 원천적인 기회 박탈로 인해, 여성은 아버지의 딸로 자라 남편의 아내이자 그의 소유로서만 살아갈 수 있었다.

울스턴크래프트는 사회 경제적으로 남편에게 의탁할 수밖에 없는 여성의 고달픈 처지와 결혼 생활의 비참함을 어머니의 경우만이 아니라, 자신의 여동생에게서도 목도했다. 동생 일라이저는 아버지의 폭력에서 벗어나기 위해 일찍 결혼했지만, 결국 가정폭력에 시달리게 되었다. 그는 일라이저를 탈출시킨 후 돌보면서, 여성이 독립적으로 살아가기 위해서는 경제력과 교육이 필요하다는 사실을 절실히 느끼게 된다. 이러한 각성은 울스턴크래프트로 하여금 경제적으로도 독립적이면서 교육받은 여성으로서의 삶을 선택하도록 하였다.

울스턴크래프트는 귀족 부인의 비서와 가정교사로 일했고, 1784년에는 이슬링턴에서 소녀들을 위한 학교를 설립하기도 했다. 그러나 불행히도 학교 경영은 오래 지속되지 못했다. 이후 그는 저술 활동에 집중해, 첫 저작인 『여성 교육론(Thoughts on the Education of Daughters: with Reflections on Female Conduct in the more important Duties of Life)』(1787)을 출간한다.

울스턴크래프트가 살던 시대는 봉건적 구체제가 무너지고 새로운 정치체제를 건설하던 혁명의 시기였다. 런던에서 머물던 그는, 자신이 지지하는 인본주의적 이념을 제시하는 프랑스혁명을 직접 목도하기 위해 프랑스로 건너가 계몽주의 세계를 몸소 체험하기도 했다.

이러한 울스턴크래프트의 삶은 당시의 통념과 관습에서 벗어나는 파격적이고도 역동적인 것이었다. 울스턴크래프트는 파리에서 만난 미국인 길버트 임레이(Gilbert Imlay)와 결혼하지 않은 채 첫딸을 낳는다. 그러나 임레이의 새로운 애인으로 인해 관계는 파탄이 났고, 울스턴크래프트는 절망하게 된다. 그는 강물로 뛰어들어 목숨을 끊으려 했지만 다행히 선원들의 구조로 살아난다. 몇 개월 후, 울스턴크래프트는 영국인 아나키스트 철학자 윌리엄 고드윈(William Godwin)을 만나게 된다. 울스턴크래프트와 고드윈은 평등한 관계를 실험하고 실천했으며, 두 번째 아이를 임신했을 때 두 사람은 결혼했다.

울스턴크래프트의 본격적인 저술 활동은, 1788년부터 런던의 저명한 출판업자 조지프 존슨(Joseph Johnson)이 발간하던 당대의 대표적인 급진주의 계열 잡지 『애널리티컬 리뷰(Analytical Review)』에 서평과 번역문, 에세이 등을 기고하면서 시작된다. 고드윈과 토머스 페인(Thomas Paine), 윌리엄 블레이크(William Blake) 등 당대의 진보적 지식인들과 교류하면서 존슨의 출판사에 근무하는 동안, 첫 소설 『메리(Mary: A Fiction)』(1788), 그리고 『창작 동화집(Original Stories from Real Life: with conversation, calculated to regulate the affections, and form the mind to truth and goodness)』(1788)을 펴냈다. 그러던 중 울스턴크래프트를 유명하게 만든 책이 출간되는데, 그것이 바로『여권의 옹호』(1792)이다.

처음에『여권의 옹호』는 익명으로 출간되었다. 당시 시대적 분위기에서 이 책이 대중에게 미친 영향은 크지 않았지만, 책은 지식인 사회에 폭발적인 반응을 불러일으켰고, 그 유명세에 응답하면서 울스턴크래프트는 2판에서 자신의 이름을 밝히게 된다.[2] 호응만큼이나 반발도 거세, 울스턴크래프트는 '사색하는 뱀', '페티코트를 입은 하이에나'라고 불리기도 했다.

세상에 이름을 알린 울스턴크래프트는 프랑스혁명과 공포정치를 직접 목격한 경험을 바탕으로『프랑스혁명의 기원과 진전에 관한 역사적·도덕적 견해(An Historical and Moral View of the French Revolution: and the Effect It Has Produced in Europe)』(1794)를 저술한다. 뒤이어 1796년에는『스웨덴, 노르웨이, 덴마크에서의 짧은 체류 동안 쓴 편지(Letters Written during a Short Residence in Sweden, Norway, and Denmark)』를 펴낸다.

그러나 그의 저술 활동은 더 이상 계속될 수 없었다. 불행히도 두 번째 딸을 출산하고 열흘 만에 산욕열로 세상을 떠나게 되었기 때문이다. 남겨진 울스턴크래프트의 딸 역시 세계문학사에 이름을 남겼는데, 그가 바로『프랑켄슈타인―현대의 프로메테우스(Frankenstein: or, The Modern Prometheus)』(1818)의 작가 메리 셸리(Mary Shelly)이다.

---

2  출간 후 처음 5년간 3천 부가 팔렸고, 출간되자마자 프랑스어와 독일어로 번역되었다. 이후 50년간은 적은 수밖에 팔리지 않았지만, 미국의 경우 혁명기의 베스트셀러이기도 했다.

## 이성에 여남 없다

1792년, 『여권의 옹호』는 단 6주 만에 쓰였다. 울스턴크래프트는 1789년 혁명 후 프랑스 의회에 제출된 샤를-모리스 드 탈레랑 페리고르(Charles-Maurice de Talleyrand-Périgord)의 1791년 프랑스 제헌국민의회 보고서를 읽고, 탈레랑의 교육 법안에 반대하기 위해 이 책을 쓰기로 결심했다.[3] 교육 법안은 공화국의 모든 소년에게 국민교육을 시행한다는 내용을 담았지만, 교육의 대상에 소녀는 포함되지 않았다.

18세기 계몽주의 사상가들은 인간의 이성과 권리에 대해 그 어느 시기보다도 진보적이었지만, 여성에 대해서만큼은 기존의 습속에서 벗어나지 못했다. 18세기에 계몽주의가 부르짖던 '인간의 권리'라는 말 속에 인간은 오로지 '남성'만을 의미했다. 당대에 가장 진보적이라 불린 존 로크(John Locke)나 장 자크 루소(Jean Jacques Rousseau)와 같은 사상가들조차도 여성을 자연적으로 남성보다 약한 존재로 규정했고, 남성과는 절대로 평등해질 수 없다는 편견을 가지고 있었다.

당시 진보적 남성 지식인들이 주장하는 인권의 범위 속에 여성은 포함되지 않았던 것이다. 그들은 모든 인간에게 이성이 있다고 설파했지만, 실상 그들이 생각하는 인간은 오직 남성뿐이었다. 여성과 남성이 평등하다고 생각하는 남성 지식인은 없었고, 여성은 그저 남성의 보호 아래 보조적 역할을 하는 존재이기 때문에 이성이나 인권이 있을 수 없다고 생각했다.

---

3   탈레랑은 1791년 9월에 제헌의회 헌법위원회의 이름으로 「공공 교육 보고서와 법안」이라는 교육 개혁안을 발표했다. 탈레랑의 이 개혁안은 "자유와 평등의 필수 조건인 공공 교육은 만인을 위한 것이다"라고 선언하면서 교육의 보편성을 강조하고 초·중·고등 교육과정 사이의 연속성을 확립했다는 평가를 받기도 한다. 그러나 이 교육은 어디까지나 미래의 남성 시민을 위한 것이었다.

그 누구보다 계몽주의 사상가였던 울스턴크래프트 또한 이성을 지닌 모든 사람이 평등하다는 계몽주의적 신념을 확고히 가지고 있었다. 이성은 동물과 인간을 구분하는 특질일 뿐 아니라, 인간이 감성과 열정, 감정이 초래하는 도덕적 위기들을 현명하게 극복할 수 있는 토대이기도 한 것이다. 그에게 이성은 귀족과 평민, 남성과 여성 등 외형적이고 후천적인 차이를 넘어서는 인권과 평등의 근거였다.

급진적 민주주의자 울스턴크래프트는 남성만을 인간으로 상정한 계몽주의의 한계에 다시 계몽주의로 맞섰다. 그는 인간에게는 누구나 이성이 있다고 소리를 높였다. 이성의 기준에서 보자면 인간이 후천적으로 획득하는 차이는 그야말로 하나의 우연에 불과한 것이며, 중요한 것은 이성의 이름으로 모든 인간이 평등한 권리와 자유 그리고 의무를 지닌다는 사실이다. 여성과 남성의 다름은, 그들이 영혼과 이성을 지닌 인간이라는 동일함에 비하면 하찮은 것이다. 여남은 똑같이 이성을 지닌 불멸의 존재이기에, 잠재력 역시 똑같이 지니고 있다. 하지만 사회의 습속이 무한한 가능성을 지닌 여성에게 잘못된 대우와 교육 그리고 관습으로 훈육하여, 이성을 지닌 인간으로서 능력을 발휘하지 못하게 한다.

울스턴크래프트는 그 누구보다 이성이 지배하는 평등 사회를 추구하였고, 그 누구보다 인간 이성을 신뢰했다. 그는 인간이 이성과 인간애의 원칙에 따라 행동하게 되면 지식과 도덕의 능력이 증가하고, 그 사회는 그만큼 더 완벽하고 행복해질 것이라고 확신했다. 그렇기 때문에 이성의 힘으로 여남의 불평등한 상황을 해결하려고 했고, 남성 계몽주의 지식인들의 사회개혁 이론 속에 배제된 여성 문제를 포함시켜 여성도 인간이고 당연히 누려야 할 인권이 있음을 역설했던 것이다.

이성을 지닌 인간이라는 점에서 여성의 권리와 평등을 주창한 울스턴크래프트의 주장은 제1물결 페미니즘의 주요한 의제를 선취한 것이었다. 이는 시민의 평등한 권리 쟁취를 목표로 삼아, 투표권·교육권·재산권·노동권의 차원에서 이성을 지닌 존재인 인간으로서 여성의 위치를 분명히 하는 것이기 때문이다.

## 유순한 가축으로 여성을 키우는 낡은 습속과 사회를 비판하다

여성이 인간이라는 당연한 사실을 인정하지 않은 사회는 낡은 습속을 유지하기 위해 문화의 영역에서 정당성을 구축하려 한다. 이 점에서 울스턴크래프트는 여성을 남성의 보조적 역할로만 보는 기존의 사회 관념에 도전하고, 여성을 모욕에 가까운 연민의 대상으로 그려낸 작가들을 비판한다.

울스턴크래프트에 따르면, 여성의 정신이 나약해지고 여성을 아름답지만 무익한 존재로 전락시킨 것은 여성을 인격체가 아닌 '암컷', 혹은 매력적인 연인으로 만든 남성 작가들의 저술 때문이기도 하다. 남성은 여성을 찬미하는 것처럼 글을 쓰지만, 실상 그들이 가정하는 여성은 드높은 이상을 품은 존재가 아니라 남자의 사랑을 탐내는 성적인 존재일 뿐으로, 인류 사회의 일원이 아닌 일종의 이류 시민이다.

> 나는 루소부터 그레고리까지 여성 교육과 풍속에 대해 글을 써온 모든 작가들은 분명히 여성을 더 부자연스럽고 나약한 존재, 그래서 사회에 더 무익한 존재로 만드는 데 일조해 왔다고 단언하는 바이다.[4]

---

4   메리 울스턴크래프트, 『여권의 옹호』, 59쪽.

울스턴크래프트는, 최초의 엄마인 이브를 유순하고 조심스럽고 고분 고분하고 상냥하고 친절하고 부드러운 존재로 그린 17세기 작가 존 밀턴 (John Milton)을 향해 "유순한 가축 같은 존재로 살아가라니 그런 모욕이 어디 있는가?"라며 반문한다. 또한 제임스 포다이스(James Fordyce)가 "기독교 여성에게 가장 잘 어울리는 성품은 다정한 슬픔"이라 말한 것이나, 전쟁·상업·정치 등 힘이나 기민함이 필요한 일과 철학과 같은 추상적인 학문을 하겠다는 여성을 군대에 가겠다는 여성만큼이나 남성적이라고 평한 것[5]에 대해 비판한다.

이러한 사고들은 여성을 감성의 영역에 가두어 두고, 남성이 이성의 영역을 독점하게 한다. 이성을 성장시킬 기회를 박탈당한 여성들이 표준 (norm)의 여성이던 당시 사회에서, 독립적이고 정치적이며 경제적으로 자립한, 그리고 자기 의견을 표명하는 여성들은 "남성적"이라고 묘사되며 힐난의 대상이 되었다.

낡은 사회 습속과 제도가 여성을 오직 감성의 존재로 규정해 버리면서, 여성은 이성을 계발하고 사용할 기회를 박탈당했다. 사회는 여성으로 하여금 감성만을 발달시키도록 유도하고, 정치적·윤리적·사회적 책임을 실천으로 옮길 수 있는 능력을 갖추지 못하도록 가로막았다. 이로 인해 여성은 나약하고 비이성적으로 자라나 사랑과 연애, 몸치장 등 지극히 "반사회적이고 이기적이며 불건전한 삶"에 빠져들고, 더욱 더 의존적인 존재가 되어 갔다.

울스턴크래프트는 여성들의 지위가 "번식용 가축"인 고대나, 남자들의 "노리개"에 지나지 않는 18세기 말이나 거의 변함이 없음을 지적하면서, 여성이 감성의 지배에서 벗어나 이성을 지닌 인간으로 자리매김하기 위

---

5   같은 책, 388-389쪽.

해서는 특히 교육 영역에서 개혁의 필요성이 있음을 역설한다.

## 루소의 『에밀』을 비판하다

울스턴크래프트는 남자든 여자든 한 인간으로서 개성의 중요성을 강조했다. 여남 모두 이 개성을 기준으로 평가되어야 한다는 것이다. 이러한 개성의 표현과 발전은 이성을 지닌 인간으로서 교육을 받고, 성숙을 향한 도야의 길에 들어설 때 가능하다. 그러나 당대의 현실은 여성에게 인격을 발휘하게 하기보다는 자기를 의탁할 남자를 찾는 욕망에 사력을 기울이게 했다. 이 욕망은 여성을 인간이 아니라 동물로 전락시킬 뿐이다.

동물에서 벗어나 여성을 인간이자 인격체로 자리매김하기 위해서 그 무엇보다 중요한 것은 바로 교육이다. 울스턴크래프트는 여성 교육의 중요성을 강조하면서, 『인간 불평등 기원론(Discours sur l'origine et les fondements de l'inégalité parmi les hommes)』(1755)의 저자인 루소를 비판한다.

울스턴크래프트는 당시 베스트셀러였던 루소의 『에밀(Emile ou De l'education)』(1762)에 대해서도 "여성의 매력을 찬미하면서도 그들을 억압하는 저 해로운 책"이라고 신랄하게 비평한다. 루소의 『에밀』은 미래 공화국의 시민을 위한 성장에 이르는 교육에 관해 다루고 있으나, 그에게 아동교육은 오직 소년의 교육뿐이었기 때문이다.

루소는 소녀들이 소년과 같은 교육을 받는 것을 반대했다. 동등한 교육을 행할 경우 남자는 진리를 연구하지만, 여자는 아첨과 술수를 익히려는 목적으로 시간을 허비한다는 것이 이유였다. 루소의 여성관은 봉건적일 뿐 아니라, 악의적이기까지 했다. 루소는, 여성은 비록 생각할 수 있을

지라도 사물의 복잡한 관계들은 파악할 수 없는 존재이며, 영원히 아이에 머무는 운명을 지녔다고 규정했다. 여성은 본질적으로 단순하고, 약하고, 수줍어하며, 또한 어떤 경우라도 독립적인 삶을 영위할 수 있는 상태에 있지 않기에, 여성의 존재를 규정하는 것은 오직 결혼과 모성이라는 것이다.

루소는 『에밀』의 마지막 장에서 미래의 시민 에밀의 배우자 소피를 등장시키고 소피를 위한 교육을 제안한다. 소녀를 대표하는 소피는 인내심과 수동성을 특징으로 지닌 인물로, 주어진 환경을 변화시키기보다는 적응을 잘하는 존재이다. 『에밀』에서 소피는 스스로 생각하기보다 자기 자신의 심신의 약함을 알고, 자연의 목소리를 따르며, 오직 사랑하는 남자의 생각에 자신을 의탁한다. 이러한 소피의 성격은 특수한 여성의 예시가 아니라, 보편적 여성의 성품이라는 것이 루소의 의견이었다.

시민으로 성장하기를 기대 받는 에밀과 달리, 소피의 교육은 성인으로 성장할 에밀의 결혼 상대자이자 공화국의 아이를 낳을 이상적 부인이 되는 것을 목표로 한다. 소피에게 시민으로서 삶은 존재하지 않으며, 오직 에밀의 매력적인 아내이자 이상적 어머니로서 존재할 수 있을 뿐이다.

울스턴크래프트는 루소의 의견이 고리타분한 편견임을 지적했다. 무엇보다도 인간의 평등을 강조한 루소의 생각과 교육관은 서로 어긋난다. 여성을 수동적인 존재로 규정하는 루소의 의견은 실은 여성의 평등한 교육이 뒷받침되지 않는 현실을 반영한 것에 다름 아니다. 소피를 에밀의 배우자로 교육시키려는 루소의 논의는 이성을 타고난 여성을 무시하는 불평등의 반복에 불과하며, 낡고 억압적인 사회를 지속하게 할 뿐이다. 여성을 같은 인간으로 인정하지 않는다는 점에서, 결국 위대한 사상가라 불리는 루소 역시도 낡은 습속의 영향에서 벗어나지 못한 한계를 드러낸 것이다.

울스턴크래프트는 무엇보다도 유년기와 사춘기 시절의 교육의 중요성을 강조했고, 아이가 어른이 된 후에 갖게 될 성품과 성향에 교육이 미치는 지대한 영향력을 알았다. 그 점에서 소피가 받는 교육은 악랄하기 짝이 없는 것이었다. 만약 루소의 말대로 어린 시절부터 소녀 교육을 행한다면, 어떠한 성인 여성이 탄생할지는 예상 가능한 것이다.

루소의 논의만이 아니라, 이미 당대의 여성 교육이 소녀들에게 끼치는 해악은 이루 말할 수 없었다. 그러한 현실에 분개하며 울스턴크래프트는 만일 여성이 어린 시절부터 남성과 똑같이 교육받는다면, 여성은 흔히 말해지는 나약함과는 거리가 먼 존재가 될 것이라 확언했다. 그는 다음과 같이 말한다.

> 남자는 여자보다 체력이 강하다. 하지만 아름다움에 대한 잘못된 인식만 아니면 여자들도 자신의 생계를 책임질 수 있을 것이며, 그것이야말로 참된 의미의 독립이다. 그들은 또 정신을 강화시키는 육체적 불편과 힘든 일도 이겨낼 수 있게 될 것이다.
>
> 여자들이 유년기뿐 아니라 사춘기까지도 남자들과 똑같은 운동을 해서 신체를 단련하면 남자들이 여자보다 과연 얼마나 나은지 알게 될 것이다. 어린 시절에 제대로 교육받지 않은 존재에게서는 어떤 이성이나 미덕도 기대할 수 없기 때문이다. 천상의 바람도 황무지에 뿌려진 씨를 살릴 수는 없는 법이다.[6]

---

6  같은 책, 167쪽.

## 여성 교육의 평등권을 주장하다

최근 여성 교육에 관심이 높아졌지만 아직도 여성은 경박한 존재로 간주되고 있고, 풍자나 교훈으로 여성을 교육하려는 작가들은 여전히 이들을 비꼬거나 동정한다. 여성은 몇 가지 기예를 익히면서 어린 시절을 허송하고, 관능적인 심미안을 기르고, (그 외에는 다른 출세길이 없는 관계로) 자기보다 나은 상대와 결혼하겠다는 욕망을 추구하느라 심신의 힘을 잃어 간다. 이 욕망은 여성을 일종의 동물로 전락시키기 때문에, 결혼한 여성은 옷을 차려입고, 화장하고, 아양을 떠는 등 그야말로 아무 생각 없는 어린아이같이 행동하게 된다. 하렘에나 적합할 이 나약한 여성이 과연 현명하게 가정을 이끌고 자기가 낳은 가엾은 아이들을 제대로 길러낼 수 있을까?[7]

『여권의 옹호』는 비판과 더불어 대안을 모색하고 제시한다. 울스턴크래프트는 18세기 근대 계몽사상가들이 주창한 이성과 인간에 대한 전망에 깊은 신뢰심을 가졌다. 문명에 대해 비판적 태도를 취하는 루소와 달리, 그는 문명의 발전을 막는 것은 권력의 부패일 뿐이라 생각했고 역사의 발전을 신뢰하며 인간 평등의 보장을 희구했다.

계몽주의자로서 울스턴크래프트는 인간 이성을 전적으로 확신했다. 여성 역시 이성을 지녔기에 교육을 통해 변화할 수 있으며, 여성의 평등한 교육과 권리의 쟁취는 남성과 동등한 이성을 지닌 여성의 당연한 책무라고 주장했다. 여성이 복종해야 할 대상은 아버지나 남성이 아니라 인간 고유의 이성이며, 여성이 여성 비하의 풍조에서 벗어나 자립적인 존재가 되기 위해서라도 평등한 여성 교육은 필수적인 것이었다.

---

7    같은 책, 36-37쪽.

하지만 기존의 여성 교육은 여성다운 부드러움과 순종만을 강요하며 여성으로 하여금 이성에 복종하는 인간으로서 의무를 다하지 못하게 했다. 이러한 교육하에서, 여성은 사회적인 인간이자 자립하는 존재가 결코 될 수 없었다. 울스턴크래프트는 남성과 똑같이 이성과 인권이 있는 여성에게 교육의 기회를 제공하지 않는 사회는 계몽주의 이념과 위배되며, 이성의 명령을 따르지 않는 것이라고 거듭 비판했다. 교육의 불평등에서 기인하는 불평등한 여성의 재생산은 여성의 성장만이 아니라 사회의 성장을 막는다는 것이 그 근거였다. 평등한 여성 교육은 따라서 여성의 권리인 동시에, 계몽사상가들조차 편견과 억견에 사로잡히게 만드는 낡고 해묵은 사회의 습속을 타파하기 위한 것이었다.

울스턴크래프트는 이렇게 여성 권리의 옹호와 평등 교육의 쟁취가 사회의 변화와 진보에 일조할 것이라 확신했다. 여성이 이성 발달을 위한 교육을 받는다면 분명 사회는 달라질 것이며 이 교육이 끼치는 변화는 여성만을 위한 것이 아니게 된다. 더 많은 시민들이 성장할수록 사회는 지혜롭게 발전할 가능성이 높아진다는 점에서 여성의 권리 증진은 사회 전체에도 유익한 것이다.

울스턴크래프트의 논의는 여성 교육의 필요성을 제기하는 것에만 머물지 않았다. 가정교사에 전적으로 의지하거나 혹은 기숙학교에 보내는 등 기존의 교육 체제가 가지는 문제점들 역시 조목조목 지적했다. 이렇게 제한된 교육에 대한 대안으로 가정교육과 공공 교육의 구별이 없는 국립 통합제 학교 설립을 제창하기도 했다. 여성 교육과 교육 전반의 개혁에 이르는 이러한 그의 논지는 궁극에는 여성에게 시민의 권리와 의무를 부여해야 한다는 주장으로 나아갔다. 울스턴크래프트는 가까운 미래를 내다보며 앞으로는 여성들도 정부에서 대표자로 일하게 될 것이라고 예견했다. 그와 더불어 여성들이 단순히 가정에 머무르는 것이 아니라 의사·산파·간호사 등 사회적 활동을 할 것이며, 회사 경영·농업·제조업·판매의 영역에도 참여할 것이라 전망하면서, 공적인 공간과 직업의 선택에서 여성 역할을 강조했다.

『여권의 옹호』에서 울스턴크래프트는 무엇보다도 여성에게 호소했다. 그는 여성이 스스로 인간으로서 존엄성을 갖고 독자적인 삶을 살 수 있도록, 이성을 갈고 닦아 발휘해야 한다고 강조했다. 불합리한 기존의 사회상을 개선하고 도덕성을 회복하기 위해서는 무엇보다 여성 스스로가 이성을 가진 존재임을 명심하고, 교육을 통해 자신의 인권을 회복하도록 최선을 다해야 한다는 점을 일깨우려 했다.

## 『여권의 옹호』가 지닌 영향, 한계 그리고 교차성

당대 상황으로 인하여 『여권의 옹호』의 주장은 바로 실행되지 못했다. 그러나 울스턴크래프트를 비롯한 초기 자유주의 페미니스트들의 사상은 여성을 둘러싼 다른 약자들과 연대하면서 영향력을 넓혀 갔다. 페미니즘 사상은 여성으로 하여금 가부장제에서 자신의 처지와 노예의 지위를 견주어 생각하게 하였고, 이로 말미암아 당대 여성들은 그 누구보다 노예 폐지론에 찬성하였다.

특히 『여권의 옹호』에 찬동한 중산층 여성들은 노예노동이 야만적인 설탕 사업과 연관되어 있다는 사실을 알게 되었고, 그 후 노예무역을 중지시키고자 직접 나섰다. 가정 살림에 관여하는 여성들은 1791년 노예제 폐지론자들이 조직한 설탕 불매운동에 참여했다. 노예들이 일하는 재배

현장의 열악한 환경에 경악한 여성들은, 가정에서 식사를 준비하는 주부이자 티타임의 주재자로서 설탕 소비를 줄이기로 결정했다. 그리고 이는 국제적으로 중요한 정치운동으로까지 승화된다.

물론 당시 여성의 지위에 비추어, 불매운동을 조직한 여성들은 청원서 서명을 주도하거나 의회에서 자신의 의견을 피력하는 등 능동적인 역할을 담당할 수 없었다. 그러나 가족의 식료품을 구입할 책임을 지닌 가정의 경영자로서, 설탕 소비의 주체로서 그들의 영향력은 무시할 수 없었다. 게다가 미국독립혁명 당시 차 불매운동을 벌인 미국 여성들의 역할에 감명을 받은 영국 여성들이 설탕 불매운동에 적극적으로 참여하면서 불매 운동은 크게 유행하게 된다.[8] 설탕 불매운동에 그치지 않고, 『여권의 옹호』의 주요한 주장은 이후 참정권 운동으로 번지면서 실질적인 영향력을 발휘하게 된다.

하지만 『여권의 옹호』에서 펼친 울스턴크래프트의 논리는 중산층 여성만을 위한 운동이라는 점에서 한계를 지닌다. 그는 여성 활동의 공적 확장을 주장하나 참정권에 대해서는 짧게 언급한 후 지나가 버린다. 게다가 울스턴크래프트는 대체로 개인주의적 시민 도덕 양성을 목적에 두고 교육 문제를 다룬다는 점에서 온건 노선을 대변하는 것이었다.

무엇보다도 『여권의 옹호』는 성도덕과 가족제도에 있어서 여전히 영국 중산층의 통념과 관습을 따른다. 성역할 구분에 문제를 제기하나, 인간의 표준을 여전히 남성으로 규정했을 뿐 아니라, 예외적인 경우가 아니라면 여성의 영역을 가사와 육아로 한정한다. 울스턴크래프트는 현모양처가 되기 위해서라도, 감성적인 여성이 아니라 이성의 훈련이 필요하다고 역설하기까지 한다.

---

8    최주리 외, 『18세기의 맛—취향의 탄생과 혀끝의 인문학』, 문학동네, 2014.

또한『여권의 옹호』는 중간계급 여성만을 자신의 주요한 독자로 삼는다. 울스턴크래프트에 따르면, 중간계급은 귀족처럼 허영으로 부패하지도 않았고, 노동자계급처럼 빈곤의 무게에 압도당하지 않았다. 독자층을 중간계급으로 설정한『여권의 옹호』는 상류층을 따라하는 중간계급 여성의 허영을 주요하게 비판하며, 건전한 시민으로서 중간계급의 여성의 자리매김에 관심을 두는 것이었다.

결국『여권의 옹호』가 상정하는 이상적 여성은, 이성의 발달을 위해 교육과 정신 수양에 힘쓰고 자녀를 올바른 시민으로 양육하는 어머니이자, 가정과 사회 공동체에 이바지하는 성실한 동반자이다. 이러한 여성은 보수적 입장을 대변할 뿐 아니라 대다수의 여성 노동계급을 배제하고, 그에 근거하여 중간계급 여성의 성장만을 도모하게 된다. 이러한 점에서 울스턴크래프트 입장은 이후 다른 페미니스트들에게 비판을 받게 된다.

또한 이러한 초기 자유주의 페미니스트들은 인간으로서의 여성만을 강조했을 뿐, 남성과는 확연히 다른 여성 자신만의 목소리에 대해서는 생각하지 못했다. 하지만 이후 남성의 반대항으로서의 여성이 아닌 여성의 주체성을 모색하는 입장 역시도 백인 이성애자 여성만을 여성으로 삼는다는 점에서 '누가 여성을 대표하는가?'에 대한 질문들이 계속 이어져 왔다. 이는 중심 밖으로 주변화된 여성들에 대해 이야기하지 않음으로써 또 다른 차별을 야기하는 데 따른 문제제기였다. 이러한 페미니즘 내부의 비판들을 거치면서 오늘날 페미니즘은 동일한 여성이 아니라 다양한 여성들에 대해서도 논의할 수 있게 되었던 것이다.

오늘날 특히 주목해 볼 만한 논의는「인종과 섹스의 교차로를 탈주변화하기—차별 금지 정책, 페미니즘 이론 그리고 반인종주의 정치에 관한 흑인 페미니즘의 비판(Demarginalizing the Intersection of Race and Sex: A

Black Feminist Critique of Antidiscrimination Doctrine, Feminist Theory and Antiracist Politics)」(1989)에서 제시된 킴벌리 크렌쇼(Kimberle Crenshaw)의 교차성에 관한 분석이다. 크렌쇼는 흑인 여성의 경험을 왜곡시키는 단일 축(single-axis)분석과 흑인 여성 경험의 다차면성(multidimensionality)을 대조한다.

크렌쇼는 단일 축에 따른 틀(framework)이 주로 집단의 특권층에 기대어 있다는 사실을 밝힌다. 울스턴크래프트의 여성이 그러했던 것처럼 살아 있는 여성의 경험을 단일 축의 범주로 묶어 버릴 경우, 인종차별과 성차별에 대한 개념과 이해 그리고 개선책에서조차 흑인 여성을 지워버리게 된다. 크렌쇼에 따르면 인종차별은 특권적 흑인 남성의 관점에서, 성차별은 특권적 여성에 맞추어져 다루어진다. 이는 흑인 여성을 페미니즘 이론과 반인종주의 정책 담론에서 몰아낸다. 문제는 이러한 배제로부터 벗어나기 위해서는 이미 확립된 구조에 그저 흑인 여성을 포함시키는 것으로 해결되지 않는다는 데 있다.

무엇보다도 중요한 것은 흑인 여성으로서 겪는 차별에 주목하는 것이다. 흑인 여성은 여러 가지 방법으로 차별을 경험한다. 흑인 여성으로 겪는 교차적 경험은 인종주의와 성차별을 합한 것보다 훨씬 크다. 크렌쇼는 교차로에서 네 방향으로 오가는 차량의 예를 통해 교차성을 설명한다. 교차로를 통과하는 차량과 마찬가지로, 차별은 한 방향으로 흐를 수도 있고 다른 방향으로 흐를 수도 있다. 교차로에서 일어나는 사고는 특정 방향에서의 이동 때문일 수도 있고, 때로는 모든 방향에서의 이동 때문일 수도 있다. 흑인 여성은 교차로에 있기 때문에 성차별이나 인종차별로 인해 다면차적 차별을 당할 수 있다.

흑인 여성은 때로 백인 여성의 경험과 유사한 방식으로 차별을 경험한다. 또한 때로 그들은 흑인 집단 전체기 겪는 일반직인 경험을 공유한다. 그러나 흑인 여성은 빈번하게 인종에 기초한 차별과 성에 근거한 차별이라는 두 가지 차별을 동시에 경험한다. 이 경험은 인종차별과 성차별의 합계가 아니라 분명히 "흑인 여성"에 대한 차별이다. 흑인 여성의 경험은 차별 담론이 제공하는 일반적인 범주보다 훨씬 광범위하다. 그러나 기존의 범주적 분석은 흑인 여성의 경험과 요구를 담은 목소리를 무시한다. 흑인과 여성의 교차성을 고려하지 않은 분석은 흑인 여성이 인종과 여성 모두에서 종속되는 특정한 방식을 충분히 설명하지 못한다.

이렇듯 오늘날의 논의에 비추어 보면 페미니즘 선구자들이 지녔던 한계는 더욱 크게 보일 수 있다. 그럼에도 불구하고, 근대의 태동기를 뚫고 나온 울스턴크래프트의 이론은 봉건적인 당시의 현실을 근대적으로 계몽시키고자 하는 인본주의의 입장에 서서 여성의 독립을 주장하고, 민주주의 시민으로서 여성의 위치를 제시한다는 점에서 그 의의가 결코 적지 않다. 이러한 그의 논의는 당대를 앞서간 급진적인 논의였다. 사적인 영역이라 평가되었던 당시 가정에서의 여성의 위치를 정치적 영역의 문제로 이해하고, 문화에서 반복되는 전형적 여성의 모습이 야기하는 폐해를 비판한 그의 예지는 빛나는 것이었다. 무엇보다도 법 개혁의 힘을 빌려, 평등한 결혼 체계와 여남의 동일노동 동일임금, 재산의 소유와 분배에서 동등한 법적 권리를 구체적인 방식으로 제시하는 그의 이론은 높이 평가하지 않을 수 없는 것이다.

## 울스턴크래프트 이후

 여성의 평등권을 주창하는 울스턴크래프트의 이론은 19세기 전반부에는 크게 주목받지 못하다가 미국에서 일어난 여성 참정권과 시민의 권리 확대 운동에 힘입어 재평가되기 시작했다. 미국에서 시작된 참정권 운동은 이후 영국과 유럽으로 확대되었고, 더불어 여성 교육, 특히 소녀들의 동등한 교육권 쟁취를 위한 운동 역시 불붙듯이 퍼져 갔다. 이런 운동에 힘입어, 오랫동안 책장에서 세월을 지켜 온 울스턴크래프트의 이론은 후대 페미니스트들의 발견으로 먼지를 털고 세상 밖으로 나와 그 진가를 발휘할 수 있었다.

 『여권의 옹호』가 출판된 후 몇백 년이 지난 현재, 여성의 교육권과 참정권은 법적으로 보장된 것처럼 보인다. 하지만 그럼에도 『여권의 옹호』는 현재 진행 중이다. 교육의 평등권이 실질적으로 달성되지 않은 국가도 여전히 많고, 교육 이외에도 그가 제기한 질문들 중 많은 것이 여전히 미완의 과제로 남아 있다. 예리한 통찰력과 역사에 대한 폭넓은 시각으로 오늘날에도 독보적 가치와 현재적 울림을 잃지 않는 비전을 울스턴크래프트는 유산으로 남긴 것이다.

 무엇보다 지금에도 유효한 『여권의 옹호』의 혁명적 통찰은, 당시 여성차별의 문제를 성차에서만 찾지 않았다는 것이다. 울스턴크래프트는 여성차별이 정치·경제 등 여러 분야에서, 신분이나 경제력의 차이에 따른 억압과 결부된 사회구조적인 문제라고 이해하고 그 해결책을 제시했다는 점에서 오늘날에도 중요하게 참고해야 할 페미니즘 사상가로 남아 있다.

 『여권의 옹호』의 저자 울스턴크래프트는 당시 시대의 한계를 뛰어넘어 여성의 권리를 최초로 역설한 급진적 사상가일 뿐만 아니라, 그 누구보다 뜨겁게 삶을 껴안고 치열하게 삶을 사랑했던 사람이었다. 동생에게 남긴 편지에서 스스로 표현한 바와 같이 그는 "닦인 길을 밟아가기 위해 태어나지 않은 사람"이며, 삶에서 그가 한 선택들은 대부분 당대의 사회적 규범과 충돌했다.

말 그대로 불꽃으로 살다간 울스턴크래프트의 삶과 이론은 그 뒤를 따르는 페미니스트들과 사상가들에게 지대한 영향을 끼쳤다. 불행 속에서조차 자신의 존재를 그렇게도 강렬히 느낀 메리 울스턴크래프트, 그에 대한 버지니아 울프(Virginia Woolf)의 말로 이 글을 맺는다.

"'내가 죽는다든지, 나 자신을 잃어버린다는 건 차마 상상할 수 없어요. 내가 존재하길 그친다는 건 불가능해요' 라고 외쳤던 그녀는 서른여섯에 죽었다. 하지만 그녀는 한을 풀었다. 그녀가 죽은 뒤 130년 동안 수백만의 사람이 죽고 잊혔지만, 우리는 지금도 그녀의 편지를 읽고, 그녀의 논리에 귀를 기울이고, 그녀의 실험, 그중에서도 가장 큰 결실을 맺었던 고드윈과의 관계를 생각하고, 당당하고 열정적으로 인생의 정수를 휘어잡았던 그녀를 생각한다. 그러니 그녀는 분명히 일종의 불멸을 얻은 셈이다. 그녀는 여전히 생생히 살아 있고, 따지고, 실험한다."[9]

---

9  같은 책, 486~487쪽.

여성해방은 모두를 위한 것이다

**존 스튜어트 밀의 『여성의 종속』**

**김상애**

동국대학교에서 철학을 공부했으며, 이화여자대학교 대학원 여성학과에 재학 중이다. 여성으로서 나와 내가 거주하는 이 세계를 더 잘 이해하고 잘 살아가고 싶은 페미니스트이다. 한국철학사상연구회 여성과 철학 분과에서 공부하고 있다.

"주요한 지적 인물들 가운데 개인적 삶이 지적 삶에 그렇게 직접적이고 결정적으로 영향을 준 사람은 많지 않다."[1] 역사학자 거트루드 힘멜파브(Gertrude Himmelfarb)가 『자유론(On Liberty)』(1859) 서문에 썼듯, 존 스튜어트 밀(John Stuart Mill)은 삶으로부터 철학을 이끌어 내고, 자신의 철학적 사상을 개인적인 삶에 철저히 반영하며 살았던 실천적인 철학자이다. 철학자인 아버지 제임스 밀(James Mill)의 영향으로 밀은 일찍이 학문의 길에 들어설 수 있었으며, 반려자 해리엇 테일러 밀(Harriet Taylor Mill)은 후에 밀의 아버지를 대신했다고 이야기할 만큼 그의 '정신적 진보'에 결정적인 역할을 했다고 알려져 있다. 이처럼 밀의 철학적 사유는 삶의 여정에서 만난 인물들의 지적·정신적 영향을 크게 받았다고 볼 수 있다.

널리 알려진 『자유론』과 『공리주의(Utilitarianism)』(1861) 등 자신의 정치철학적 사상이 담긴 저서들을 두루 저술한 밀은 런던 웨스트민스터 선거구에서 하원 의원이자 자유당 정치가로 활동했다. 뿐만 아니라 밀은 여성의 권리 획득을 탄원하는 글인 『여성의 종속(The Subjection of Women)』(1869)을 저술하고, 의회에서 여성의 참정권을 발의하거나 전국여성참정

---

1    존 스튜어트 밀, 『자유론』, 권기돈 옮김, 펭귄클래식코리아, 2009, 19쪽.

권단체연합을 결성하는 등 여성 참정권을 획득하기 위한 투쟁에 적극적으로 가담하기도 했다. 개인적 삶이 지적 삶에 영향을 주었을 뿐 아니라, 지적 삶을 개인적 삶에 반영하며 구체적인 실천을 게을리 하지 않았던 그는, 그야말로 실천철학자라는 이름에 값하는 생애를 살다 갔다.

## 19세기 영국과 존 스튜어트 밀의 『여성의 종속』

밀이 자신의 사상을 펼쳤던 시공간적 배경은 19세기 유럽으로, 아직 프랑스혁명의 열기가 가시지 않은 채였다. 영국에는 이미 17세기 명예혁명의 결과로, 프랑스 민중들이 혁명으로 달성코자 했던 입헌 민주주의와 의회 민주주의가 존재했으나, 재산과 교양이 없는 일반 시민에게까지 참정권이 주어진 것은 19세기 중반 이후였다. 다시 말해, 명예혁명 이후에도 영국 사회에는 여전히 성별에 따른 차별은 말할 것도 없고, 종교적·경제적 요소에 따른 정치적 차별이 깊게 존재했다. 민주주의의 본래 의미, 즉 인민주권의 실현을 위한 절차적 민주주의는 19세기에 들어서서 본격적으로 제도화되었던 것이다.[2] 이러한 상황에서 밀은 『대의 정부론(Considerations on Representative Government)』(1861) 등의 저작을 통해 영국의 절차적 민주주의, 즉 선거권의 확대를 주장했으며 의회 의원으로서 이를 위한 목소리를 내는 데 앞장섰다.

이와 더불어 영국에서는 구체제를 상징하는 노예제를 폐지하자는 물결이 거세게 일었다. 영국은 이미 1807년에 노예 매매를 금지했고, 1834년에는 노예제 자체가 불법화되었다. 밀은 미국에서 노예제 존폐 여부를

---

2　강정인 외, 『유럽 민주화의 이념과 역사—영국·프랑스·독일』, 후마니타스, 2010, 121쪽.

두고 일어난 남북전쟁에서 노예제를 폐지하고 노예를 해방하자는 쪽인 북군을 지지하는 선언을 하기도 했는데, 노예제에 대한 내용은 밀의 『여성의 종속』에 자주 언급된다. 밀은 특히 노예를 전적으로 주인에게 종속시키는 노예제와 여성을 남성에 종속시키는 가부장적인 법과 제도들을 유비한다. 나아가 문명사회에 노예제와 같이 개인의 자유를 억압하는 제도는 적합하지 않다고 주장하면서, 여성만은 어째서 남성의 합법적인 지배 대상이 되어야 하는지에 대해 신랄하게 비판한다.

한편 18세기 산업혁명 이후, 영국에서 자본주의의 발달로 등장한 새로운 산업적 질서는 생산 및 노동의 영역인 공적 영역과 재생산 및 가정의 영역인 사적 영역을 뚜렷하게 분리했다. 이러한 공사 영역의 분리는 성별 분업으로 나타났다. 남성은 공적 영역에서 자신의 삶을 적극적으로 개척하는 역할에, 여성은 사적 영역을 지키면서 남성과 가정을 수호하는 역할에 주로 할당되어 이 분업 체제를 유지했다.

위와 같은 남성과 여성에 관한 성차별적 이념은 당대 영국의 법과 제도에 적나라하게 드러난다. 당시 영국에서 기혼 여성은 남편에게 종속된 존재로서 법적 책임과 권리를 가질 수 없었다. 19세기 전반에 걸쳐 여성에 대한 법 개정이 이루어졌으나 여성을 독립적인 주체, 즉 개인으로 인정하는 데까지는 이르지 못했다. 예컨대 1882년, 재산법이 통과되기 이전까지 여성은 재산 소유권과 재산 상속권을 갖지 못했으며, 이러한 권리는 오로지 남편에게만 있었다. 또한 산업혁명 이후 새로 형성된 노동계급 여성들은 매우 적은 임금을 받으며 일했다. 중간계급 여성은 가정에서의 역할이 본분이었기에 모든 생산과정에서 소외된 채 전적으로 남성에게 의존해야만 했다.[3] 그리고 일정 재산과 교양을 가진 엘리트만이 선거에 참

---

3  장정희·조애리, 『페미니즘과 소설 읽기』, 동인, 1998, 17쪽.

여할 자격이 있었던 영국에서 3차 선거법 개정(1884년)을 통해 거의 모든 남성이 선거권을 가지게 된 반면, 여성은 그로부터 30여 년이 지난 1918년에 이르러서야 일부가 선거권을 얻었고, 모든 여성이 영국에서 참정권을 갖게 된 해는 다시 10년 후인 1928년이었다. 여성들이 이에 아무런 저항도 하지 않았던 것은 아니다. 19세기 후반부에는 여성 문제에 대한 관심이 고조되면서 여성 고등교육의 기회 확장, 여성 노동권, 그리고 투표권이나 산아제한에 대한 캠페인 등이 활발하게 일어나고 있었다.[4] 여성이 자신에게 주어진 역할을 수용해야 한다는 전통적 관점에 대해 여성들이 자각하고 도전하게 된 것이다. 밀의 『여성의 종속』 역시 이러한 배경에서 등장했다.

## 해방의 모델, 자유롭고 주권적인 개인

밀은 공리주의 철학자였던 아버지 제임스 밀과 그의 동료이자 스승 제레미 벤담(Jeremy Bentham)에게서 공리주의를 배웠다. 벤담의 공리주의는 선(good)에 대한 추상적인 개념들 대신, "최대 다수의 최대 행복이 선한 것"이라고 주장하며, 쾌락을 선의 기준으로 한다. 벤담은 구체적으로 쾌락(행복)이란 오직 그 양에서 차이가 나며, 선의 유일한 기준은 하나의 행위가 산출해 낼 수 있는 쾌락의 양이라고 말했다.[5] 이러한 공리주의의 원칙에 따르면 다수의 쾌락이 소수의 권리보다 더 선한 것이며, 그리하여 다수를 위해서 때로는 소수의 희생을 정당화할 수 있다는 입장을 지지한

---

4  같은 책, 25쪽.
5  새뮤얼 이녹 스텀프·제임스 피저, 『소크라테스에서 포스트모더니즘까지』, 이광래 옮김, 열린책들, 2004, 520쪽.

다. 이 때문에 공리주의는 다수보다는 소수의 권리와 행복에 주목하는 페미니즘과 양립하기 어려운 것으로 보인다. 그렇다면 공리주의자인 밀은 어째서, 그리고 어떤 원칙에 근거하여 소수자인 여성을 대변하는 목소리를 냈던 것일까?

밀은 스승 벤담의 공리주의를 대폭 수정한다. 벤담의 양적 공리주의 원칙을 질적 접근 방식으로 대체한 것이다. 밀에 따르면 쾌락은 양뿐만 아니라 그 종류와 질에서도 차이가 난다. 그렇기 때문에 선을 판단할 때는 쾌락의 양이 아니라 그것의 종류와 질로 기준을 삼아야 한다는 것이다. 밀이 새롭게 제시한 이러한 공리주의 원칙은 그의 자유주의 사상과 밀접한 관련이 있다. 밀은 개인의 질적 행복을 결정하는 데 있어 육체적인 즉각적 쾌락보다도 개인이 자신의 행위를 스스로 결정하고 결단할 '자유'가 더욱 중요하다고 생각했다. 개인의 질적 행복이 선을 판단하는 기준으로 우선시되어야 한다는 밀의 이러한 공리주의는 따라서 여성의 질적 행복을 향상시킬 자유를 쟁취하기 위한 투쟁인 페미니즘과 양립할 수 있었다. 밀은 이 원칙에 따라 여성의 해방을 주장했던 것이다.

한편 밀이 『자유론』에서 옹호하고자 했던 '자유'는 인간의 '자유의지'와 같은 형이상학적 자유가 아니라, 시민적 자유를 일컫는다. 즉 밀의 논의에서 지속적으로 등장하는 자유는 국가로부터 보호받아야 마땅한 시민의 권리를 의미한다. 밀이 보기에 개인의 자유를 최대한으로 보장해야 한다는 원칙은 매우 자명한 것이었는데, 그 원칙이 잘 지켜지지 않는 까닭은 낡은 관습 때문이었다. 다시 말해 '관습'이 자유를 저해하는 큰 요소였다. 밀은 관습을 인류가 항상 동의해 왔던 것처럼 자명하고 정당해 보이는 규칙들[이지만 사실은 그렇지 않은 것]이라고 정의한다. 그리고 관습은 자연스레 나, 그리고 내가 동감하는 사람들이 바라는 대로 행동해야 한다는 도덕적 감정으로 이어진다고 강조한다.[6] 밀은 일반적으로 형성된 도덕적 감정은 대개 우월한 계급의 이익과 우월성의 감정이 반영된 결과임을 지적하면서, 법과 제도가 이러한 관습과 도덕적 감정에 의해 개인을 강제할 때 자유가 침해된다고 생각했다. 밀은 법과 제도는 개인의 선호와는 달리 강력한 제재를 낳는 대원칙이므로, 아무리 그것이 자연스러워 보이더라도 감정에 따른 것이면 안 된다고 주장한다. 밀이 절대적으로 옹호하는 자유의 원칙은 '사회는 정당한 이유 없이 개인을 강제해선 안 된다'는 것이기 때문이다. 개인 또는 사회가 한 개인의 행위에 정당하게 개입할 수 있는 경우는 자기 보호, 그리고 타인에게 해를 가하는 것을 막기 위한 경우밖에 없으며, 이 경우에도 개입의 조건을 엄밀하게 살펴야 한다는 것이다. 그러한 경우를 제외하고서는 개인은 그 자신의 신체와 정신의 주권자가 되며, 따라서 그에게는 감정·의견·사상·취향·결사의 자유가 있고, 사회는 이를 적극적으로 보호해야 한다. 『여성의 종속』에 담긴 내용은 자유주의 및 공리주의 철학자 밀에게는 '여성 또한 인간임'을 전제하는 한 매우 타당한 귀결이었다.

## 『여성의 종속』 제1장: 여성을 억압하는 제도와 그 근거의 부당함

남성과 여성을 둘러싼 오늘날의 사회적 관계—다시 말해 한쪽이 다른 한쪽에 법적으로 종속되어 있는 상태—를 만들어 낸 원리는 그 자체가 잘못된 것이고, 인간 사회의 발전을 가로막는 중대한 장애물 중 하나이다. 이것은 완전 평등의 원리로 대체되어야 마땅하다. 어느 한쪽에 권력이나 특권을 주면서 그 반대편의 권리를

---

6   존 스튜어트 밀, 『자유론』, 76쪽.

박탈하는 일은 다시는 없어야 한다.[7]

『여성의 종속』은 위와 같은 문제 제기와 그 문제를 바로잡아야 한다는 선언으로 시작한다. 밀의 문제 제기는 일반적으로 보자면 매우 단순하고 쉽게 받아들일 수 있는 주장이다. 어느 한 인간 집단을 정당한 이유 없이 다른 인간 집단에 종속시켜 자유를 박탈하는 원리는 그 자체로 잘못되었다는 주장, 그리고 이 잘못된 원리가 평등의 원리에 의해 수정되어야 한다는 주장은 논리적으로 그리고 규범적으로 반박될 여지가 거의 없다. 그러나 이러한 문제가 여성과 남성의 문제로 구체화되었을 때, 이는 매우 받아들이기 어려운 주장이 된다. 밀은 그 이유를 여성의 종속을 유지하는 관습과 이를 보장하는 제도가 논리로 반박할 수 없는, 뿌리 뽑기 어려운 감정에 기반하기 때문이라고 지적한다.

인간은 지금까지 자유를 부당하게 구속하는 수많은 족쇄들을 부수며 진보를 이룩해 왔다. 그러나 남성이 여성에게 강요한 족쇄는 그 성질이 다르다.[8]

밀은 이와 같이 '여성 문제'를 여타의 계급적 문제와 근본적으로 다른 문제로 위치시킨다. 앞서 말했듯, 여성과 남성의 지배-종속 관계는 오랜 기간에 걸쳐 지속되어 온 지독한 관습이기에 여성 문제는 특수하다. 다른 한편으로 폭력적이고 강제적으로 지배-종속 관계에 놓이는 과거의 노예제와는 다르게 여성이 그와 같은 관계를 내면으로 받아들이고, 심지어는 그것을 자발적으로 원하도록 교육받기 때문에 여성의 종속은 특수한 분

---

7    존 스튜어트 밀, 『여성의 종속』, 서병훈 옮김, 책세상, 2018, 13쪽.
8    같은 책, 41쪽.

석을 요한다. 밀은 여성이 종속 상태에 있는 다른 계급과 근본적으로 차이가 나는 이유를 "그들의 지배자가 단순히 복종하고 떠받드는 것 이상을 요구하기 때문"이라고 말한다. "남성은 여성이 복종하는 것 그 자체로는 만족하지 못한다. 여성의 마음까지도 지배하고 싶어 한다"[9]는 것이다. 밀이 바로 이어지는 다음 장에서 사적인 감정을 토대로 맺어지는 관계인 결혼을 분석 대상으로 삼는 까닭도 이 때문이다.

밀은 여성 문제의 특수성을 논하면서, 여성을 사회적 종속 상태에 두는 사회제도가 혁파되어 사라져야 할, 구시대의 유물임을 강력하게 주장한다. 밀이 보기에 '남성의 여성 지배'를 정당화하는 논거는 매우 취약했다. 왜냐하면 그것은 강한 자가 약한 자를 지배해야 한다는 반문명적 원칙, 자연스러움에 대한 관습적 사유, 그리고 그 누구도 완벽하게 알 수 없는 남성과 여성의 본성에 호소하기 때문이다.

> 자연스럽지 못하다는 것이 일반적으로 관습에 어긋난다는 것을 뜻하듯이, 일상적인 것은 모두 자연스럽게 보이는 것이다. 여성이 남성에게 종속되는 것이 보편적인 관습이기 때문에, 그런 관행에서 조금만 벗어나도 부자연스러운 일인 것처럼 보이는 것은 당연하다. 그러나 이 경우에도, 감정이라는 것이 관습에 의해 결정적인 영향을 받는다는 사실을 수많은 경험이 증명하고 있다.[10]

『자유론』에서도 강하게 언급했듯, 밀은 여성의 자유를 억압하는 그 모든 것 중에서도 관습을 가장 큰 방해물로 본다. 관습은 오랜 시간에 걸쳐 사람들 사이에서 당연한 것으로 행해지는 규칙과도 같은 것이기 때문

---

9  같은 책, 40쪽.
10  같은 책, 35-36쪽.

에 한 번에 변화시키거나 없애기 어렵다. 하지만 일반적으로 '자연스러운 것'은 정말로 '그러한 것(본성)' 혹은 '그러해야 하는 것(당위)'이 아니라 관습적인 것, 즉 오랜 시간에 걸쳐 만들어져 통용되는 것이기에 '그렇게 보이는 것'일 뿐이다. 밀은 전근대 신분제와 고대 스파르타의 여성상을 그 사례로 제시한다. 봉건시대에 귀족의 평민 지배는 자연스러운 것이었고, 이제는 모두가 정당하게 인정하는 일반 시민(당시의 농노)의 정치 참여는 부자연스러운 것이었다. 또한 근대 영국의 연약하고 소극적인 여성상과는 달리 고대의 스파르타 여성들은 남성과 동등한 신체적 훈련을 받았고, 이를 통해 당시의 사람들은 여성과 남성의 신체적 능력이 다르지 않다는 것을 자연스럽게 여겼다. 요컨대 여성의 본성을 열등하거나 연약하다고 규정하는 관습, 그리고 이런 관습적 사유를 근거로 삼아 여성의 자유를 제한하는 법과 제도는 결국 부당하다는 것이다.

## 『여성의 종속』 제2장: 노예와 다를 바 없는 결혼한 여성의 현실

우리는 일반적으로 결혼을 두 사람의 자발적인 결합이라고 생각한다. 밀은 결혼을 동업 관계와 같이 자유로운 두 개인의 평등한 계약과 비교한다. 만약 결혼이 계약이라면 다른 계약과 다를 바 없이 자발적으로 이루어져야 하며, 계약 안에서 두 사람은 평등한 지위에 있어야만 한다. 그리고 계약에 참여한 모두가 관계를 취소할 권리를 가져야만 그 계약을 자유롭고 평등한 것이라 말할 수 있을 것이다. 이러한 점에서 밀은 결혼이 자유롭고 평등한 계약이라 보기 어렵다고 지적한다. 계약 직후 여성은 남성에게 전적으로 종속될 뿐만 아니라, 관계를 취소할 권리 또한 남성에게만 부여된다. 결국 남성만이 결혼이라는 관계에서 절대적인 우위를 점하며 여성은 그에 종속된다. 따라서 밀은 결혼을 노예 계약과 다를 바 없다고 보았다.

이와 같은 결혼 제도의 불합리함은 당시 다음과 같이 법으로 보장되어 있었다. 첫째로 아내는 남편이 시키는 일을 하지 않으면 안 되며, 남편의 허락 없이는 어떤 일도 할 수 없었다. 둘째로 아내는 어떤 것도 소유할 권리가 없었다. 유산을 통한 것이든, 노동을 통한 것이든, 혹은 여성이 어쩌다가 재산을 갖게 되더라도 그것은 결혼과 동시에 사실상 남편의 것이 되었다. 셋째로 남편만이 자녀에 관한 법적 권리를 가졌다. 여성은 남편의 대리로서가 아니라면 자녀에게 또는 자녀들과의 관계에서 어떤 행동도 할 수 없었다. 심지어 남편이 아이를 다른 곳으로 입양 보낸다 할지라도 아내에게는 이를 반대할 권리가 없었다. 넷째로 여성은 남편과의 관계를 끊어내기가 매우 어려웠다. 남편은 법원의 정식 이혼 판결을 받지 않은 한에서 합법적으로 아내를 강제로 돌아오게 할 수 있었고, 심지어는 여성이 앞으로 벌 돈이나 친지로부터 받을 유산을 가로챌 수도 있었다. 여성은 매우 극단적인 상황에 한하여 이혼을 신청할 수 있었으나, 높은 소송 비용 때문에 사실상 이혼 판결을 받을 수 없었다. 이처럼 여성은 결혼과 동시에 법적으로 매우 취약한 위치에 놓여 있었다. 남편과 아내는 결혼함으로써 "법적으로 같은 사람"이 되었지만 사실상 법은 남성에게만 인격을 부여함으로써 아내의 모든 것을 남편에게 종속시키도록 보장할 뿐이었다.

물론 모든 남편이 아내를 노예처럼 부리고 폭력을 행사하지는 않았을 것이다. 하지만 밀은 잠재적인 폭압을 합법적으로 유지하는 것은 법과 제도의 역할이 아니며, 오히려 "법과 제도는 착한 사람이 아니라 사악한 사람을 염두에 두고 만들어져야 한다. 결혼이라는 제도는 소수의 선택된 사람들만을 위해 존재하는 것이 아니다"[11]라고 말하면서 이와 같은 제도적 불평등을 시정할 것을 강력하게 주장했다. 모든 남성은 결혼하는 순간 남편으로서의 완전한 법적 권력이 부여되고 보장되지만, 남편들 중 그 누구도 결혼 전에 스스로가 절대권 행사에 적합하다는 것을 증명하지 않고 법도 그것을 요구하지 않기 때문이다.

한편 밀은 아내를 학대하는 사람은 다른 생활 영역에서는 문제될 행동을 하지 않는다고 말했다.[12] 이를 통해 밀은 사회에서 개인의 신체와 재산을 보호하기 위해 존재하는 법이 동시에 집안에서는 남편의 절대적인 권리를 보장하면서 아내에 대한 남편의 폭력을 공공연하게 용인하는 이중성을 꼬집는다. 이는 다른 한편으로 밀이 가정폭력을 특수한 것으로 인지하고 있었다는 점을 보여 준다. 가정이라는 사적 영역에서 일어나는 폭력이 사소한 것으로 간주되거나 은폐되기 쉽다는 본질을 꿰뚫고 있었던 것이다.

그런데 밀은 제2장 전체에 걸쳐 결혼 제도의 불합리함을 신랄하게 비판하면서도, 결말에 이르러서는 결혼 제도가 적절히 개선된다면 결혼만큼 남녀를 도덕적으로 성숙하게 하고 행복하게 할 결합 관계는 없을 것이라며 결혼을 예찬한다. 말하자면 밀은 결혼 제도를 수정·보완 가능한 것으로 간주했을 뿐, 제도 그 자체에 근본적으로 도전하지는 않았다.

결혼한 사람들이 법 앞에서 평등하다는 것은, 결혼이라는 특정 관계가 당사자 모두에 대한 정의와 부합하면서 두 사람을 함께 행복하게 만들 수 있는 단 하나의 양식일 뿐 아니라, 인간의 일상생활이 웬만한 수준 이상으로 도덕심을 함양하는

---

11  같은 책, 79쪽.
12  같은 책, 80쪽.

학교가 될 수 있게 해주는 유일한 방법이기도 하다.[13]

## 『여성의 종속』 제3장: 공적 영역에 진출할 여성의 자유와 권리

지금까지 결혼 제도에 있어서 남성과 여성이 동등한 권리를 누려야 한다는 밀의 주장을 요약했다. 제3장에서 밀은 가정 내의 평등에서 나아가, 여성이 정치와 경제에 참여할 수 있는 권리에 대해 논한다. 즉 '공적 영역'에 진출할 여성의 자유와 권리에 대해 소상히 밝힌다. 여성이 사적 영역인 가정에 머무는 것은, 흔히 말하듯 여성의 능력이 부족하거나 혹은 여성이 공적 영역에 진출하는 것이 정의에 부합하지 않기 때문이 아니다. 대다수 남성들은 여성이 가정 내에서 집안일에만 전념하고, 여성의 복종이 유지되기를 원하기 때문이다. 이는 밀이 계속해서 강조하듯, 사회 전체가 아닌 남성의 배타적인 이익을 위해 지속되어 온 관습이다. 이처럼 공적 영역에서의 여성 배제는 정당성이 아닌 관습에 따른 제도적 차별이므로, 여성에 대한 억압일 뿐만 아니라 사회에 대한 해악이다. 여기에서 밀은 "스스로의 책임 아래 각자가 원하는 대로 직업을 선택할 수 있는 권리를 가져야 한다"는 정의의 원칙을 제시한다. 여성이 인간이라면, 그러한 권리를 애초부터 부인하는 것은 정의에 부합하지 않는다는 것이다.

밀은 여성의 투표 행사 권리, 즉 정치적 영역에 자유롭게 참여할 권리는 모두가 마땅히 가져야 할 최소한의 자기 보호의 수단을 가진다는 점에서 중요하다고 강조한다. 헌법의 역할은 사람들의 신탁에 있어 필요한 모든 안전장치와 제한으로 선거권을 보호하는 것이며, 법적 보호를 받는 모

---

13  같은 책, 95쪽.

든 사람은 누가 어떤 법을 만드는지 알고 선택할 권리가 있다는 것이다. 밀은 여성이 공적 책임을 맡지 못할 이유가 없음을 다음과 같이 논증한다. 공직은 '자격 있는' 사람이 맡아야 한다. 어떤 여성이든 공개경쟁에서 승리하기만 하면 그런 일을 할 '자격이 있'다. 그러므로 단지 몇몇 여성이라 할지라도, 그 자리에 대한 자격이 인정될 경우에 그런 가능성을 막는 것은 어떤 이유로도 정당화될 수 없다.

또한 밀은 여성이 남성보다 실제로 공직을 맡을 역량이 부족하다 할지라도 그것은 본성에 의한 것이 아니라 사회화와 교육의 부재로 인한 것이므로 여성이 남성과 동등하게 교육 받을 권리를 강력히 주장한다. 남성들 사이에 존재한다고 여겨지는 정신적 차이는 그들이 받은 교육과 상황 차이에 의해 비롯되는 것일 뿐이라는 점에서, 남녀 간에 근본적인 차이가 있다는 생각 역시도 근거가 없다는 것이다. 여성은 남성과 달리 언제나 억압의 상태에 있었고, 그렇기 때문에 그들의 본성이 심각하게 왜곡되고 훼손될 수밖에 없었을 것이라고 밀은 생각했다. 그렇다면 만일 여성의 본성을 남성의 본성처럼 자유롭게 성장할 수 있도록 놓아둔다면, 그리고 만일 인간 사회의 조건이 남녀에게 공통으로 줄 수 있는 것 외에 어떤 인위적인 제약도 여성에게 가하지 않는다면, 남녀의 성격과 능력 사이에 실질적인 차이가 있다고 단언할 수 없을 것이다. 다시 말해 남녀의 차이조차 자연적 능력의 차이가 아니라, 후천적으로 상황에 의해 만들어진 것에 불과할지도 모른다는 것이다. 요컨대 교육이란 공적 영역에서 역할을 다할 수 있는 기회 그리고 조건과 밀접한 관련이 있다. 밀은 교육이 남녀의 근본적인 차이마저 조직할 수 있는 계기라 보았다. 따라서 여성이 남성과 동등하게 교육을 받을 권리는 매우 중요하다는 것이다.

## 『여성의 종속』 제4장: 여성해방은 인간 모두를 위한 것이다

　『여성의 종속』의 결말부인 제4장에서 밀은 앞선 논의를 종합하며 여성의 종속이 여성뿐만 아니라 사회 전체에 해악을 끼치고 있음을, 그리하여 여성해방은 여성뿐만 아니라 인간 모두를 위한 것임을 강조하며 여성의 종속을 뿌리 뽑는 데에 동참할 것을 호소한다. 밀은 '행복'은 합리적 자유에 따른 삶을 사는 것이며 각자의 능력을 자유롭게 자신이 원하는 대로 발휘하는 것이라 규정하고, 그러한 '행복'을 선의 기준으로 삼는다. 이처럼 개인의 자유를 인간 복지에 무엇보다도 중요한 것이라 생각한 밀이 여성의 자유를 보장할 것을 주장하는 것은 자명한 이치이다.

　그러나 여성해방은 여성의 배타적 이익에만 기여하는 것이 아니다. 밀은 여성이 종속에서 벗어나 자유를 획득한다면, 두 가지 측면에서 남성에게도 도움이 될 것이라 말한다. 우선 남성이 여성을 전적으로 지배하는 법과 제도가 변화하여 남녀 관계가 달라진다면 남성이 보다 더 도덕적으로 성숙하게 될 것이므로 이롭다. 단지 남성으로 태어났다는 이유만으로 여성에 대해 모든 권리를 행사할 수 있는 남녀 관계는 오히려 남성들의 인격적 성숙을 방해함으로써 그들을 이기적으로 만들고, 근거 없이 자신을 숭배하도록 부추겨 도덕적인 해악을 끼친다. 실정법이 단지 남성으로 태어났다는 이유만으로 본인보다 우월한 여성들까지도 포함해 인류 절반보다 높은 자리에 오를 권리가 있음을 명시하고 있기 때문에 남성은 헛된 믿음에 사로잡힌다. 밀은 이런 믿음이 개인으로서 그리고 사회인으로서 남성의 삶 전체에 심각한 악영향을 끼칠 것이라 우려한다. 자신이 다른 하나의 성 전체보다 우월하다는 착각, 그리고 그들 중 한 명인 자신의 아내에 대한 사적이고 개인적인 권위의식이 합쳐져 (자신의 성취가 아닌 우연적인 이점임에도 불구하고) 그것을 자랑하는 최악의 종류의 '자부심'을 느끼게 되는 것이다. 심지어 밀은 이 '왜곡된 자부심'이 다른 남성들과의 관계에서 도전받아 억제될 경우, 그들은 그것을 인내해야 할 의무가 있는 위치에 있다고 간주되는 대상, 즉 아내에게 분풀이하는 어리석음을 범하게 된다고 말한다. 밀은, 따라서 여성이 가정이라는 굴레에서 벗어나 자유롭게 교육을 받고 지적 능력을 향상시킨다면, 남성은 잠재적으로 그러한 여성과 짝을 맺게 될 것이기에 이롭다는 주장을 편다. 밀은 그 자신이 지성 있는 여성과 지적으로 그리고 정신적으로 활발한 교감을 나눈 경험이 있었기에 행복한 결혼 생활에 있어서 비슷한 수준의 지적·정신적 능력을 지닌 짝과 결합하는 것은 매우 중요하다고 확언한다.

다음으로 밀은 여성해방이 인류 전체에도 도움이 될 것이라고 역설한다. 그 근거로 밀은 행위자가 아니라, 행동으로만 존중받아야 한다는 정의의 원칙을 들어 그의 주장을 받아들일 것을 요구한다. 어떤 신분의 사람인지가 아니라 무엇을 하는가, 즉 정체성이 아니라 능력만이 모든 권력과 권위의 근거가 되어야 한다는 것이다. 여성으로 태어났다는 이유만으로 남성에게 전적으로 종속되어야 한다는 주장과 이 정의의 원칙은 분명 모순된다. 양립 불가능한 이 두 원칙 중 부정의, 즉 특정 개인이 타인에 대해 지속적인 권위를 지니는 것을 허용하는 원칙을 폐기하지 않는다면 정의의 원칙을 세우려는 문명의 모든 노력은 허사일 것이다. 덧붙여 밀은 이와 같은 정의의 원칙만 아니라 공리주의의 원칙을 들어 여성해방이 사회 전체에 이익이 된다는 사실을 논증한다. 행복의 양을 늘리는 것은 공리주의의 매우 중요한 원칙이며, 여성이 자유로워진다면 인류 절반의 행복의 양을 늘리는 것이기 때문에 사회에 이롭다는 것이다.

## 밀의 자유주의 페미니즘, 그 현재적 의의

　인간의 정신 능력을 무엇보다 찬양하는 휴머니즘이 태동하여, 이를 기반으로 근본적인 사회개혁과 인류사의 진보가 몇 세기에 걸쳐 일어났던 서양의 근대에 밀은 급진적인 도전장을 던진다. 여성의 종속을 유지하는 악습을 끝장내지 않는 한 진정한 인류의 진보를 이루지 못할 것이라 경고했다. 밀이 보기에 모든 인간이 자유로울 권리를 가진 문명과 진보의 시대에 여성은 부당하게 권리를 박탈당한 몇 안 되는 인간 집단이었다. 문명사회에 걸맞지 않는 부당한 제도를 변혁할 깃올 호소하는 근거는 그가 평생 닦아온 이론적 작업에 기반한다. 밀의 『여성의 종속』은 "개인의 자유는 다른 개인의 자유를 침해하지 않는 한 보장되어야 한다"는 자유주의 원칙과 "자유는 개인의 고차원의 행복을 보장하며, 따라서 더 많은 인간에게 자신의 삶을 결정할 자유를 보장하는 것은 사회 전체의 행복을 늘리기 때문에 이롭다"는 공리주의의 관점, 그리고 "행위자(의 정체성)가 아니라 행위(능력)만이 존중되어야 한다"는 정의의 원칙을 바탕으로, 여성의 권리를 박탈하는 법적·제도적 차별을 없앨 것을 주장했다.

　밀은 『자유론』과 『여성의 종속』을 통해, 여성은 자유로운 주체가 될 수 없으며 남성에게 종속되어 마땅하다는 생각이 여성의 본질과는 무관한 관습적 사유에 불과하다는 점을 논증했다. 여성은 지적·도덕적 능력에 한계가 있기 때문에 자유를 누릴 권리가 없고, 여성은 집안에 머무르며 가정을 돌보는 것이 자연스럽다고들 하지만 그 '자연스러움'은 정말로 그러한 것이 아니라 관습이 그렇게 생각하도록 만들었다는 것이다. 관습적으로 생각되어 온 여성성과 여성상에 도전해 온 역사를 페미니즘의 역사라고 본다면, 밀의 이러한 통찰은 페미니즘의 핵심을 짚고 있다고 볼 수 있다.

밀의 당대에는 '젠더', 즉 사회문화적으로 형성되는 성별에 대한 관념과 그를 지칭하는 용어가 존재하지 않았다. 그럼에도 그가 『여성의 종속』에서 강조하듯, '자연(본성)'과 관습·교육을 통해 만들어진 '자연스러움(인위)'을 확실하게 구분하기 어렵다는 그의 관점은 젠더에 관한 현대 페미니즘의 논의와 매우 밀접하게 연결된다.

나는 지금 보이는 남녀 사이의 정신적 차이 중 어느 부분이 자연적인 것이고 또 인위적인 것인지 알 길이 없다고 여러 번 이야기했다. 과연 그런 자연적인 차이라는 것이 있기나 한지, 또는 모든 인위적인 차이라는 것을 배제했을 때 어떤 자연적인 성격이 남게 될지 알 수 없는 것이다.[14]

여성의 본성에 관해 아주 우습지도 않은 고정관념들이 형성되고 있는데, 그것은 철학이나 엄밀한 분석에 바탕을 둔 것이라기보다 그저 경험적 일반화에 지나지 않는 것들이다. 그리고 사람들이 품고 있는 그런 생각들은 나라에 따라 서로 다른데, 그럴 수밖에 없는 것이 각 사회의 여론이나 사회적 환경이 여성에게 자기 발전을 위한 특별한 기회를 제공하는지 여부가 중요한 변수가 되기 때문이다.[15]

이처럼 밀은 '여성은 어떠하다'에 대한 관념은 환경과 맥락에 따라 달라질 수 있다고 강조하면서 여성에 관한 모든 '자연스러운' 관습적 사유를 배격한다. 이러한 밀의 통찰은 젠더를 구성하는 내용이 다른 변수에 의해 질적으로 달라질 수 있다는 제3물결 페미니즘의 논의와 넓은 맥락

14  같은 책, 144쪽.
15  같은 책, 141쪽.

에서 함께 검토해 볼 만하다. 밀이『여성의 종속』에서 주장했던 자유와 평등의 원리는 이처럼 페미니즘의 사상적 발전에 큰 자원이 되었다.

그럼에도 밀의『여성의 종속』을 현대의 맥락에서 본다면 페미니즘의 여러 가지 쟁점을 간과하고 누락하고 있다고 볼 수 있다. 밀은『여성의 종속』제1장에서 "남성이든 여성이든 이성에 대해 자연스럽게 마음이 끌린다"는 것은 부정하기 어려운 사실이라고 적고 있다. 여기에서 이성애와 이성애적 결합을 자연적인 것으로 사고하는 밀의 한계가 엿보인다. 밀이 해방시키고자 했던 억압받는 주체가 기혼 여성에 한정되어 있는 것도 이에 따른 것이라고 유추할 수 있다. 이와 더불어 남성과 여성이 잠재적 능력과 시민적 권리 차원에서 차이가 없다고 계속해서 언급함에도, 밀은 암묵적으로 남성과 여성이 자연적으로 다른 존재임을 가정하고, 자유롭고 자율적인 주체의 이상적인 모습을 남성으로 전제한다. 밀은 주로 남성의 영역으로 간주되던 정치와 경제 등의 공적 영역에 여성이 진출할 자유와 권리에 대해서 논하지만,『여성의 종속』그 어디에도 기존에 여성의 역할로 여겨지던 일들, 예컨대 돌봄이나 가사노동 등을 양성에게 똑같이 할당해야 한다는 언급은 나오지 않는다. 정치철학자 웬디 브라운(Wendy Brown)은 밀이 여성의 몸에 대해서는 거의 언급하지 않는다고 지적하면서, 밀이 남성과 여성이 다르지 않다고 말하는 동시에 남녀의 차이를 본질화하는 모순을 비판한다. 밀은 "공적 삶에 참여할 수 있는 여성의 능력을 옹호하고 시민권의 소유자에 걸맞게 여성을 변화시킬 수 있다고 주장하기 위해, 여성을 신체화된 존재로부터 추상화하는 동시에 성별화된 여성의 신체를 사사화하여 개별 남성의 소유로 계속 남겨 놓았던 것이다."[16]

밀은 여성에 대한 법적·제도적 차별이 존재하는 시대에 살았던 사람이

---

16  웬디 브라운,『관용―다문화제국의 새로운 통치전략』, 이승철 옮김, 갈무리, 2013, 117쪽.

다. 그는 여성에 대한 제도적 차별이 없어진다면 모든 인간이 평등하고 자유롭게 스스로의 삶을 개척할 수 있으리라 전망했다. 현대에는 '포스트 페미니즘'[17]이라는 말이 등장할 정도로 공적 영역으로의 여성 진출은 확대되었고, 헌법은 여성의 모든 권리를 보장하며, 적어도 제도상으로 여성이 할 수 없는 일은 이제 없다. 기혼 여성들은 자신만의 배타적인 재산을 가질 권리와 결혼 관계를 그만둘 권리를 가지며, 이혼할 경우 아이의 양육권은 당사자 부모의 협의와 법원의 판결을 통해 분배된다.

어쩌면 밀이 기대한 차별 없는 평등한 세상이 이미 도래한 것일지도 모른다. 그러나 다른 차원에서 여전히 불평등과 부정의는 존재하며, 그렇기 때문에 페미니즘이 필요 없는 세상은 아직 도래하지 않았다. 페미니스트 정치철학자 아이리스 매리언 영(Iris Marion Young)이 그러했듯, 모든 인간을 동등한 주체로, 독립적인 개인으로 가정하는 제도적 평등과 기회의 평등이 과연 정의를 보장하는지 다시 물을 수 있다. 영은 동등한 출발선이 동등한 지위를 보장할 것이라는 자유주의적 평등관을 동화주의의 이상이라고 비판한다. 밀이 주장한 자유와 평등은 그간 박탈당해 왔던 기본권을 보장한다는 측면에서 유의미하나, 밀 자신도 지적했듯 불평등은 제도뿐만 아니라 뿌리 깊은 감정과 관습적 사유에 의한 것이다. 법에 명시되지 않은 관습마저 근본적으로 변화시키기 위해서는 더 적극적인 차별 개선안이 필요하다.

마지막으로 법적·제도적 차별의 시대가 종식된 이후 등장한 소수자 '혐오'의 문제는 밀의 입장에서 어떻게 해석할 수 있을까? '혐오'란 감정

---

17 접두사 'post(이후)'와 '페미니즘'이 결합하여 '요즘 시대에 여성 차별이 어디 있느냐, 페미니즘은 낡은 유물이다, 페미니즘이 필요한 시대는 이미 끝났다'는 안티페미니즘적인 맥락에서 사용되는 말인 한편, 이와 전혀 다르게, 포스트식민주의, 포스트모더니즘, 포스트구조주의 등에 영향을 받은 페미니즘 흐름의 한 경향을 일컫는 용어로도 쓰인다.

적으로 싫은 것을 넘어서 어떤 집단에 속하는 사람들의 고유한 정체성을 부정하거나 차별하고 배제하려는 태도를 뜻한다.[18] 혐오의 중요한 특징은 강제적인 물리력을 동원하지 않고서도 혐오의 대상이 되는 집단의 역량을 약화시킨다는 것이다. 밀은 『자유론』에서 표현의 자유와 합리적인 토론의 가치를 매우 높게 평가하고, 이러한 자유를 '타인의 자유를 해치지 않는 한'으로 한정한다. 하지만 소수자 집단을 차별하고 배제하는 태도가 물리력을 동반하지 않으면서 이루어진다면, 타인의 자유를 침해하지 않는 것으로 볼 수 있을까? 실제로 '표현의 자유'를 최상의 가치로 내걸면서 타인을 혐오할 권리가 있다는 주장이 등장하는 이 시점에 이러한 질문은 쟁점을 남긴다. 밀은 인간 의식의 내면에 존재하는 사상의 자유와 그 사상을 겉으로 드러내는 표현의 자유를 거의 동일시했다. 말하자면 밀은 소수자를 혐오하는 사상과 감정, 그리고 그것을 표현할 자유를 옹호했다고 볼 수도 있는 것이다.

그러나 밀의 시대적 맥락에서 고찰해 본다면, 밀이 '표현의 자유'를 전적으로 옹호하고자 했던 까닭은 지배자의 감정과 의견이 진리로 가정되는 상황에서 그것에 균열을 내는 다양한 의견이 공존하는 것이 바람직하기 때문이었다. 따라서 '자유'의 문제를 핵심에 둔 밀의 사유는 '맥락적으로' 살펴볼 필요가 있다.

---

18  홍성수, 『말이 칼이 될 때─혐오표현은 무엇이고 왜 문제인가?』, 어크로스, 2018, 24쪽.

**PART 2**

## 만들어진 여성을 부수고 자신의 목소리를 내다

'여성'이라는 계급과 급진적 여성해방
**슐라미스 파이어스톤의 『성의 변증법』**

## 이지영

이화여자대학교 철학과에서 스피노자 연구로 박사학위를 받았다. 2000년 대구 매일신문 신춘문예 소설 부문에 당선되어 등단했다. 옮긴 책으로 『펼쳐라 철학』, 『이방인, 신, 괴물』, 『비참한 날엔 스피노자』 등이 있으며, 「스피노자에서 개체의 실존 역량과 공동체」, 「스피노자―신체와 합리적 정서의 문제」 등의 논문을 썼다. 광운대학교, 이화여자대학교 등에서 철학을 강의하고 있다. 민주주의, 문학과 철학, 여성철학 등에 관심을 두고 연구를 진행하고 있고, 한국철학사상연구회 여성과 철학 분과에서 공부하고 있다.

슐라미스 파이어스톤(Shulamith Firestone)은 1960년대에 시작된 이른바 '페미니즘 제2물결'을 대표하는 이들 중 한 명이다. 그는 1945년 캐나다 오타와에서 유대인 부모의 여섯 자녀 중 둘째로 태어났다. 이후 미국으로 이주하여 몬태나 주 캔자스시티에서 자랐다. 격동의 1960년대에 워싱턴 대학교를 졸업한 그는 시카고 아트 인스티튜트(The Art Institute of Chicago)에서 회화를 공부하였다. 1960년대는 한국전쟁 후 잠시 소강상태였던 동서 냉전이 다시 격렬해졌는데, 당시 소련과 미국 사이의 대립은 핵전쟁을 불사하는 일촉즉발의 상황이 전개되던 시기였다. 특히 미국이 주도했던 베트남전쟁은 1960년대 내내 미국 스스로를 괴롭혔다. 이런 분위기 속에서 냉전의 위협과 길고 긴 전쟁에 회의감을 느낀 청년세대는 기성세대의 권위주의에 격렬하게 저항하는 새로운 청년문화를 형성했다. 68운동과 프라하의 봄, 반전운동, 인권운동, 흑인 해방운동, 학생운동에서 우드스톡 페스티벌(Woodstock Festival)로 대표되는 히피문화에 이르기까지, 그 양상은 무척이나 다양했다. 20대를 이와 같은 분위기에서 보내며 학생운동에 참여하기도 했던 경험은 파이어스톤으로 하여금 모든 사회문제 중에서도 '페미니즘의 문제를 여성들의 최우선적 과제로 볼 뿐 아니라, 더 큰 혁명적 분석에 있어서도 이를 가장 중심적인 문제로 바라보는 급진적 페미니즘(radical feminism)'으로 이끌었다.

이 시대 서구의 젊은 여성들은 여타 사회운동에 적극적으로 참여했으나 모든 사회운동에서 여성 문제는 주변적이고 부수적인 것으로 취급당했고, 더 나쁘게는 "여성"에겐 아무 문제가 없는 것으로 외면당했다. 예컨대 "자신의 억압을 중심으로 하는 풀뿌리 운동 조직, 피 흘리는 대중에 기반을 둘 필요성, 지도력과 권력 놀음의 종식"을 내세웠던 흑인 운동조차도 이 중요 원칙을 여성들에겐 적용하지 않았다. 흑인 운동에서 흑인 여성은 단지 보조자였고, 발언권이 적거나 없었으며, 흑인 남성들은 흑인 여성 위에 군림하고 명령했다. 여성들은 자신들이 억압받고 있었기 때문에 억압받는 이들의 처지에 누구보다도 크게 공감하고 이들의 해방운동에 헌신할 수 있었으나, 이 운동들은 정작 여성 자신의 해방에는 별반 도움이 되지 않았던 것이다. 이러한 경험은 파이어스톤의 기념비적 저작 『성의 변증법—페미니스트 혁명을 위하여(The Dialectic of Sex: The Case for Feminist Revolution)』에 잘 녹아 있으며 이 책을 관통하는 근본정신의 토대를 형성했다.

## 페미니즘 제2물결, 자유주의 페미니즘을 넘어 여성 억압의 본질적 구조로

파이어스톤은 『성의 변증법』 서두를 다음과 같이 시작한다. "성적 계급(class)은 보이지 않을 정도로 뿌리가 깊다. 그것은 약간의 개혁이나 여성의 노동세력으로의 완전한 통합에 의해 해결될 수 있는 피상적인 불평등으로 보일지도 모른다."[1] 파이어스톤은 여성을 하나의 계급이라고 선언한다. 여성을 억압으로부터 해방하는 것은 약간의 개혁, 즉 파이어스톤 당대까지 지속된 자유주의 페미니즘의 슬로건이었던 "남성과 동등한 법적 대우를, 여성에게 참정권·취업권·재산권을!"이라는 말의 실현 정도로는 쟁취될 수 없는 것이었다. 여성 참정권 운동을 대표적 실천 운동으로 삼았던 자유주의 페미니즘은, 여성들이 정치적 권리를 얻게 되면 자유로운 선택에 따라 남성과 동등해질 수 있다고 생각했다. 따라서 여성에게 남성과 동일한 법적 권리와 교육의 기회 등이 주어져야 하며, 이를 통해서 남성과 동등하고 자유롭게 자신의 삶의 문제를 선택할 수 있어야 한다고 주장했다. 18세기 서구에서 시작된 이들의 희생적 실천 운동이 여성의 지위 향상에 기여한 바가 적지 않으나, 자유주의 페미니즘의 논리 안에는 남성이 인간의 이성적 기준으로 전제되어 있다는 점에서 비판을 받았다.

또한 참정권 등이 실현되자 여성운동은 1960년대가 오기까지 오랜 침묵의 시간을 맞게 된다. 여성은 남성이 주도하는 정치운동의 부수적 역할을 맡아 그들의 기득권 강화에 기여하거나, 여성의 직업으로 특화된 보조적인 하위 직업에 종사하며 착취당하거나, 가정에서 어머니-모성의 가치를 실현시키기 위해 분투하면서 갈팡질팡했다. 앞서 미국 흑인 인권운동을 예로 들었듯, 여성이 참정권 등에 의거해 고등교육을 받게 되었다고 해서 여성의 지위가 크게 달라지지는 않았다. 법적 지위의 문제와 무관하게 일상에 뿌리 깊게 스며들어 있는 여성 억압은 정치·사회·문화 등 전 영역에서 지속되고 있었기 때문이다. 파이어스톤은 이와 같은 상황이 이전 여성주의 운동이 여성 억압의 문제를 피상적으로 접근했던 때문이라

---

1    슐라미스 파이어스톤, 『성의 변증법—페미니스드 혁명을 위하여』, 김민예숙·유숙열 옮김, 꾸리에북스, 2016, 13쪽.

고 파악한다. 여성 억압은 단지 이상적 지향점을 설정하고 그것을 성취한다고 얻어질 수 있는 것이 아니었다. 그것은 칼 맑스(Karl Marx)와 프리드리히 엥겔스(Friedrich Engels)가 그러했듯, 변증법적 유물론의 과학적 분석 방식을 통해 억압의 본질을 파악하는 방식으로 접근해야만 하는 것이다. 파이어스톤은 엥겔스가 『사유재산 그리고 국가의 기원(Der Ursprung der Familie, des Privateigenthums und des Staats)』(1884)에서 여성 억압의 문제를 다루었으나 그것은 불충분한 시도였다고 지적한다.[2] 인간의 역사를 '생산 양식과 교환양식의 변화, 사회의 계급 분화와 계급 간의 투쟁'으로 설명 하면서, 여성의 억압에 대해서 역시 이러한 경제적 관계의 틀을 통해서만 접근했기 때문이다. 지배계급과 노동계급, 이들 두 계급의 투쟁사로서만 역사를 분석하는 것으로는 불충분하다. 그 기저에는 남성 계급과 여성 계급 사이의 지배와 착취라는 보다 근본적이고 본질적인 억압의 역사가 자리 잡고 있는 것이다. 그러므로 여성이 노동 투쟁의 전면에 나서고 법적 권리를 얻는다고 해서 여성의 진정한 해방이 올 것이라고 기대해서는 안되며, 노동 착취가 종결되고 유산자 계급과 무산자 계급이 소멸되기 위해서도 남성 계급에 의한 여성 계급의 착취와 억압 해소가 선결 문제라는 것이 파이어스톤의 주장이다.

## 여성 억압의 근본 원인―생물학적 조건, 생식 능력과 육아

노동계급에 대한 착취보다 오래되고 고질적인 것은 여성에 대한 착취와 억압이다. 이것은 남성 계급과 여성 계급의 생물학적 차이에서 기인

---

2　같은 책, 15쪽.

한다. 아이를 임신하는 기관의 발달이 여성의 신체적 능력을 약화시키고, 임신과 육아의 긴 시간 동안 더욱 무력해질 수밖에 없는 이 자연적 과정이 바로 인간 최초의 불평등 구조의 핵심이다. 종속 번식이 가능한 여성의 생물학적 조건으로 말미암아 남성의 여성 지배와 착취는 가속화된다. 인간의 노동력이 생산력의 핵심 원천이었던 고대로 갈수록, 노동력을 재생산하는 주체로서의 여성은 남성 중심 사회에서 반드시 장악하고 통제해야 할 자원으로 여겨진다. 이러한 기능의 차이는 드물게 여성의 생식 능력을 숭배하는 곳에서조차, 남성의 여성 착취와 지배를 필연적으로 발생시킨다. 생물학적인 관계로 이루어진 가족 내부에는 이처럼 본질적인 불평등한 힘의 분배가 내재돼 있다. 남성과 여성의 자연적 생식 차이는 모든 계급 제도의 전형이자 최초의 노동 분업의 형태이다. 이는 또한 맑스·엥겔스가 파악한 노동계급과 지배계급의 투쟁의 역사에 있어 악의 근원인 사유재산 제도의 자연적인 토대이자 권력욕의 기원이 된다. 생물학적 조건의 해방 없이, 여성의 진정한 해방은 물론이거니와 인간의 진정한 자유와 평등 그리고 해방은 불가능한 꿈인 것이다.

인간은 물리적 힘의 지배를 그대로 수용하는 동물이 아니라는 것을 지당한 사실로 받아들인다면, 생물학적 힘의 불균형 역시 여성의 필연적 패배를 의미하지 않는다. 인간은 정의(justice), 도덕관념 그리고 자연과학의 발전을 통해 동물 상태에서 지속적으로 벗어나는 길을 걸어왔다. 만일 물리적 힘의 지배라는 자연의 질서를 그대로 옳은 것으로 수용하고, 그것이 곧 정의가 되었다면 인간은 여전히 노예제 사회에서 벗어나지 못했을 것이다. 맑스·엥겔스가 역사적 유물론에서 토대와 상부구조의 변화와 교체를 분석하는 것을 통해 입증되었듯이, 자연의 잔혹한 질서를 인간이 개편하는 데에 있어 자연과학의 발전은 엄청난 기여를 했다. 이에 따라 맑스·

엥겔스가 비록 불충분한 변증법적 유물사관을 통해서나마 인간의 해방을 위해서는 노동계급이 생산수단을 점유해야 한다고 주장했던 것처럼, 여성의 해방을 위해서는 생식 수단을 여성이 온전히 통제할 수 있어야 하는 것이다.[3]

## 프로이트의 오해와 진실—가족이라는 이름의 권력 구조

　남성의 여성에 대한 지배와 착취는, **남녀의 생물학적 차이에 기인한** 가장 유구한 역사를 가진 모순이자 모든 모순의 근본 구조이다. 노동, 인종, 동성애자 등 소수자 억압의 문제는, 여성 억압의 문제가 먼저 해결될 때에 진정한 해결책을 찾을 수 있는 길이 열린다. 파이어스톤은 그 장구한 시간 동안 여성이 남성에 지배를 받아온 장소인 '가족'을 먼저 탐색한다. 그는, 지그문트 프로이트(Sigmund Freud)가 치명적 오류에도 불구하고 이전까지 누구도 보지 못했던 진실을 파악한 사상가라고 추켜세운다.[4] 프로이트는 성(sex), 즉 섹슈얼리티가 인간 삶의 핵심적 문제임을 파악해 냈기 때문이다. 그러나 아들과 아버지가 어머니를 사이에 두고 벌이는 쟁탈전을 문명화의 본질 동력으로 보고, 심리학의 측면에서 이를 다룬 것은 큰 착오이다. 이는 문명의 본질적인 동력도 아니고, 이드(id: 원본능)의 심층 심리의 문제도 아니다. 그것은 오직 '권력'의 문제이다. 다시 말해 가부장제적 가족 및 사회 안에서 작동하며 행사되는 '권력'의 사회적 맥락의 문제이다. 프로이트는 이것을 보지 못했다.[5]

---

3　같은 책, 25-27쪽.
4　같은 책, 70쪽.
5　같은 책, 75쪽.

아들은 어머니를 사이에 두고 아버지와 경쟁하다가, 자기보다 힘이 센 아버지가 사랑의 도구인 페니스를 거세하리라는 공포 때문에 어머니에 대한 에로스적 사랑을 스스로 억압하는 것이 아니다. 가부장제 가족 안에서 아버지는 집안의 권력자이며 모두를 지배한다. 그는 가족을 부양하는 대신, 성을 포함한 여성의 온갖 서비스와 자식들의 존경과 복종을 당연한 대가로 취한다. 어머니는 자식을 낳을수록 더 무력해지고, 남편에게 경제적으로 더욱 예속된다. 아들은 아버지에게 지배당하고 학대받는 어머니에 대한 깊은 애착을 거두어야만 한다. 어머니를 외면해야만 감옥과 같은 닫힌 어머니의 세계를 벗어나, 드넓고 자유로운 아버지의 세계로 나아갈 수 있다는 것을 알기 때문이다. 아들은 어머니를 애처롭게 생각하지만 어머니를 벗어나야 한다. 아버지의 마음에 드는 사람, 즉 아버지의 분신이 되어야만 하기 때문이다. 어머니 또한 딸보다 아들을 더 사랑한다. 아들에게 끌리는 에로스적 본능 때문이 아니라, 사회구조적으로 딸은 자신의 답답한 운명을 그대로 답습하여 가족 밖 넓은 세계로 진출할 수 없기 때문이다. 애초에 딸에겐 별다른 희망이 존재하지 않는다. 반면 아들은 마침내 자유와 권력을 얻을 것이다. 아들은 어머니의 깊은 한숨과 오랜 고통에 대한 보상이자 대리만족의 대상이다. 이것이 오이디푸스 콤플렉스의 진실이다. 이와 같은 구조는 족외혼(族外婚)이 성립됨에 따라 강화된다. 다른 종족의 여성을 사랑하는 이러한 규칙을 통해 여성은 교환되고 이성애는 공고화된다. 동성애가 병적인 것으로 진단받는 것은 프로이트의 진단처럼 오이디푸스 콤플렉스를 제대로 극복하지 못했기 때문이 아니라, 사회가 족외혼의 이성애만을 정상으로 수용하고 강제했기 때문이다. 이처럼 가부장제적 가족은 여성 억압과 재생산의 핵심 도구이자 아동 및 성소수자 억압의 근원이다.

## 아동 억압

　가부장제 가족은 가족 밖 사회에서 벌어지는 온갖 지배와 차별의 근원이다. 사회는 이 가족 모델의 확장판이다. 그런데 앞서 보았듯, 가족 안에서 억압받는 것은 여성뿐만이 아니다. 가족은 아동 또한 억압한다. 오이디푸스 콤플렉스에 대한 프로이트의 치료법은 그 자신의 여타 정신 치료 접근법과 모순된다. 억압된 기억과 원본능(id)의 해방을 통한 정신 치료를 주장해 온 것과 달리, 오이디푸스 콤플렉스라는 분석틀은 억압된 본능과 상처를 인지하고 그 억압을 받아들임으로써 아버지와 심리적으로 화해하고, 그로부터 제대로 된 사회화가 이루어진다고 보고 있기 때문이다. 파이어스톤은 이와 같은 프로이트의 자기모순을 지적하면서, 억압에 기인한 상처는 그것을 수용함으로써는 치유될 수 없으며, 그 억압에서 벗어날 때 치유가 이루어지는 것이 타당하다고 지적한다.

　파이어스톤은 중세 말까지의 대가족 제도 안에서는 오히려 아동 억압을 찾아보기 힘들다는 사실을 논증한다. 중세까지 가족은 다양한 세대 구성은 물론이거니와 하인, 하녀 등 무수한 사용자들이 함께 동일 공간에서 생활하는 군체(群體)였다. 가부장은 이들 모두를 지배하고 이들 위에 군림했다. 이 군집 생활에서 부모와 아이는 지금과 같은 유대 관계를 갖지 않았다. 자기 자식을 직접 키우는 부모는 거의 찾아보기 힘들었고, 아동은 유모나 다른 여자들의 손에 의해 길러졌다. 아동은 성인의 축소판으로, 그저 덩치가 작은 성인이라 여겨졌다. 그들은 현대 아동학에 따르는 연령별 학습을 받지 않았다. 오직 자신들과 동일한 성을 가진 어른들 속에서 배우고, 스스로의 타고난 재능을 드러냈다. 오늘날 모차르트는 신동으로 평가받지만, 그 시대에는 그와 같은 사례를 어렵지 않게 볼 수 있었다. 아동들은 나이에 맞는 장난감을 지급받지도 않았고, 오히려 스스로 놀잇감을 만들어야 했다. 이는 아동들의 창조성과 창의성을 극대화시켰는데, 이 관점에서 현대 학교는 사실 감옥과 다를 바 없다. 학교교육을 받는 근현대의 아동들은 개개인의 지능과 재능, 자신의 고유 리듬에 맞춰 성장하지 못한다. 그들의 심신은 철저히 구속받고, 성적 욕망은 억제당하며 심지어 죄악시된다. 근현대의 아동의 발명, 아동학의 발전, 학교교육은 아동을 보호한다고 말하지만 사실 그들을 억압하고 있으며, 그들을 병들고 획일적인 노예 정신의 소유자로서 키워 내고 있는 것이다. 가족의 존속 이유가 아이의 생산과 양육에 있는 이상, 이 아동기는 사회가 발전함에 따라 계속해서 연장된다. 여성 착취와 억압 위에 세워지는 가부장제적 가족에 기초하여 이 사회가 유지·존속되는 한 아동에 대한 각종 억압 또한 사라지지 않을 것이다.


## 불구의 사랑

파이어스톤은 남녀 간의 낭만적 사랑이 이상화되는 이 시대에도 사랑은 불가능하다고 진단한다. 사랑은 사실 언제나 불구의 모습으로만 존재해 왔다. 가부장적 아버지의 모습을 수용하며 그것을 내면화해 온 남성에게, 마침내 중성화되고 그러한 방식으로 이상화된 어머니를 제외한 다른 여성들은 하찮고 별것 아닌 존재들일 뿐이다. 그러나 동시에 가정으로 내몰린 여성의 성역할 분업에 의해 어머니-여성의 사랑 안에서 자라날 수밖에 없었던 남자들은 여성의 사랑과 정서적 보살핌을 갈구한다.[6] 이 비

---

6  같은 책, 184쪽.

틀어짐은 남자들을 왜곡된 사랑으로 이끈다. 사랑은 평등한 관계 속에서만 가능하다. 멸시와 사랑은 함께 할 수 없다. 가부장제적 사회구조 안에서 구조적으로 낮은 지위를 차지하고 있는 여성을 사랑한다는 것은 남성 자신의 지위 하락이 따라오는 일이기 때문이다. 따라서 사랑에 빠진 남자들은 사랑하는 여성들을 이상화한다.[7] 내가 사랑하는 여자는 다른 한심한 살덩어리들에 불과한 여자들과는 다르다고 말이다. 그러나 인위적 이상화는 깨지게 된다. 그는 결국 그녀를 멸시하게 되며 다양한 방식으로 그녀를 떠난다. 여성은 남성을 이상화할 필요가 없다. 그럼에도 불구하고 사랑은 여성들에게도 큰 의미를 가지는데, 남성 중심 사회에서 인정받기 위해서 여성은 남성의 인정을 받아야 하기 때문이다. 가장 손쉬운 방법처럼 보이는 것은 남자의 사랑을 얻는 것이다. 교육과 직업의 세계에서 배제되고, 자신의 힘으로 사회적 재화를 얻을 기회를 차단당한 여성의 입장에서 볼 때, 남자의 사랑을 얻고 재정적 지원을 받는 것은 사랑의 문제 이상의 의미를 가진다. 여성의 사회 진출이 허용된 작금의 상황 속에서도 여성의 사회적 지위가 극적으로 개선된 것이 없기에, 여전히 여성은 사랑 외적인 이유로 남성에게 매달리게 된다.[8]

파이어스톤은 사랑이란 이기적인 것이기 때문에 원래 상대를 어느 정도 이상화하는 것에서 출발하며, 상대의 자아를 받아들여 나의 자아를 확장시키는 것이라고 정의 내린다. 그 혹은 그녀는 바로 나이기도 하기에 상호 헌신은 당연한 것이다. 그 과정이 불러일으키는 다소의 혼돈에도 불구하고 그것은 단순한 것이며, 상호적 자기 개방의 과정을 통해 상대를 받아들이는 것이 불가능한 것만도 아니다. 그럼에도 사랑은 불가능하다.

7    같은 책, 191쪽.
8    같은 책, 201쪽.

더 정확하게는 가부장제 아래에서, **남성에게 사랑은 불가능하다.** 남성은 여성을 억압하고 착취하며 성적 대상화하는 방식으로만 자신의 남성성을 확인해 왔다. 자아의 개방과 다른 자아의 수용은 양자가 평등한 관계였을 때에만 가능하다. 남성은 마음 속 깊이 여성을 멸시한다. 사랑한다고 느꼈던 여성의 자아가 자신에게 침투해 들어와 자기를 지배하기 시작했다고 느끼거나 헌신의 압력을 받으면, 그는 달아나기 시작한다. 그는 여성이 자신에 대한 지배권이 없다는 것을 증명하기 위해 다른 여자들을 만나거나, 예측할 수 없는 행동을 함으로써 그녀를 혼란스럽게 만든다. 혹은 그녀를 폄하함으로써 자신의 우위를 확보하려 든다. 그럼에도 남성은 여성의 정서적 지지를 원한다. 이때 남성에게 남겨진 과제는 동등한 헌신을 요구하지 않으면서도 자신을 사랑해 주는 여자를 어떻게 얻을 것인가이다.

## 로맨스 문화—코르셋의 강화

파이어스톤에 따르면 '로맨스'와 사랑은 다른 것이다.[9] 여성 억압의 경제적·사회적 기반이 약해져 가고, 과학기술의 발전으로 여성이 생식에서 자유로워지자 발전하기 시작한 것은 로맨스 문화, 즉 낭만적 사랑의 꿈이다. 남성 우월주의가 흔들리자 남성 사회는 여성 지배를 지속하기 위해 기존의 제도를 과장되게 부풀리기 시작한다. 앞서 살펴보았듯, 근대 이전 느슨했던 가족제도는 가부장제적 핵가족으로 굳어지고, 여성에 대한 경멸은 숭배로 치장되어 숨겨진다. 이성애적 에로티시즘이 강화되고 섹스

---

9  같은 책, 213쪽.

는 환상적인 것으로 미화된다. 그 결과 여성은 남성에게 단지 '에로틱한 사랑의 대상'으로 자리 잡게 된다. 남성에게 성적 쾌감을 주어야 한다는 압박은 여성으로 하여금 남성 의존성을 강화시킨다. 여성은 남성의 성적 쾌감을 통해서만 성적 성취감을 얻을 수 있다. 이러한 낭만적 사랑으로 포장된 에로티시즘은 결국 성적 계급을 강화시킨다.

또 남성에게 성적 대상으로 고착된 여성에게 그 사실을 감추기 위해 정형화된 표준 아래서의 아름다움이 찬미되기 시작한다. 이상이란 항상 높은 것이다. 이 이상에 다가가지 못하는 여성들은 앞다투어 그것을 자기화하려고 안간힘을 쓴다. 여성은 남성에세 언제나 성적 만족을 주는 신체였지만 로맨스 문화 안에서 그것은 더할 수 없이 강화된다. 그렇기에 여성은 자신도 모르게 남성 중심 사회가 요구하는 외모의 이상적 기준에 다가가기 위해 다이어트를 하고, 미용 강좌를 들으며, 유행이 지시하는 바에 따라 다양한 화장을 시도한다. 결과적으로 **여성들은 서로 닮아가기 시작한다.** 그들은 서로 비슷하게 생겼고, 비슷하게 생각한다. 그러한 과정에서 아이러니하게도 그들은 서로 비슷하지 않다고 믿는 계급이 되고 만다.

남성이 여성의 아름다움과 성적 매력을 찬양하는 로맨스 문화를 즐기면서도 실상은 여성을 경멸하고 있다는 것이, 그들의 남성 문화 안에서 증명된다. 그들은 여성들이 없는 곳에서 자기들끼리 몰래 여성을 살덩이, 암캐, 계집 등으로 지칭하며 시시덕거린다. 로맨스 문화는 여성의 지위를 상승시키기는커녕 남성 계급과 분리된 하위 계급으로 고착시킨다. 여성이 오로지 서로 구별되지 않는 인형이자 섹스의 대상인 반면, 남성은 진실로 개성적이고 대체할 수 없는 인격으로 승화되는 것이다.

## 성의 변증법을 통한 성의 해방

남성과 여성 계급의 분리, 전자에 의한 후자의 억압과 착취가 이와 같이 진행되고 있고, 이것이 남성 중심 사회를 유지하는 가장 큰 바탕이 된다는 사실을 살펴보았다. 그 착취의 대상은 정서와 신체 그리고 무임금 노동이 된 가사와 육아 등 사적 노동에 이르기까지 광범위하다. 인간의 문명, 즉 남성의 문화는 이러한 광범위한 여성 착취와 억압을 통해서 가능했던 것이다. 따라서 이제 남성과 여성이라는 두 계급 사이의, 전자에 의한 후자의 착취와 억압은 종결되어야만 하며, 또 종결을 향해 가고 있다.

파이어스톤은 그 방식을 설명하기 위해, **문화란 생각할 수 있는 것을 가능한 것으로 실현하려는 인간의 시도**라고 정의 내린다.[10] 문명의 시작과 함께 인간은 생각할 수 있는 것, 즉 상상의 영역을 두 가지 양식으로 실현시켜 왔다. 두 가지 양식이란, 하나는 시, 소설, 철학 등을 포함하는 관념적 미학 영역의 양식이고, 다른 하나는 테크놀로지의 양식이다. 예컨대 고대에 인간은 켄타우로스나 일각수(一角獸) 등의 잡종인, 하이브리드와 처녀 출산을 상상했다. 현재의 생물학적 혁명은 초기 단계일지라도 인간의 미학적 상상을 현실화한다. 관념을 형상화하는 하나의 양식과, 기술을 통해 그것을 실제로 만들어 내는 또 다른 양식은 서로 영향을 미치며 발전해 왔다. 즉 문화란 정신이 현실의 제약과 우연성을 뛰어넘으려고 시도하는 역학이자 두 양식의 총합이다. 테크놀로지의 발전은 인간을 제약하는 자연법칙을 폭로하고, 인간의 관념과 상상을 현실화시키기 위해 자연을 변형하고 거역하는 것이다.

이때 주관적·직관적·내성적·공상적이고 원본능에 가까운 관념적인 것

---

10  같은 책, 249쪽.

은 여성적인 것이며, 객관적·논리적·외향적·현실적·기계적인 테크놀로
지는 남성적인 것이라 할 수 있다. 문화의 최종 단계는, 생각할 수 있는 모
든 것을 실재화하는 단계에 이르러 서로 구분되었던 문화양식이 결국 소
멸되는 것으로써 종결될 것이다. 동일한 맥락에서, 종의 생식을 위한 생
물학적 분화에 기초하는 모권제 사회에서 출발한 인류의 역사는 남성의
여성 지배를 의미하는 부권제로 이행하였고, 이제는 페미니스트 혁명을
거치고 있다. 성 평등의 이상이 테크놀로지와의 상호 조력으로 변증법적
발전을 이룩할 때, 항노화(anti-aging)와 인공 생식 등이 실현될 것이다. 그
리고 이는 모든 성에게 완전한 성적 자유를 가져다 줄 것이다 이 과정은
노동 분업에 기초한 지배계급-노동자계급의 적대와 갈등이 과학기술의
발전과 함께 해소되는 것과 함께 진행된다. 계급 구분과 국가는 성 구분
과 마찬가지로 소멸하게 될 것이다. 문화, 성, 계급의 소멸은 서로 밀접한
관계를 맺는 것이다.


## 파이어스톤의 혁명적 결론

여성의 생물학적 조건은 남성의 여성 지배와 착취를 낳은 이래, 이러
한 여성 통제, 지배, 억압은 가부장적 가족제도와 함께 도덕적인 것으로
이데올로기화되어 고착·강화되었다. 가부장제적 가족은 결국 모든 억압
과 착취의 뿌리이다. 여성은 생식과 육아 외에 어떤 재능도 꽃피울 수 없
었고 가족 노예와 같은 위치에서 착취와 억압을 당해 왔다. 여성은 남성
에게 정서의 안정과 성을 제공할 뿐더러 남성이 사회·문화·정치 영역 등
에서 활약하며 주요 재화를 획득할 수 있도록 돕는 희생양이 되어 왔다.

이 모든 것은 출산 능력이라는 자연의 질서에서 시작되었지만, 남성과 여성을 분리하고 나누는 남성 중심 문화는 결코 자연적인 것이 아니다. 자연과학을 필두로 하는 문명의 진화는, 자연의 한계를 극복하고 자연을 거역하며 또 재정립하는 역할을 해왔다. 가부장제적 질서는 여성과 아동을 직접적으로 억압하면서 이를 여타 억압의 토대로 삼는다. 파이어스톤은 따라서 이제 여성을 해방시킴으로써 인간 사회의 온갖 억압과 차별을 없애는 길로 접어들어야 한다고 선언한다. 파이어스톤의 요구는 다음과 같다.[11] 첫째, **모든 가능한 방법을 동원하여 여성을 생식의 압제에서 해방시키고 양육의 역할을 남성과 사회 전체로 확산시켜야 한다.** 이를 위해서 **인공 생식**과 같은 자연과학적 테크놀로지의 사용도 적극 고려되어야한다. 또 아동 양육은 부모 양육이 아닌 사회의 공동 양육 형식으로 전환되어야 한다. 둘째, **여성과 아동에게 경제적 독립에 기초한 정치적 자율성을 부여할 것.** 파이어스톤은 사이버네틱 코뮤니즘(cybernetic communism)을 주창한다. 여성의 주변부적 노동 그리고 직업에서의 해방을 가능하게 하려면 출산의 자유와 함께 인간 노동을 대체할 기계가 필요하다. 여성의 돌봄노동과 가사노동에 대해 사회가 정당한 지불을 해야만 하지만, 그것은 이 가부장제적 사회 안에서 현실화되기 힘든 일일 뿐만 아니라 노동 분업에 있어 남녀 성별 구분이라는 최악의 문제를 사라지게 하지는 못할 것이다. 인간을 노동으로부터 해방시킬 때 노동계급에 대한 지배와 착취는 궁극적으로 사라질 것이다. 셋째, **여성과 아이들을 사회에 전면적으로 통합시킬 것.** 궁극적으로 아동 감옥의 다른 이름인 학교는 사라져야 한다. 자동화된 사이버네틱스 사회에서 아이들은 스스로 필요한 것을 택하고 학습할 것이다. 넷째, **모든 여성과 아이들에게 성적 자유를 줄 것.**

---

11  같은 책, 293-298쪽.

여성과 아이들의 성은 남성의 사적 소유물로 취급되고 그들에 의해 통제당해 왔다. 이제 성은 자기가 선택할 수 있는 것으로 인정되어야 한다. 이 모든 요구는 기존의 가족의 완전한 해체를 가정하며, 이를 통해 모든 억압받는 자들의 해방을 목표로 삼는다.

## 파이어스톤의 현재성

파이어스톤의 논의는 지금 보아도 매우 급진적이다. 특히 가족의 해체, 출산의 해방과 같은 주장은 많은 이들에게 거부감을 일으킬 수도 있다. 가족은 여전히 신성화되어 있고 출산은 여성이 지닌 유일한 역량이라고 칭송되는 것이 현실이기 때문이다. 『성의 변증법』이 출간된 것은 1971년이다. 그러나 21세기에 접어든 지금까지 여성의 사회 진출과 정치 활동 그리고 누구에게도 종속되지 않고 자기 자신의 생을 살아가는 것을 방해하는 근본 원인이 바로 출산과 육아라는 사실이 제대로 이야기되었던 적은 없다. 여성의 사회 진출이 활발해지고 사회적 지위가 많이 향상된 지금에 와서도, 결혼과 함께 가족을 이루는 순간 그때까지 성차별을 겪지 않았다고 생각해 왔던 여성들마저도 사회가 부여한 '여성'의 지위가 어디에 놓여 있는지에 대해 뼈아픈 체험을 하기 시작한다. 유교적 가부장제 사회의 유습이 강력하게 남아 있는 대한민국 사회에서 결혼이란 서비스 제공자로서의 아내, 어머니, 며느리 등의 역할이 강요되는 시작점이다. 출산은 여성에게 사회에서 물러나 가족이라는 틀 안으로 완전히 철수하는 것을 고민하게 만들고, 실제로 많은 여성이 그 길을 택한다. '경단녀(경력 단절 여성)'라는 말이 상용어가 된 것은 이를 반영한다. 여성의 남성에 대한 경제 의존은 어쩔 수 없는 것이 된다. 학력이 높고 사회 진출이 활발한 여성일수록 결혼 거부를 가부장제적 가족의 거부, 개인적 자유의 획득과 등치시키는 경향도 쉽게 찾아볼 수 있다. 그런 의미에서도, 파이어스톤의 분석은 설사 그것이 사람들을 불편하게 만들지라도 근저의 진실을 폭로하고 있다는 것만은 분명하다.

1970년 파이어스톤이 이 책을 쓸 때까지만 해도 인공 생식은 하나의 공상에 불과했고, 기계에 의한 인간의 노동해방은 꿈같은 이야기였다. 그러나 인공수정은 이제 흔히 접할 수 있는 일이 되었고, 인공 자궁 연구 역시 활발하게 진행 중이다. 인공지능 발달에 따른 4차 산업혁명은 인간의 노동해방을 과학기술 발전이 이룩하게 될 하나의 가능세계로 제시하고 있다. 현시점에서 파이어스톤은 어쩌면 터무니없는 헛소리를 늘어놓은 사람이 아니라 오히려 미래를 정확하게 짚어낸 예언자로 보이기도 한다.

그러나 한편 파이어스톤의 이런 논리는 변증법의 양상을 취하고 있지만, 정신에 의한 자연의 지배와 변형을 근본적인 혁명의 원천으로 본다는 점에서 남성 중심적 사상이라는 비판을 받는다. 파이어스톤도 인정하듯, 여성은 줄곧 자연과 가까운 존재이자 신체적 존재로 여겨져 왔다. 남성을 정신적 존재로 자리매김하고, 남성/정신이 여성/자연을 지배하는 것을 정당화하여 온 것이 남성의 역사(History)로서의 인간 문명사이다. 파이어스톤은 여성 억압을 이야기하면서도 남성 중심적 사유를 따라가는데, 결국 생식에서 자유로운 남성-되기를 통해 여성도 인간이 되고 자유로워질 수 있을 것으로 예측하는 셈이다. 이는 여성이 이 신체의 저주에서 벗어나 남성과 같은 정신의 존재가 될 때 자유를 획득할 수 있다고 주장하는 것과 같다. 여성 내부에서 진행된 신체와 자연의 타자화는 남성 중심의 정신/신체, 문명/자연의 배타적 이분법에 근거하고 있으며, 이를 강화하고 확대 재생산시키는 사유이다. 따라서 자연·신체·여성의 타자화이자 평가절하로 이어지는 대표적 이론이라는 비판은 피하기 어려울 것이다. 설사 파이어스톤의 논의를 긍정적으로 수용한다 할지라도 의문은 여전히 남는다. 남성 중심적 관념과 테크놀로지의 발전이 초래한 자연 파괴를 우리 인류가 감당해 낼 수 있을지도 의문이지만, 파이어스톤이 예측한 수준까지 과학기술이 발전한다 하더라도 과연 그 혜택을 인류 전체가 받을 수 있는가도 문제가 될 것이다. 과학기술과 자본주의가 발전한 북반구와 여전히 가난한 남반구의 기술 격차는 좁혀지지 않고 있다.

인류의 미래가 어디로 갈지 정확하게 예측하는 것은 불가능하다. 파이어스톤의 예측이 현실적으로 도래하지 않은 SF 수준의 이야기인 것도 사실이다. 그러나 로맨스 문화가 어떻게 여성을 억압하는가에서 시작하여 코르셋의 강화와 여성 찬미 그리고 동시에 물밑에서 진행되는 여성 대상화의 원인 분석에 이르기까지, 파이어스톤의 여성 예속에 대한 원인 분석은 여성 불평등의 근본적 지점을 드러내고 있음에 틀림없다. 현재에도 파이어스톤의 예지는 여전히 살아 있는 것이다. 여성이 출산에서 생물학적으로 자유롭지 않더라도 출산 여부의 결정권은 여성이 전적으로 주도해야 하며, 육아와 가사가 여성의 몫만은 아니어야 한다. 양육의 굴레에서 해방되어 사회적 자아 이상을 실현시킬 권리를 확보하려는 여성들의 노력은 지금도 이어지고 있다. 여성의 경제적 독립, 즉 제대로 된 직업을 통해서 자립의 기반을 만들려는 시도는 더욱 확산되어야 한다. 그럴 때 남성에 의한 여성의 예속과 비하는 중단될 것이고, 여성의 남성 의존성 또한 더욱 빠르게 잦아들 것이 분명하다.

가부장제가 만든 신화의 허울을 벗겨내다
**베티 프리단의 『여성성의 신화』**

**김은주**

이화여자대학교 철학과에서 여성주의와 들뢰즈 연구로 박사학위를 받았다. 지은 책으로 『생각하는 여자는 괴물과 함께 잠을 잔다』, 『정신현상학—정신의 발전에 관한 성장소설』, 『공간에 대한 사회인문학적 이해』(공저)가 있으며, 함께 옮긴 책으로 『트랜스포지션』, 『페미니즘을 퀴어링!』이 있다. 한국철학사상연구회 여성과 철학 분과에서 공부하고 있다.

아무도 가보지 않은 길을 간다는 것은 얼마나 두려운 일인가. 당신이 돌아보고 얼마나 먼지, 또 당신이 얼마나 왔는지 알게 되기 전까지는 얼마나 멀리 가야 할지 알 수 없는 법이다.

지금 수백, 수천 명의 여성들이 그러는 것처럼, 1963년에 어느 여성이 이 책이 자기 인생을 송두리째 바꿔 놓았다고 말하며 처음으로 『여성성의 신화』에 사인을 해달라고 요청했을 때, 나는 이렇게 적어 줬다. "새로운 길 위에 있는 우리 모두에게 용기를!" 이 길에서 다시 돌아갈 방법은 없기 때문이다. 그것은 당신의 전 생애를 변화시켰고, 분명 내 생애도 변화시켰다.[1]

## 1942년 스미스 대학 입학생과 〈모나리자 스마일〉

1950년대 미국 동부의 웨슬리 대학을 배경으로 한 〈모나리자 스마일 (Mona Lisa Smile)〉(2003)이라는 영화가 있다. 영화의 시작부에 주인공 캐

---

1    베티 프리단, 『여성성의 신화—새로운 길 위에 있는 우리 모두에게 용기를』, 김현우 옮김, 갈라파고스, 2018, 22쪽.

서린 왓슨(줄리아 로버츠 분)은 새로 미술사 교수로서 부임해 온다. 하지만 곧바로 왓슨은 무엇이든 할 수 있는 미래가 열려 있는 학생들의 인생 목표가 단지 결혼이라는 사실에 충격을 받고, 그들에게 결혼 외의 다른 삶의 가능성을 제시하려 한다.

당시의 대학은 '결혼이 최고의 학생을 만든다'라는 표어를 걸고 여학생을 완벽한 주부로 가는 길로 이끄는, 예비 결혼 학교의 기능을 자처했다. 이 교육을 거치면서 여성은 가정과 직업 중 전자를 선택하는 것이 자신의 미덕이자 의무라고 여겼다. 영화에서 왓슨은 학생들의 지성과 감성 그리고 잠재력을 일깨우고, 이러한 노력은 영화 결론부에 결혼 외에 다른 가능성을 긍정하는 학생들로 인해 결실을 얻는다. 그러나 영화에 등장하는 학생 중 하나는 법대로 진학하는 대신 결혼을 선택하며 말한다. "당신이 믿는 삶을 나까지 원해야 한다고 말하지 말아요. 내가 원하는 삶은 결혼이에요. 원하는 삶을 선택해야 한다고 한 건 당신이 아니었나요?" 결혼이 자신의 의지로 '선택'한 삶이라고 되받아친 것이다.

여기에서부터 베티 프리단(Betty Freidan)의 『여성성의 신화(The Feminine Mystique)』(1963)는 시작된다. 영화 속 학생과 마찬가지로, 프리단을 비롯한 많은 미국의 여학생들은 졸업 후 결혼을 선택했다. 그 역시 잘 재단된 드레스를 입은, 한 손에는 책을 다른 한 손에는 프라이팬을 들고 있는 재원이었다. 그는 멋진 남편의 배우자이자, 귀여운 아이의 어머니라는 사실을 자랑스러워하며, 완벽한 가족의 꿈을 키워 갔다.

하지만 십여 년이 흐른 뒤, 프리단은 『여성성의 신화』를 통해서 영화 속 결혼을 선택한 그 여성으로 대변되는 많은 여성들의 인생 설계가 정말로 자유로운 선택이었는지, 그리고 그들이 지금 행복한지 반문한다. 그는 무엇보다 자기 자신에게 되묻는다. 그리고 10주년 기념판 서문에서 다음과 같이 솔직히 말한다.

"이 책을 쓰기 시작하기 전까지 나는 여성 문제가 존재한다는 사실을 전혀 의식하지 못했다."[2] 그러나 이 책을 쓰고 난 후 프리단의 일생은 달라졌다. 변화는 프리단 개인만이 아니라, 그 책을 읽은 독자의 삶에서도 일어났다. 이렇게 놀라운 변화를 만들어 낸 책, 『여성성의 신화』! 프리단은 감히 이렇게 말한다. "내가 이 책을 썼다는 것 자체가 참 믿기 어려운 일이다. 하지만 어찌 보면 내 생애 전체가 이 책을 쓰기 위한 준비 과정이었다."[3]

## 식탁 위에서 글을 쓰다

프리단은 일리노이 주 피어리어에서 신문기자를 하다 전업주부가 된 어머니 미리엄과 보석상인 아버지 해리 골드스타인 사이에서 태어났다. 전 학년 A학점이라는 훌륭한 성적으로 스미스 대학을 우등 졸업한 프리단은 캘리포니아 버클리 대학교에서 심리학을 전공한다.

대학원 졸업 후, 그는 심리학과에서 특별연구원 지위를 제안받았으나 거절하고 뉴욕에서 노동 전문 기자로 활동한다. 프리단 역시 경력 단절의 아픔을 겪었다. 두 번째 아이를 임신했을 때 해고되었고, 그 후 여러 잡지에 프리랜서로 글을 기고하지만 전업주부가 된다.

프리단 역시 미국의 전형적인 중산층 주부로서의 삶을 살게 된다. 하지만 1957년, 그의 일생을 바꾼 일이 일어난다. 프리단은 모교인 스미스 대

---

2    같은 책, 16쪽.
3    같은 책, 18쪽.

학의 15주년 기념 동창회 사업의 일환으로 졸업생 동문 조사를 요청받는다. 프리단은 대학 동창을 대상으로, 졸업 후 변화한 그들 삶에 대한 심층 면접 작업에 착수한다.

당시 프리단 역시 어느 순간 사라져 버린 자신의 열의 없는 삶에 대한 고민을 하고 있었다. 프리단은 심층면접을 통해서 남성과 마찬가지로 공적 영역에 참가할 수 있는 교육을 받았으나, 소위 '미국 정상 여성'의 이미지에 자신을 맞추기 위해 가정에 머물 수밖에 없는 여성들, 가정과 사회 사이에서 갈등하는 여성들을 포착한다. 프리단은 그들 중 다수가 주부로서의 생활에 그다지 만족하지 못하고 있다는 것을 알게 되었다.

이러한 경험은 프리단으로 하여금 다음 질문으로 나아가게 한다. 교육을 받았음에도 왜 여성들은 자신의 권리를 누리지 못하는가? 남편의 아내나 아이의 어머니가 아니라 사람 그 자체로 활동하는 것에 대한 죄책감을 왜 여성들이 갖는가?

프리단은 전업주부의 삶을 살아가는 동시에 이러한 질문들에 대한 답을 얻고자 5년 가까이 독학으로 도서관을 찾아가 자료를 찾고 여성의 내면을 지배하는 '여성성'이라는 신화에 대한 연구를 시작한다. 프리단은 스미스 대학 동창생들에 대한 설문조사를 시작으로 고등학생과 대학생, 기혼 여성들을 심도 깊게 인터뷰하고, 각종 매체의 기사와 광고 등을 통해 전업주부 결혼 생활의 양상을 추적하면서 방대한 양의 취재와 자료 조사를 실시한다. 또한 잡지나 광고에 대한 이론과 심리학 서적들을 분석하면서, 사회가 여성들을 어떻게 억압하고 있는지 기록해 갔다.

그가 우선 발견한 사실은, 사회가 제시한 여성성에는 아내와 어머니로서의 여성적 경험만 존재한다는 것이다. 이렇게 만들어진 여성성에는 여성들이 가정 말고는 아무것에도 관심을 가져서는 안 된다는 경고가 담겨 있다. 이는 여성은 정치, 예술, 과학, 크고 작은 사건, 전쟁과 평화 등 어느 것에도 자신들을 동일시해서는 안 되며, 남성만이 주체라는 것을 의미한다. 이른바 여성성에 담긴 의미를 분석하면서, 프리단은 마침내 자신이 여성성의 신화에 사로잡혀 거짓된 삶을 살아왔다는 것을 자각한다.

여성성을 분석하고 그에 대해 글을 쓰는 것 역시 쉽지 않았다. 사람들은 그를 조롱하고 비난했지만, 프리단은 그들을 무시하고 집안일을 하지 않을 때에는 항상 글을 썼다. 식탁 위에서도 썼고, 거실 소파에서도 글을 썼다. 아이들을 돌보고 저녁식사를 만들기 위해서 책 쓰는 작업을 잠시 멈출 때에도 머릿속으로 글을 썼고, 아이들을 재우고 나서도 작업을 계속했다.

이제는 여성학의 고전이 된 『여성성의 신화』는, 원래 책의 형태가 아니라 르포 형식의 기사로 기획되었다. 하지만 어떤 잡지도 프리단의 기사를 게재하지 않으려 했다. 그저 노이로제가 있는 주부들에 대한 특수한 이야기로 치부했을 뿐, 일반 독자를 대상으로 삼는 잡지에는 적절치 않다고 여겼다. 여성잡지조차 자신들의 세계의 근간인 여성성의 신화를 위협하는 프리단의 글을 거절했다.

하지만 『여성성의 신화』가 출간되자, 그때까지의 우려와는 달리 초판 3천 부가 순식간에 매진되었다. 뿐만 아니라 오래지 않아 이 책은 260만 부가 넘는 베스트셀러가 되었다. 판매 지수는 거듭 갱신되었고, 프리단은 스테디셀러 작가로 막강한 영향력을 발휘하게 된다.

우선 『여성성의 신화』는 당시 미국 기혼 여성의 40퍼센트가 10대였던, 1960년대 미국 여성상에 대한 최초의 실증적인 기록이었다는 점에서 주목받았다. 또한 이 방대한 연구는 최초로 여성들이 겪는 고통의 근본적인 원인을 명백하게 드러냈다. 게다가 이 책은 '여성성'이라는 이미지가 어떻게 만들어지고 어떻게 여성에게 부여되는지, 그 과정에 대해 충실히 설명했다.

무엇보다도 이 책은 당시로는 급진적인 주장을 감히 선언했다. "남편과 아이로부터 벗어나고자 하는 것은 이기적인 것이 아니다." 프리단은 행복한 현모양처란 없고, 여성은 남편과 육아에서 벗어나 사회적 활동에 뛰어들어 실질적 성 평등과 자신만의 정체성을 찾아야 한다고 힘주어 말했다. 책이 주는 울림은 컸고, 수많은 여성들의 삶과 의식에 실질적인 영향을 끼치면서, 제2세대 페미니즘 운동의 위대한 서막을 알렸다.

## 여성성의 신화―'더없이 행복한 주부'는 왜 그리 불행한가?

프리단의 『여성성의 신화』 도입부에는 다음과 같은 질문이 등장한다. "왜 교외의 크고 멋진 저택에서 네댓 명의 아이를 기르고 남편을 내조하며, 세간의 인식대로라면 더할 나위 없이 행복해야 할 주부들이 불행하다고 느끼는가?" 더없이 행복한 주부는 왜 그토록 많은 죄책감에 시달리며, 자기 자신에 집중하는 순간 자신을 이기적이라고 여기는가? 왜 여성은 자신의 욕망을 죄악시하는가?

프리단이 주요하게 관심을 둔 중산층 백인 주부들은 안정적이고 평온한 삶을 누리고 있다. 하지만 그들의 마음에는 온통 공허감과 권태감이 있고, 주부들은 자신의 삶이 불행하다고 여긴다. 프리단은 당시 여성들이 가정주부로서 겪고 있던 내면적 갈등을 자세히 묘사한다.

그들은 남들이 부러워할 교외의 집에 살면서, 직장에 출근하는 남편을 배웅하고, 아이를 학교에 보낸 후 빈집에 홀로 앉아 "이게 정말 행복일까?"라고 회의한다. 자신의 마음 상태와 눈에 보이는 현실 사이의 갈등으로 인해 주부들은 더더욱 갈피를 잡지 못한다. 하지만 무엇보다 힘든 것은, '자신이 선택한' 이 아름다운 굴레에서 한 치도 벗어날 수 없다는 사실이다. 그럼에도 이 불행은 아무에게나 발설할 수 없다. 이로 인해 마음과 현실 사이의 갈등은 오랫동안 침묵의 영역에 머물렀을 뿐 아니라, 여성들은 그 속에 갇혀 더욱 더 고통스러운 시간을 보내야 했다. 프리단은 미국의 많은 여성들이 이 고통을 겪고 있음을 발견하고, 1950년대와 1960년대 초반에 널리 퍼진 여성들의 고통을 일컬어 '이름 붙일 수 없는 문제들'로 명명한다. 그렇다면 이 이름 붙일 수 없는 문제들의 원인은 무엇인가? 그것은 바로 여성성이라는 허구적 신화 때문이다. 당시 미국에 만연해 있던 허구의 이미지, 즉 여성은 결혼해서 아이를 낳아 기르고 남편을 내조하면서 만족을 느낀다는 가정은 한낱 통념일 뿐이다. 많은 여성들이 자신의 선택으로 결혼했고 그러한 여성성을 추구한다고 말하지만, 이는 사실상 일종의 신화에 불과한 것이었다.

프리단이 책 제목으로 쓴 '여성성의 신화'란 결국 말 그대로 실제로 존재한 적 없는, 여성의 본질과도 무관한, 그저 가부장제가 만들어낸 신화를 가리킨다. 이러한 여성성의 신화는 각종 매체와 광고, 교육체계와 학자들이 작위적으로 만들어 낸 현대식 '현모양처'를 의미한다. 특히 남성 중심적인 학계와 매스미디어가 '여성성'에 대한 고정관념을 신화로 만들고 사회 전반에 통용시켜 여성에게 주입했다. 이 여성성은 능력과 상관없이 여성을 재생산 기관으로만 간주하는 사회가 만들어 낸 이데올로기이다.

신화의 힘은 강력하다. 여성들은 결혼을 하고 아이를 낳아 기르는 인생 여정 외의 다른 미래를 상상하지 못한다. 주부이자 어머니로서 사는 것이 행복한 삶이라고 배운 여성들은 학업을 이어가거나 직업을 가지는 일 없이 이른 나이에 결혼하여 가정주부로 산다.

이 신화의 강력한 위력 속에서 주부들은, 무의미하게 반복되는 집안일을 하고 자식과 남편을 뒷받침하는 삶을 살면서 한편으로 괴로워한다. 맞벌이로 일하는 여성들 또한 자신이 일을 하기 때문에 제대로 된 엄마 역할을 하지 못한다는 죄책감을 느낀다. 이 신화는 프리단의 시대뿐 아니라 세계 도처에서 여전히 그 힘을 발휘하고 있다.

이 때문에 사회가 아무리 '여성성'을 찬양한다 하더라도, 여성들은 바로 그 '여성성'으로 인해 더 억압받고 원인 모를 고통에 시달리게 된다. 프리단은 더 이상 그러한 여성성의 신화로 인해 여성들이 고통 받을 필요가 없고 그래서도 안 된다고 강력히 주장한다. "여성은 '내가 누구이며, 내가 삶에서 무엇을 원하는지'에 대해 말할 수 있는 권리"가 있다. 자기 자신에 대해 질문하고, 자신의 정체성을 설명하려는 시도에 대해서 결코 죄책감을 느껴서도 안 된다. 여성 자신의 삶의 목표를 남편과 아이로만 국한할 수는 없으며, 이를 넘어 성취하기를 욕망하는 것은 당연히 이기적인 일이 아니며 그것을 죄라고 느껴서도 안 된다.

여성의 욕망을 죄책감과 이기심으로 비난하는 사회가 만들어 낸 허울이 바로 여성성의 신화라는 사실을 폭로하는 프리단의 작업은, 그 자신의 삶에서 그리고 당대의 미국 여성의 생생한 삶의 경험에서부터 시작된다.


## 1950-1960년대 미국 여성들

그렇다면 왜 당시 미국 여성들은 사회가 강요한 여성성의 신화를 의심하지 않은 채 받아들였는가? 존 스튜어트 밀(John Stuart Mill)이 『여성의 종속(The Subjection of Women)』(1869)을 쓸 당시만 해도 미국 여성은 영국 여성의 지위에 비해 훨씬 진보한 여성의 권리를 획득하였고, 참정권과 재산권 역시 다른 나라들에 비해 먼저 가졌다. 그러나 참정권 운동이 끝난 후, 오랜 기간 동안 여성운동은 구심점을 찾지 못한 채 표류한다. 여성 문제를 제기할 중심을 상실한 미국 여성들은 더 이상 여성운동을 지속시켜 나가지 못하였다.

제2차 세계대전 종전 이후 1950년대 아이젠하워 대통령 시대의 미국은, 데이비드 리스먼(David Riesman)이 "고독한 군중(The Lonely Crowd)"이라 칭한, 순응주의적인 미국 시민의 사회였다. 이들은 사회에 복종하는 존재들로 자신을 자리매김한다. 이때의 미국은 '풍요한 사회(Affluent Society)'로 불린 시기였고, 뉴딜정책과 제2차 세계대전을 통한 경제성장과 소득 재분배의 효과로 중산층이 양산되었다. 이들 중산층은 동질화(homogenization)된 미국적 가치의 상징이기도 했다.

거대한 기업 조직과 관료 조직이 사회를 지배하면서, 청년들은 순종적인 소시민을 소망하고 안정된 직업, 전원주택, 퇴직 계획과 같이 개인의 안전에 관련된 문제에만 주로 관심을 가지게 되는, 이른바 '조용한 세대'가 된다. 이 조용한 세대는 다수의 생활 방식을 따라야 한다고 생각했다.

텔레비전이나 신문과 같은 대중매체의 발달은 이러한 세대의 욕망을 조직하는 데 일조했다. 1960년 초 미국 사회에서 텔레비전 보급은 전체 가정의 90퍼센트에 이른다. 텔레비전이 영상으로 전달하는 메시지는 어린이로부터 노인에 이르기까지 국민의 모든 계층 속으로 깊이 파고들어 막강한 영향력을 끼쳤다.

영향력이 막강해진 미디어는 소비자들의 새로운 욕망을 만들고, 소비자들의 기호를 조작한다. 이에 발맞춰 교육의 대중화 역시 사회의 구체직인 문제들에 대비할 수 있는 사회 적응 수단을 제공하는 도구로 작동하는데, 그 과정에는 여남의 데이트 방법, 여남 고정적 젠더 역할, 정상 가족의 가치 같은 것이 포함된다.

이러한 1950년대와 1960대 초 분위기에서, 미국 사회에서 여성의 위치는 이전의 여성해방운동 시기와 다를 수밖에 없다. 1930년대 경제공황을 겪으면서, 기혼 여성 취업을 금지하는 입법이 추진되는 동시에 전쟁 시기에는 여성들의 노동력이 요구되었다. 그 사이 많은 여성들은 경제 참여와 가정 복귀의 악순환을 경험한다. 이에 따라 기혼 여성이 가정 밖에서 일하는 것은 남성의 일자리를 빼앗는 것이라는 인식이 전반적인 사회적 분위기로 자리 잡는다. 전후 순응주의적인 사회 분위기에서 중산층 여성들은 사회 안정의 보루인 가정을 꾸리는 존재로 제시된다. 대중문화는 참된 양육자인 가정의 어머니 역할만을 여성에게 강조할 뿐이었다.[4]

이러한 시대 환경에서 살아가는 여성은 자신의 임금이 남성보다 낮고, 임신과 출산을 할 경우 회사를 그만둬야 하는 것을 당연히 여기며, 아이에게 모유를 수유할 수 없다는 사실을 알고 좌절한다. 여성은 "하루를 살아도 아름다운 여성으로 살겠어요"라고 말하는 광고 카피를 자신의 욕망으로 받아들인다. 하지만 분명한 것은 여성들은 시달리고 있고, 사회가 선전하는 바로 그 여성성 때문에 결코 행복할 수 없다는 것이다.

## 프로이트와 마거릿 미드를 비판하다

프로이트의 사상은 교육받은 현대 미국 여성을 무기력하게 만드는 또 다른 초자

---

4   이창신, 『미국 여성사』, 살림, 2004년.

아를 만들었다. 바로 여성들로 하여금 과거의 이미지에 사로잡히게 하고, 여성의 선택과 성장을 방해하고, 자신의 정체성을 부인하게 하는 새로운 '당위성'의 폭정이었다.[5]

그렇다면 이 신화는 어떻게 만들어지는 것일까? 프리단은 미디어의 영향력을 짚으며, 행복한 가정주부 이미지를 이상적인 모습으로 선전하고 전파한 것이 대부분 남자로 이루어진 여성잡지 편집자들이라고 설명한다. 하지만 무엇보다도 이 신화 형성에 가장 크게 일조한 것은 학계의 이론이었다. 프리단은 특히 대학 교육의 교과에 빠지지 않고 등장하는 두 명의 사상가를 겨누어 비판한다. 그 두 사상가는 지그문트 프로이트(Sigmund Freud)와 마거릿 미드(Margaret Mead)이다.

페미니즘 운동에도 불구하고 20세기 중반까지 여성을 남성과 동등하게 여기지 않는 편견이 여전히 존재했고, 이는 과학교육과 민주주의 정신에 의해서도 쉽게 사라지지 않았다. 프리단은 이 편견의 이론적 근거를 프로이트주의로 삼기 시작한다. 프로이트 심리학은 여성해방운동 이데올로기의 한 부분이고, 해방된 여성의 관념에 기여했기에 여성들은 이 오래된 권위를 반박하기 어려웠다. 그러나 시몬 드 보부아르(Simone de Beauvoir)도 지적하듯이, 프로이트 이론은 여성에 대한 고정관념에 권위를 부여하여 여성의 본능이라는 개념을 만들어 낸다.

프리단은 『여성성의 신화』에서 프로이트 이론의 시공간적 한계를 지적하며, 그 이론을 상대화할 것을 주장한다. 프로이트는 여성성의 본질에 '남근 선망(penis envy)'이라는 이름을 붙였는데, 그의 이론은 빅토리아 시대의 빈이라는 지역에서, 계급적으로는 중산층 여성 환자를 남성의 시선

---

5  베티 프리단, 『여성성의 신화』, 213쪽.

에서 관찰한 산물이다. 하지만 프로이트의 이론은 실제로 왜 자신이 그런 식으로 그 시대의 여성을 진단했는지에 대한 설명도 없이, 그가 설명한 여성성을 초-시공간적인 것으로 규정한다. "프로이트가 보편적인 인간성의 특질로 묘사했던 것은 19세기말 어느 유럽 중산층 남자와 여자의 특성"일 뿐이다.

무엇보다도 중요한 사실은 프로이트 이론의 주요한 전제가 자기 자신의 경험에서 비롯되었다는 것이다. 그의 딸인 안나 프로이트(Anna Freud)에 따르면, 프로이트의 어머니는 아름다운 여성이었고, 자기 나이보다 두 배나 많은 남자와 결혼하여 평생 복종하며 살았다고 한다. 프로이트의 아버지는 유대 집안의 독재적 권위로 집안을 다스렸으며, 어머니는 이러한 환경에서 자신의 첫째 아들인 지그문트를 특별히 사랑했다. 프로이트 역시 어머니의 사랑과 아버지를 질투했던 기억을 가지고 있고, 이를 오이디푸스 콤플렉스로 부른다. 프로이트 자신이 어머니의 태양이기에, 프로이트의 욕망에 따라 집안이 배치된다. 누이의 피아노 연습 소리가 연구에 방해된다고 투덜거리고 나면 피아노가 치워지고, 음악가를 소망하는 누이의 기회는 사라진다.

프로이트는 이러한 상황을 여성의 입장으로 보지 않고, 남자의 지배를 받는 것을 여성의 본성으로 여긴다. 프로이트의 부인인 마르타 역시 그의 소망대로 사랑스런 어린아이와 같이 자랐고, 그렇기에 프로이트는 그녀와 결혼한다. 그는 배우자의 미덕을 다음과 같이 말한다. "젊고 귀여운 애인, 언제까지나 늙지 않고 한 주 정도만 늙은 것 같아야 하며, 모든 신랄함의 흔적을 재빨리 지울 수 있는 여성"이어야 한다. 결국 프로이트의 이론은 소년의 눈으로 시작되어 결국엔 남자의 눈으로만 일관하는 설명이 되는 것이다.

프리단은 프로이트의 이론을 신랄하게 비판하며, 미국에서 프로이트 이론이 무비판적으로 수용된 까닭은 현실에 나타나는 문제에 대해 쉬운 해결책을 바랐기 때문이라고 분석한다. 실상 제2차 세계대전 이후, 프로이트 심리학은 인간의 이상 행동에 대한 분석의 틀과 전쟁의 상흔이 빚어낸 고통에 대한 치유로 제시되고, 문제 상황으로부터 벗어나는 안전한 도피처이자 미국의 새로운 종교가 된다. 이에 따라 '여성성의 신화'는 "이른바 전문가들의 판단이나 대중 잡지를 통해 미국 여성의 생활"에 파고든다. 과학적 종교와 다름없는 프로이트의 이론은 여성의 역할에 관한 이론의 근거로 자리 잡았고, 그 속에서 여성은 스스로 미래를 개척할 수도 없고 가부장제에게 보호받아야 할 유약하고 수동적인 존재로 단정되었다.

프리단은 마거릿 미드 역시 프로이트 이론의 틀에 문화인류학을 끼워 맞추어 연구했다는 점에서 비판한다. 미드는 '인류는 기술이 발달했는데도 왜 미국의 여성들은 석기시대로 후퇴하는가'라는 질문을 던지는 글을 신문에 싣지만, 본인의 저작이 정작 그러한 풍토에 일조하고 있다는 사실을 깨닫지 못했다. 그는 인류학 연구의 성과를 통해 프로이트 이론을 인류의 보편적 특성으로 자리 잡게 하는 데 일조하는데, 남성성과 여성성의 기원을 정립시키면서 생산성의 측면을 남성적인 것, 자궁을 수동적·수용적인 것으로 규정한다. 즉 결과적으로 미드는 현대나 과거의 상태를 당위적인 것으로 고착시키고 만다. 프리단은 미드의 이론이 지닌 이러한 문제를 그냥 지나칠 수 없었던 것이다. 그는, 아기를 갖는 것이 인간성의 최고 성취이자 생식이 그토록 인간 생활의 중요하고 유일한 것이라면 왜 자궁 숭배가 없는지 되물었다.

프로이트의 여성관을 무비판적으로 수용하고, 미드의 관점을 잘못 받아들인 결과, 1950-1960년대 미국 여성의 이미지는 한정적이고 협소한 틀 안에 갇히고 말았다. 이에 근거하여 교육자들은 이러한 이미지를 '정상적인 여성성'으로 제시하면서, 여학생들에게 천체를 관찰하거나 새로운 과학기술을 개발하라고 격려하는 대신 좋은 아내와 어머니가 되도록 교육한다. 그리하여 여성들은 자신의 능력을 부정하고 다양한 삶의 기회를 스스로 제한하는 결과를 맞는다.

## 가정이라는 이름의 안락한 포로수용소

결국 이러한 신화는, 미디어가 아름답게 포장하는 안락한 미국 중산층 가정이라는 이상적 이미지로 만들어진다. 프리단은 이 가정을 안락한 포로수용소와 대비시킨다. 가정을 포로수용소로 설명한 이유는 실제로도 포로수용소에 갇힌 사람들과 가정주부가 유사한 태도를 보이기 때문이다. 프리단은 정신분석가이자 교육심리학자인 브루노 베텔하임(Bruno Bettelheim)이 1939년 다하우 집단 수용소와 부겐발트 집단 수용소에서 죄수로 수감되어 있을 때 했던 연구를 언급한다.

나치 포로수용소에서 수감자는 수용소 환경에 적응하기 위해 자신의 정체성을 포기하고, 자신의 죽음에도 거의 관심을 가지지 않는다. 포로수용소는 수감자들을 어린아이처럼 행동하도록 하고, 스스로를 억제하여 개성을 포기하고 특성이 없는 존재로만 살아가도록 강요한다. 수용소는 수감자에게 수용소 세계가 유일한 현실이 되게 만들고 원초적인 육체적 욕구만을 충족시키도록 한다. 이로 인해 수감자들은 스스로 결정하고 미래를 예측하는 능력을 잃어버린다.

이 조건은 미국 주부들이 자아 정체성을 상실해 가는 조건과 비슷하다.

포로들과 마찬가지로 미국 주부들도 새로운 상황에 대항하는 능력이 사라지면서 수동적인 존재로만 머물게 되고, 결과적으로 주체적 의식을 갖기 힘들게 된다. 이로써 주부들은 약한 자아만을 유지한 채 관계성에서 단절된 이기심에 곧장 빠져들게 되고, 나아가 적극적인 목적이나 야망, 자기 이익을 포기하고 추상적인 사고에 무력해지면서 바깥세상을 향한 활동에서도 후퇴하게 된다.

또한 프리단은 1950~1960년대 아이들의 정서장애가 증가하는 현상과 가정이란 포로수용소에 갇힌 주부들의 상관관계를 지적한다. 그의 분석에 따르면, 어린이는 여성성의 신화에 의해 무기력해진 어머니와 함께 생활하면서 상호 파괴적인 공생으로 나아가고, 이는 다시 여성성의 신화를 통해 악순환이 구축된다. 이러한 상황은 특히 어린 소녀들에게 악영향을 미친다. 소녀들은 학교와 현실에서 치르는 시험을 점차 기피하게 되고, 결혼하면 목적을 이루고 만족을 얻을 것이라는 약속을 믿고서 이른 나이에 결혼하도록 선동하는 사회에 따른다. 소녀들은 어린아이 수준에 멈춘 채로 결혼하고 아이를 낳는다. 이러한 어머니에게서 자라난 아이 역시 개성을 갖춘 존재로 자라기보다 환상 속에 머물게 되고, 그 딸이 다시 최악의 희생자가 되는 악순환이 지속된다.

프리단은 다음과 같은 예시를 든다. 남들이 보기에 번듯하고 부유한 삶을 살며, 남편이 대기업의 높은 직위에 있는 가정주부는 딸을 자신에게 의존하게 하고 자기와 동일시하도록 만든다. 남편은 바쁘다는 이유로 사회적 지위와 자신의 직업적 성취에 몰두할 뿐이다. 그럴수록 가정주부는 아이들의 삶에 집착하게 되는데. 이때 어머니에게 딸은 일종의 사물, 즉 또 다른 자아 의탁의 대상에 불과하다. 그리하여 심지어는 다음과 같은 고백을 하기도 한다. "가장 나쁜 것은 제가 제 배로 낳은 아이들을 질투한다는 것입니다. 전 아이들을 미워합니다. 아이들에겐 앞으로 자기들의 삶이 있지만, 전 이미 끝나 버렸기 때문입니다."

프리단은 이렇게 수동적인 의존에 갇힌 주부와 아이들 사이에 통제할 수 없는 폭력이 증가하는 징조를 목격한다. 그 해결책은 어머니들에게 아이들을 더 사랑하라고 촉구하는 것을 멈추는 것에서 시작된다. 대신 가정과 아이들에 완전히 헌신해야 한다고 요구하는 여성성의 신화가 다시 여성으로 하여금 아이를 더 수동적이고 의존적으로 성장하게 하는 악순환의 연쇄를 직시하도록 해야 한다. 사회는 여성이 자기 능력을 완전히 사용하는 것을 용인해야 하며, 여성이 완전한 능력을 갖춘 사람으로 성장하도록 고무해야 한다. 이는 오로지 여성성의 신화를 일소함으로써만 가능하다. 프리단은 다음과 같이 주장한다. 여성은 남성의 성적인 대상이나 자식의 어머니로서만 존재할 수 없다. 남편이나 아들을 통해 삶의 목적을 이루는 게 아니라 자신의 삶을 스스로 성취할 수 있어야 한다. 우리 사회에는 다양한 여성들의 모습이 필요하다. 이는 여성만을 위한 것이 아니라, 사회 전체를 뒤덮은 병적 징후로부터 벗어나는 첫걸음이 된다.


## 주입된 여성성에서 벗어나, 제2물결 페미니즘의 포문을 열다

난 겁에 질렸다는 이유로 여성을 비난하지 않는다. 사실 나도 무척이나 겁에 질린 적이 있었다. 당신 혼자서 새로운 삶의 양식을 만들기란 거의 불가능하다. 난 무엇보다도 혼자 있는 것을 늘 두려워했다. 무력하고 보잘 것 없는 가정주부로서 살기 위해 노력하는 동안, 점점 더 스스로 무력하다고 느끼는 동안, 혼자서는 감히 마주하지 못하던 분노가 점점 더 격렬하게 폭발하기 시작했다. 혼자라는 두려움 때문에, 나는 이미 사랑이 아닌 무언가에 예속된 미움에 바탕을 둔 결혼을 이어가려고 노력하다가 자존심을 거의 잃어버렸다. 나로서는 개인의 삶을 바꾸는 것보다 사회를 바꾸기 위해서 필요한 여성운동을 시작하는 게 더욱 쉬웠다.[6]

프리단이 『여성성의 신화』를 통해 전달한 메시지는 미국 여성운동의 새로운 기폭제가 된다. 1966년 폴리 머레이(Pauli Murray), 케이틀린 클라렌바흐(Kathryn Clarenbach), 도로시 헤너(Dorothy Haener) 등 서로 다른 배경을 가진 30명의 여성들이 전미여성기구(National Organization for Women, NOW)를 설립한다. 창립 멤버 중 한 명인 프리단은 전미여성기구의 창립 선언문의 초안을 작성하는 데에 도움을 주었다. 이 창립 선언문은 "모든 여성을 위한 진정한 평등"을 요청하고, "평등하고도 경제적인 성장"을 가로막는 모든 장애물을 제거할 것을 요구했다.

프리단은 미국 최대의 여성운동 단체인 전미여성기구를 비롯하여, 전미낙태권행동리그(NARA), 전미여성정치회의(NWP)의 창립자로서 낙태, 출산 휴가권, 승진과 보수에서의 남녀평등을 위한 운동을 펼친다. 『여성성의 신화』의 저자에서 더 나아가 페미니즘 운동가로서 우뚝 선 프리단은, 직장에서의 성차별 폐지와 임신중단권 운동, 여성에 대한 폭력 반대 운동, 여성의 권리 향상 운동 등을 펼친다.

프리단 덕분에 정치인들은 여성의 불만을 인식하기 시작하였고, 1963년에 여성의 상태를 검토하기 위하여 임명된 위원회는 불평등의 종식을 건의한다. 이에 대한 입법이 뒤따랐으며, 「1963년 임금 평등법(The Equal Pay Act of 1963)」은 여성은 동일노동에 대해 남성과 같은 임금을 받는다고 명시한다. 프리단의 문제 제기는 성 평등적 교육 확대와 직장 내 법·제

---

6  같은 책, 645쪽.

도 개선으로까지 이어져 여성의 사회 진출을 늘이는 데 이바지한다. 전미여성기구의 전 의장이기도 한 킴 간디(Kim Gandy)는 프리단의 책에 관해, "삶의 실질적인 다른 무언가를 꿈꾸던 여성의 사고를 열어 주었으며, 그런 생각들을 비밀스럽게 숨기고 살아온 여성들에게 자신 외의 다른 여성들도 더 나은 삶을 꿈꾼다는 것을 알려 주었다"라고 평가한다.

제2물결 페미니즘의 파도의 제일 높은 마루에 있는 전미여성기구는 미국 여성운동의 역사와 함께 한다. 전미여성기구의 활동가인 테리 오닐(Terry O'Neill)은 미국 여성주의 잡지 『미즈(Ms.)』와의 인터뷰에서 "전미여성기구는 항상 다양한 중요한 이슈의 현장에 있었으며 지금도 그렇다"면서 "페미니즘이 미국의 규범(norm)이 되도록 돕는 역할"이라고 말한다. 전미여성기구는 미국의 연방대법원이 헌법에 의해 낙태를 처음 인정했던 1973년 '로우 대 웨이드(Roe v. Wade)'와 '도우 대 볼튼(Doe v. Bolton)' 소송 현장뿐만 아니라, 1975년 신용기회균등법, 1978년의 강간피해자보호법과 임신차별금지법 등 중요한 양성평등 헌법수정안(ERA) 법안 통과의 자리에 함께한다. 1986년부터는 여성의 재생산권 확보를 위한 운동을 꾸준히 진행하는 한편, 다른 여성단체들과 연합하여 매년 3월 미국 전역에서 100만 명 이상이 참여하는 '3월 여성 인권을 위한 행진'을 조직한다.

또한 전미여성기구는 1971년엔 성소수자(LGBT) 지원을 공식 발표하며 성소수자 인권 투쟁을 공식 선언한 첫 단체이기도 하다. 전미여성기구는 여성운동을 위한 전국 조직 결성을 최초로 시도한다. 중앙 조직이 지침을 결정하고 각 지역 지부들이 전미여성기구를 지원한다. 이러한 방식은 자연스럽게 전국으로 여성운동이 확산되도록 하는 것이다. "지역의 활동(actions)이 운동(movements)을 만든다"라고 설명할 수 있는 이 방식의 성과로, 오늘날 전미여성기구는 50개 주 전역에 500개 이상의 지역 및 대학 지부를 두고 있다.


## 『여성성의 신화』의 성과와 그 이후

역사를 향해 방아쇠를 당겼다. —앨빈 토플러(Alvin Toffler)


이 책은 1963년 현대 여성운동에 봉화를 올림으로써 미국뿐 아니라 전 세계 사회 조직을 영구히 바꿔버렸다. —『뉴욕 타임즈(The New York Times)』, 베티 프리단 부고 기사 중에서


사회가 어떻게 여성성이라는 이름으로 여성들을 인간이기 이전에 '여성'으로 만들고 억압하는지 밝혀낸 『여성성의 신화』는, 20세기에 가장 영향력 있는 논픽션 가운데 하나로 인정받는다.

여성운동의 선구자였지만 프리단에게도 일정 한계가 존재한다. 프리단은 『미즈』를 창립한 여성운동가 글로리아 스타이넘(Gloria Steinem)을 '미국 중앙정보국(CIA)의 끄나풀이며 미모를 무기로 여성운동을 독식하는 스타 페미니스트'라 공격할 뿐 아니라, 레즈비언 페미니즘을 인정하지 않는다. 이 때문에 급진적인 여성운동가 수잔 브라운밀러(Susan Brownmiller)는 그를 '가망 없는 부르주아'로 비판하기도 한다.

또한 그의 이론과 행동은, 가정과 직장 일을 모두 완벽하게 해내는 '슈퍼우먼'을 요구한다는 점에서 자가당착적이다. 인종, 성적 지향성, 계급 등 여성 내부의 차이를 무시하고 프리단 자신과 유사한 여성들의 문제에만 착목한다는 점에서 '중산층 백인 여성 중심'의 페미니즘이라는 비판을

받기도 한다.

그는 1981년에 펴낸 책『두 번째 단계(The Second Stage)』에서『여성성의 신화』가 가정과 가족에 대해 지나치게 신랄한 분석을 했다는 비판을 수용하기도 한다. 그는 이 저서에서 "우리의 실패는 가정에 대한 우리의 간과에 있다"라고 서술하여 자신의 첫 번째 책의 주장을 뒤집기도 한다. 더 나이가 든 뒤에는 페미니즘을 등진 채 건강과 젊음에 몰두했는데, 노인 문제를 다룬 책『노년의 샘(The Fountain of Age)』(1993)에서 죽음에 대한 혐오와 젊게 사는 비법을 전파하기도 하면서 논쟁에 휩싸인다.

그럼에도 불구하고 프리단의『여성성의 신화』는 출간 이후 다양한 논의를 끌어냈을 뿐 아니라, 그 영향력은 여전히 진행 중이다. 한국어판 해제를 쓴 여성학 연구자 정희진은 다음과 같이 묻는다. "이 책이 출간되고 나서 50여 년이 지난 지금 우리는 얼마나 달라졌을까?『여성성의 신화』는 지구상 '모든' 여성들이 교육, 법, 고용, 경제적 지위 등 공적 영역에서 평등을 획득하는 '그날'까지 유효하다. …… 이 시대 여성들의 근본적 고민은 여전히 남성과의 불평등 때문이다. 단지 '선택'이 다양해졌을 뿐이다. 그런 의미에서 이 책은 우리를 출발선에 다시 세운다." 프리단의 이후 행적과 상관없이『여성성의 신화』가 이름 붙일 수 없던 여성들의 문제를 해명하고, 페미니즘 운동의 방향성을 제기했다는 의의는 변하지 않는다.

**PART 3**

# 가부장제의 숨은 전제를 들추다

젠더 재생산의 핵심으로서 모성의 재생산
**낸시 초도로우의 『모성의 재생산』**

**김상애**

동국대학교에서 철학을 공부했으며, 이화여자대학교 대학원 여성학과에 재학 중이다. 여성으로서 나와 내가 거주하는 이 세계를 더 잘 이해하고 잘 살아가고 싶은 페미니스트이다. 한국철학사상연구회 여성과 철학 분과에서 공부하고 있다.

낸시 초도로우(Nancy Chodorow)의 『모성의 재생산(The Reproduction of Mothering)』(1978)은 미국에서 여성과 관련된 여성학, 여성주의 상담, 여성 심리학이라는 새로운 영역이 개척되기 시작한 1970년대에 쓰였다.[1] 페미니즘의 역사적 시간성으로 보자면, 1970년대는 미국에서 새로운 페미니즘의 물결이 부상하여, 페미니즘의 급진적 이론과 실천이 널리 확산되던 시기였다. 제2물결 페미니스트들은 참정권과 교육권, 노동권 등 여성의 권리 획득을 목표했던 이전의 투쟁을 제1물결 페미니즘이라고 부르고, 그들 자신의 투쟁을 '제2물결 페미니즘'이라고 칭하며 역사적으로 맥락화했다. 제1물결 페미니스트들은 여성 또한 "시민적 권리를 가질 자격이 있는 인간"이라는 자유주의적 휴머니즘의 기획하에 남성과 같은 권리를 획득하여, 여성이 남성과 같은 동등한 주체로 서는 것이 진정한 평등이라 생각했다. 하지만 제2물결 페미니즘은 여성이 남성과 같은 권리를 얻어낸 이후에도 여전히 지속되는 '여성 문제'가 있다는 문제의식에서 출발한다. 법·제도와 같은 공적 영역에서 여성을 배제하는 명시적 차별뿐만 아니라, 개인적이고 문화적인 영역에 존재하는 암묵적이고 무의식적인 여

---

1    낸시 초도로우, 『모성의 재생산』, 김민예숙·강문순 옮김, 한국심리치료연구소, 2008, 9쪽.

성 억압 또한 페미니즘이 해결해야 할 '여성 문제'로 지목한 것이다. 제2물결 페미니스트들은 여성 문제를 해결하기 위해 다양한 차원에서 그것이 무엇인지 규정하고, '여성' 자체를 정치적 범주로 재구성하여 삶의 모든 영역에서의 급진적 변화를 추구했다.[2] "개인적인 것이 정치적인 것"이라는 제2물결 페미니즘의 슬로건처럼, 섹슈얼리티, 가족, 재생산 등 개인적이고 사소해 보이는 영역에서 근본적으로 여성을 억압하는 제도들을 페미니스트가 해결해야 할 여성 문제로서 정치화한 것이다.

초도로우가 제기한 여성 문제는 다름 아닌 '여성의 어머니 노릇'이었다. 그는 더 이상 생물학적 어머니만이 어머니 노릇을 하지 않아도 되는 사회적·경제적 조건이 마련된 지금까지도 "왜 어머니는 여성인가?, 부모 노릇의 모든 활동들을 일상적으로 하는 사람이 왜 남성이 아닌가?[3]"라고 묻는다. 이와 같이 매우 일상적이지만, 여성주의적인 문제의식을 바탕으로 초도로우는 『모성의 재생산』을 기획한다. 사회학자였던 초도로우는 이 기획을 위하여 아동이 심리적인 성장을 통해 젠더화된 성인으로 사회화되는 과정을 상세하게 다루는 정신분석 이론과 정신분석 임상 자료를 중요하게 검토했고, 임상적 사례에서 나타나는 사회학적이고 구조적인 토대에 주목했다.

## 어머니 노릇, 여성을 억압하는 제도

'부모(parents)'는 일반적으로 아버지와 어머니로 구성된다. 아버지는 아

---

2 　김보명, 「페미니즘 정치학, 역사적 시간, 그리고 인종적 차이」, 『한국여성학』, 제32권 4호, 2016년.
3 　낸시 초도로우, 『모성의 재생산』, 32쪽.

이의 '남성 부모(parent)'를, 어머니는 '여성 부모(parent)'를 의미한다.[4] '어머니'와 '아버지'의 부모 노릇에 있어 가장 두드러지게 다른 점은 생물학적 재생산 능력이라고 볼 수 있다. 다시 말해 여성인 '어머니'만이 자녀를 잉태하고 출산할 수 있으며, 이 같은 사실이 여성 부모인 '어머니'와 남성 부모인 '아버지'를 구분한다. 하지만 일반적으로 아버지와 어머니에게 주어지는 역할은 잉태와 출산 과정 이후에도 다르게 지속된다. '아버지'와 '어머니'라는 단어는 단지 부모의 성별을 지시할 뿐만 아니라, 아버지와 어머니의 특정한 역할까지 규정한다는 것이다. 특히 "'누군가가 어머니이다'라고 말할 때는 '누군가가 아버지이다'라고 말할 때와는 다른 어떤 의미가 덧붙여진다."[5] 같은 맥락에서 페미니스트 시인 에이드리언 리치(Adrienne Rich)는 다음과 같이 '어머니 됨'의 특수성을 논한 바 있다.

'아버지 됨'의 의미는 여전히 남성과 무관하고 애매한 채로 남아 있다. '아버지'가 보기에 아이는 생긴(beget) 것, 즉 무엇보다도 난자를 수정하게 만드는 정자를 제공하는 것을 뜻한다. '어머니'에게 아이는 지속적으로 '있음(現存)', 적어도 아홉 달 동안 지속하고, 흔히 몇 년 동안 지속하는 것을 의미한다. 어머니가 된다는 것은 첫째는 강렬한 신체적·정신적 통과의례―임신과 출산―를 통해서, 그다음에는 본능으로 생기는 것이 아니라 양육에 대한 학습을 통해서 얻어진다.[6]

리치가 이야기한 것처럼, 초도로우는 어머니가 그저 부모의 성별만을

---

4   영어 'parent'는 우리말 '부모(父母)'와 같이 자기 자신의 아이를 돌보는 보호자를 지칭하는 단어이다. 그러나 이미 그 자체로 양성의 보호자를 포괄하는 우리말 '부모'와 다르게 영어 'parent'는 그 자체로는 젠더 구분이 없다. 다소 어색해 보이는 '여성 부모'와 '남성 부모'라는 표현은 'female parent'와 'male parent'를 우리말로 옮긴 것이다.
5   낸시 초도로우, 『모성의 재생산』, 31쪽.
6   에이드리언 리치, 『더 이상 어머니는 없다―모성의 신화에 대한 반성』, 김인성 옮김, 평민사, 2018, 9쪽.

나타내는 것이 아니라 '어머니 노릇'이라는 특별한 역할을 내포한다고 보았다. 여성의 어머니 노릇은 남성의 아버지 노릇과는 본질적으로 다르다. 여성의 어머니 노릇에는 아이를 양육하는 것, 즉 생의 초기에 있는 어린 아이의 정신적·신체적 생존을 책임지는 것이 포함되기 때문이다. 구체적으로는 아이와 접촉하며 애착을 형성하는 것과 아이를 먹이고 재우는 아이의 생리적 욕구를 충족시켜 주는 것으로 볼 수 있다. 초도로우는 이와 같이 어머니를 어머니이게끔 하는 '어머니 노릇'이 매우 특수한 분석을 요청하는 주제라고 생각했다.

어머니 노릇이 페미니즘의 특수한 분석을 요하는 까닭은, 여성의 어머니 노릇이 생물학적으로 결정되었다거나 본성에 의한 것이라는 근거가 전혀 없음에도, 여성이 어머니 노릇을 자신의 것으로 매우 자연스럽게 받아들이고 있기 때문이다. 뿐만 아니라 어머니 노릇은, 여성 개인에게만 영향을 미치는 개인적인 활동이 아니라, 대인관계적으로 충만하고 애정 어린 관계에 참여하는 것이며, 성격과 관계 속에서 자기감에 새겨진 어떤 관계적 능력을 요구하는 매우 특별한 역할이다.[7] 초도로우는 어머니 노릇이 사회를 조직하고, 여성 억압적인 젠더 구조를 재생산하는 중심 구성요소라고 보았다. 바꿔 말하면, 여성의 어머니 노릇은 제도로서 여성의 삶, 여성에 대한 이데올로기, 남성성, 젠더 불평등, 그리고 특수한 형태의 노동 권력들을 재생산한다는 것이다.[8]

---

7   낸시 초도로우, 『모성의 재생산』, 65쪽.
8   같은 책, 32쪽.

## 이론적 배경—정신분석학과 대상관계 이론

초도로우는 어머니 노릇이 어머니가 아이와 맺는 관계를 포함하여 매우 특수한 역할을 지칭할 뿐 아니라, 잠재적으로 여자아이를 어머니로 만드는 재생산을 포함한다고 주장했다. 그는 이 주장을 뒷받침하기 위해 정신분석학과 대상관계 이론을 이론적 배경으로 삼는다.

정신분석학을 처음으로 이론화한 지그문트 프로이트(Sigmund Freud)는 인간의 정신과 행동이 전적으로 의식적이지 않다는 중요한 사실을 발견했다. 이는 인간의 정신적 삶이 의식적 사유뿐만 아니라 무의식적 몸-정신 활동으로 이루어져 있으며, 인간의 행동은 언제나 목적과 동기를 의식적으로 파악한 결과가 아니라는 중요한 통찰이다. 프로이트는 인간의 의식적 사고를 '말하기'에, 무의식적 정신을 '꿈'에 연결 지었는데, 이처럼 정신분석학적인 이론적 틀 안에서의 의식은 사회적 활동으로, 무의식은 의식화·언어화할 수 없는 개인적 정서와 몸의 느낌으로 이해할 수 있다. 이러한 프로이트의 발견은 몸과 정신 그 어딘가에 있는 '성적인 것', 즉 '섹슈얼리티'를 이론적으로 논의할 기반을 마련했다. 그 자신은 페미니스트라고 보기 어렵지만, 프로이트의 정신분석학적 틀 작업은 페미니스트 이론가들에 의해 재해석되어 섹슈얼리티, 욕망, 언어, 그리고 여성 주체를 이해하는 분석틀로서 전용되고 있다.

특히 프로이트는 '오이디푸스 콤플렉스'라는 주체화 이론을 통해, 생물학적 유기체와 다를 바 없는 상태의 인간이 사회적 주체로 거듭나는 과정을 상세히 다룬다. 오이디푸스 콤플렉스를 간단히 설명하자면, 사회화된 의식적 주체가 되기 이전의 어린아이는 '가족'이라는 최초의 사회에서 성적 욕망의 억압을 경험하면서, 자기 자신을 부모라는 젠더화된 대상과 농일시하는 과정을 통해 사회화된 의식적 주체로 거듭난다. 이때 오이디푸스 콤플렉스의 사회화/의식화 과정의 가장 중요한 목적과 결과는 젠더화되고 성애화된 주체를 생산하는 것이다. 프로이트의 설명에 따르면, '정상적으로' 사회화 과정을 거친 아이는 이성애적 섹슈얼리티를 지향하는 남성-젠더화된 남아가 되거나 여성-젠더화된 여아가 된다. 프로이트는 이러한 성적 발달이 유아의 타고난 성기(性器)적 본능에 의한 것이라고 본다. 즉 그는 성애화되고 젠더화된 주체가 되어가는 과정에서 생물학적 요인의 결정적 중요성을 강조한다.

초도로우는 한 개체가 가족이라는 구조 안에서 심리적 성장을 통해 젠더화된 사회적 주체가 되는 과정을 다루는 정신분석학이, 바로 어머니 노릇이 세대를 거쳐 재생산되는 구조를 설명할 적절한 이론적 틀이라 보았다. 초도로우가 보기에 어머니 노릇을 개인의 자발적 의지나 생물학적 본성에 의한 것으로 보는 본성론적 설명도, 개인의 의지와는 상관없이 권력에 의해 일방적으로 부여되는 것으로 보는 역할 훈련론적 설명도 무언가 부족했기 때문이다. 대신에 그는 어머니 노릇이 개인의 의지와 사회적 구조 모두의 산물이라고 생각했다. 어머니 노릇이 개인의 사회화를 통해 내면화되고 심리적으로 강화되며 재생산된다는 것이다.[9]

초도로우는 이처럼 프로이트가 인간 무의식의 영역을 발견하고, 인간의 정신 발달이 가족 구조와 밀접한 연관이 있음을 밝혀낸 공헌을 인정한다. 또한 인간의 섹슈얼리티가 생애 초기에 조직된다는 프로이트의 주장에도 일정 정도 동의한다. 하지만 한편 초도로우는 인간의 타고난 충동들이 자연적으로 행동과 발달을 결정한다는 프로이트의 주장에 의문을 제기하며, 고전적 정신분석학과는 다른 대안을 모색한다. 그리하여 정신분

---

9    같은 책, 74쪽.

석학의 한 방법론인 대상관계 이론을 자신의 기획 안으로 들여온다.

대상관계 이론은 아동 정신분석가 멜라니 클라인(Melanie Klein)이 정초했다. 클라인에 따르면, 인간의 타고난 충동들은 오히려 관계를 획득하고 보유하는 과정에서 조작되고 변형된다. 따라서 어린아이의 내면에서 아이가 맺은 세계와의 관계는 무의식적 과정을 통해서 승인되고 변형되며, 아이의 정서적 삶이 발달하는 데에 영향을 미치게 된다. 이는 곧 삶의 초기에 어린아이가 관계 맺는 대상과의 관계적 경험이 아이의 심리적 성장과 성격 형성에 결정적임을 강조한다. 앞서 제기한 바 있듯, 여성만이 어머니 노릇을 하기 때문에 어린아이가 세계로 경험하는 최초의 대상은 바로 여성, 어머니이다. 대상관계 이론을 따른다면, 아이가 최초로 만나는 대상인 어머니야말로 아이의 주체화 과정에서 핵심적인 역할을 하는 인물이다. 초도로우는 일반적인 아동의 심리 성장을 다루는 대상관계 이론에서 언급하지 않았던 젠더에 따른 대상관계적 경험들의 차이와 이로 인한 심리 발달의 차이에 주목하여, 남성이 아닌 여성만이 어머니가 되는 어머니 노릇의 재생산을 탐구한다.

## 정신분석학의 아버지 계보학과 남근 중심주의를 비판하다

프로이트는 정신분석학의 주인공을 사실상 아들과 아버지로 설정했다. 다시 말해, 정신분석학의 주인공이 '오이디푸스'라는 그리스 비극의 남성 주인공으로 등장하는 것에서 전제되어 있듯이, 정신분석학은 어린아이였던 남자아이가 사회적 주체로서 남자 어른이 되는 과정을 기술한다. 이에 따르면, 어린아이는 '초자아'로 싱징되는 아버지와 자신을 동일시함으로써 사회적 주체가 된다. 반면에 아이에게 어머니는 아버지가 상징하는 '사회'에 진입하기 위해 아이가 극복하고 버려야 할 '의존성'으로 간주된다.

앞서 말했듯, 사회적 주체가 되는 과정은 젠더화되고 성애화된 주체가 되는 과정이며, 이는 자신과 같은 젠더인 부모와 자신을 동일시하고, 젠더가 반대인 부모에 대한 사랑에서 확장된 이성애를 발달시키는 과정이다. 프로이트는 이 과정을 '오이디푸스 콤플렉스'라고 불렀다. 오이디푸스 콤플렉스 과정에 진입하기 이전, 남자아이와 여자아이는 섹슈얼리티와 젠더 정체성이 특정되지 않은 상태이며 모두 어머니와 애착을 형성한다. 그러나 오이디푸스 콤플렉스 과정을 거치면서 남자아이는 어쩔 수 없이 어머니에 대한 자신의 사랑을 포기하지만, 여자아이는 어머니를 미워하면서 어머니에 대한 사랑을 포기한다. 이 과정에서 페니스는 매우 중요한 매개물이 된다. 남자아이의 경우, 어머니와 형성하고 있는 애착 관계에 아버지라는 인물이 중요하게 개입한다. 아버지의 등장으로, 남자아이는 어머니에 대한 자신의 사랑을 지속하다 자신이 가지고 있는 페니스를 상실할 수도 있다는 두려움을 갖게 되고, 점차 아버지의 권위에 복종한다. 그리고 아버지와 자신을 동일시하는 것을 통해 이 권위를 획득하게 될 것이라는 사실을 알게 된다. 반면에 여자아이는 자신이 페니스를 결여하고 있다는 열등감을 갖는다. 그리고 자신을 이러한 상태로 낳아준 어머니를 미워하고, 그리하여 여자아이는 자신이 사랑하는 대상을 어머니에서 아버지로 바꾼다.

일반적으로 현대 자본주의 핵가족 모델에서 아버지는 가정 외에서 자신의 역할을 다하며, 어머니는 가정 내에서 주된 역할을 담당한다. 프로이트가 정신분석학을 이론화하여 저술하던 당대에는 이 같은 젠더 분업이 더 뚜렷했다. 아버지가 집안에 부재하고 어머니만 가정에 있는 상황이 더욱 일반적이었다. 그렇다면 어째서 프로이트는 가정 외부인으로서 자신의 역할을 다하던 아버지가 어린아이의 심리 발달에 결정적인 역할을 한다고 가정하는 것일까?

클라인은 이를 '발생학적 계보의 가부장적 폭력성'이라 지적한다. 어머니는 아이를 수태하는 순간부터 서로 연결되어 아이와 물리적인 삶을 공유하고, 열 달이라는 긴 시간을 함께한다. 또한 출산 이후에도 아이의 물리적·정신적 생존을 책임지는, 그야말로 아이에게 핵심적인 인물이다.[10] 그러나 프로이트는 아이의 주체화에 핵심적인 인물을 아버지로 설정하고, 주체가 되기 위해서는 어머니를 분리해야만 하는 배경으로 설정한다. 그럼으로써 어머니를 아이를 담았던 그릇인 자궁에 불과한 것으로, 줄리아 크리스테바(Julia Kristeva)의 용어로 말하자면, 주체가 되기 위해 자신에게서 몰아내야 할 비체(abjection)로 만들었다.

한편 프로이트는 성기의 해부학적 차이로 인해 여자아이와 남자아이는 다른 심리 발달 과정을 겪는다고 주장한다. 그러나 그는 오이디푸스 콤플렉스가 다르게 진행되는 유일한 계기를 페니스의 소유 여부와 페니스에 대해 갖는 감정으로 제기함으로써, 남자아이만 가진 페니스를 특권화한다. 페니스를 가진 남자아이는 오이디푸스 콤플렉스를 해결함으로써 남성성, 즉 적극적인 섹슈얼리티를 획득하지만, 페니스를 결여한 여자아이가 오이디푸스 콤플렉스를 통해 획득하는 여성성은 열등감으로 인한 수동적인 섹슈얼리티로 규정된다. 페니스 소유와 페니스 결여는 우월성과 열등성으로 치환된다. 그리고 해부학적 '차이'는 적극적으로 삶을

---

10 여성문화이론연구소 정신분석세미나팀, 『페미니스트 정신분석이론가들』, 여성문화이론연구소(여이연), 2016, 99-100쪽.

개척하는 남성의 삶과 재생산 영역에 한정된 여성의 삶을 불가피한 것으로 정당화하는 가부장적 헤게모니를 지지한다. 뿐만 아니라, 페니스의 결정적 중요성을 강조하는 동시에, 남자아이의 심리 발달 모델을 여자아이에게 대칭적으로 적용하려는 무리한 시도로, 프로이트는 여자아이의 젠더 정체성 발달을 비약적이고 단순하게 마무리한다.


## 어머니와 딸을 중심으로 정신분석학을 다시 쓰다

갓난아이는 자신의 의지대로 몸을 가눌 수도, 스스로 음식을 섭취할 수도, 심지어는 스스로 잠을 청할 수조차 없는 매우 취약한 상태에 있다. 즉 문자 그대로 스스로 생존할 수 없다. 이 시기 어린아이는 자신을 돌보는 이를 필요로 하지만, 자신과 환경 그리고 자신과 자신을 돌보는 사람(주로 어머니)을 구분하지 못한다. 어머니 없이는 생존하지 못함에도, 아이는 자신과 분리된 존재인 어머니가 자신을 '돌보고 있다'는 것을 인지하지 못하는 것이다. 어머니가 어린아이를 '잘' 돌본다면, 어린아이는 자신이 전능하다고 느낀다. '잘' 돌보는 어머니는 아이에게 극도로 헌신하며 아이의 생리적인 욕구와 정서적인 욕구를 재빠르게 알아채고, 섬세하게 충족시켜 주기 때문이다. 아이를 잘 보살피는 어머니와 어머니로부터 만족스러운 보살핌을 받은 아이의 일차적인 관계는 가장 안정적이고 완벽하며 모든 사랑의 토대가 된다. 정신분석학자들은 이처럼 어머니와 아이의 초기 관계가 특별하고, 매우 중요하다고 강조하며, 이와 같은 경험이 이후 부모 노릇에 영향을 미친다고 설명한다. 어머니와 아이의 관계가 정신분석학자들의 말처럼 배타적으로 특별하고 중요하다면, 즉 자녀 양육이 자신이 어렸을 때 경험한 완전하고 충만한 관계를 어머니가 되어 재구성하는 것이라면, 모든 어머니는 아이와의 관계에서 완벽한 사랑을 느껴야 한다. 그런데 왜 어떤 어머니는 출산 이후 우울증을 겪고, 심지어는 유아를 유기하거나 살해하는 선택을 하게 되는 걸까?

초도로우는 어머니와 아이의 초기 관계를 본질적으로 중요한 것으로 다루는 정신분석학적 설명이 모성을 낭만화하고 절대화하기 위한 기획이라고 강하게 비판한다. 어머니-아이 관계의 절대성은 어머니와 아이 모두에게 적용되는 것이 아니라, 아이에게만 적용된다는 것이다. 아이는 어머니에게 전적으로 의존할 수밖에 없기 때문에 아이에게 어머니는 관계와 사회의 전부라고 볼 수 있다. 하지만 어머니-여성은 아이 외에도 다른 사람과 또 다른 관계를 맺고 있으며, 가정 밖의 사회에도 속해 있다. 아이와 어머니가 경험하는 세계의 지평이 이처럼 다르기에 어머니-아이의 관계의 질과 속성 또한 각자에게 매우 다를 수밖에 없다는 것이다.

어머니-아이 관계의 절대적 중요성이 상호적이지 않다는 점 외에도, 어머니와 아이의 관계, 그리고 어머니의 역할이 이 초기 관계로부터 비롯된다는 기술은 문제적이다. 무엇보다 어째서 여성만이 양육하는 '어머니'가 되는지 충분한 설명을 제공하지 않는다. 만족스러운 돌봄을 받은 경험이 이후 부모 노릇에 영향을 미친다면, 부모를 가졌던 모든 이들이 부모 노릇을 하고 있어야 마땅하다. 하지만 주로 여성만이 아이를 돌보는 부모 노릇을 한다. 남성 또한 틀림없이 자신을 돌본 부모를 가졌음에도 말이다. 요컨대 어머니의 돌봄에 전적으로 의존하는 어린아이와 어머니인 성인 여성의 느낌과 경험을 동일시하는 정신분석학은 결코 어머니 자신의 관점으로 쓰인 적이 없었다.

## 대상관계 경험의 젠더화와 모성의 재생산

초도로우는 여자아이만이 자라서 '어머니'가 되는 현실을 분석하기 위해 남자아이와 다르게 진행되는 여자아이의 심리 발달 과정에 주목한다. 프로이트의 정신분석학에 따르면, 여자아이는 오이디푸스 콤플렉스를 남자아이와 정확하게 대칭적으로 해소한다. 그 결과로 여자아이는 여성으로서의 젠더 정체성과 남성을 향한 이성애 지향성을 획득한다. 하지만 이는 초도로우가 지적하듯 매우 비약적이며 단순한 설명이다. 여자아이만이 '어머니'가 되는 '모성(어머니 노릇)의 재생산'을 이해하기 위해서는 프로이트가 상대적으로 주목하지 않은 전(前) 오이디푸스기의 대상관계가 어린아이의 젠더에 따라 어떻게 다르게 내면화되는지, 그리고 이러한 전 오이디푸스기의 차이가 오이디푸스기에서는 어떻게 나타나는지 살펴볼 필요가 있다.

대상관계 이론은 인생 초기에 만나는 가장 가까운 타인과의 애착과 분리의 경험이 자아 내에 대상 이미지를 형성하며, 이렇게 자아에 내면화된 대상과의 관계가 훗날 타인과의 대인관계에 영향을 미친다는 점을 강조한다. 어머니가 배타적으로 아이를 돌보는 일반적 상황에서, 어린아이는 어머니의 측면에 내면화된 표상과 돌봄의 질을 지각하며 자기의 측면을 규정하게 된다.[11] 초도로우는 대상관계 이론의 설명을 빌어, 어머니와 자신이 분리된 주체임을 인지하지 못하는 시기에서부터 성인 여성으로 성장하고, '어머니'로 재생산되기까지 여자아이의 심리 발달 과정을 다시 쓴다.

오이디푸스기 진입 이전, 즉 어머니와 아이의 관계에 아버지가 등장하

---

11  낸시 초도로우, 『모성의 재생산』, 130쪽.

기 이전의 '전 오이디푸스기'에서부터 여자아이와 남자아이의 심리 발달 과정은 다르게 진행된다. 프로이트는 이 차이가 생물학적으로 결정되었다고 보았다. 하지만 초도로우는 남자아이와 여자아이의 심리 발달 과정이 다른 이유를 비대칭적인 부모 노릇에서, 그리고 아이의 심리 발달 과정에 매개되는 부모의 양육 태도, 감정과 무의식에서 찾는다.

모자 관계와 모녀 관계를 다룬 여러 임상 자료들을 통해, 초도로우는 어머니가 여자아이와 남자아이를 대하는 방식이 다름을 지적한다. 기존의 정신분석학은 어린아이의 심리 발달이 타고난 충동들에 의한 것이라 설명하지만, 초도로우는 아이의 심리 발달에 돌보는 이의 느낌과 무의식이 개입한다는 사실을 중요하게 지적한다. 초도로우가 다룬 임상 자료들에 따르면, 어머니는 아들을 자신과 분리된 성적 타인으로서 경험하고, 의식적·무의식적으로 아들이 어머니 자신을 분리하게끔 한다. 반면에 어머니는 자신 또한 어머니의 딸이었기에 자신의 딸을 분리된 타인이라기보다는 자기 자신의 확장으로 대하는 경향이 있다. 이러한 전 오이디푸스적 경험은 남자아이가 명확한 자아 경계를 발달시키도록, 여자아이는 모호하고 혼란스러운 자아 경계를 발달시키도록 장려한다. 그리하여 이 대상관계적 경험은 남자아이는 독립적인 남성적 남성이 되도록 하고, 여자아이는 관계적인 여성적 여성이 되도록 하는 데에 큰 영향을 미친다. 결국 어머니 노릇은 아이를 양육하는 데에서 끝나는 것이 아니라, "그것(어머니 노릇)의 재생산 능력을 포함한다. 이 재생산은 일차적 양육을 감당하는 특정한 심리적 능력과 태도를 지닌 여성과 그것이 없는 남성을 생산하는 것으로 이루어져 있다."

전 오이디푸스기를 거쳐 여자아이는 자신의 성애적 지향을 어머니에게서 아버지로 바꾸는 오이디푸스기에 진입한다. 하지만 초노로우에 따르면 고전적인 오이디푸스 콤플렉스의 내용과 달리, 여자아이 또한 남자아이 못지않게 어머니에게 집중적으로 애착하며 그 관계에 등장한 아버지를 경쟁자로 본다. "양성의 아이들 모두에게 일차적 사랑과 동일시의 대상은 어머니이고 아버지들은 나중에, 다른 방식으로 그 관계 구도에 들어온다"는 것이다. 즉 아버지는 어머니의 애착을 깨뜨릴 만큼 충분히 중요한 대상으로 봉사하지 않는다. 따라서 여자아이는 오이디푸스기를 거치는 와중에도 어머니에 대한 의존, 애착, 공생의 관계를 지속시킨다. 새로운 관계의 대상으로 등장한 아버지는 어머니와의 관계에 단순히 추가되는 오이디푸스적 애착일 뿐이다. 이에 따르면 여자아이가 애착 대상을 어머니로부터 아버지로 바꾸더라도, 즉 어머니로부터 아버지로 돌아서게 되더라도, 이는 자신에게 페니스를 주지 않은 어머니가 미워서, 혹은 어머니가 아버지와의 관계에서 경쟁 상대로 간주되기 때문이 아니다. 오히려 여자아이는 어머니에 대해 양가감정을 갖는데, 여자아이는 한편으로 어머니를 여전히 특별히 중요한 대상으로 사랑하면서 다른 한편으로 어머니의 사랑을 획득하고 싶지만 어머니가 이미 이성애자임에 대해 좌절한다. 이에 반해 아버지는 어머니에게서 얻지 못하는 성애적 사랑을 여자아이에게 제공하며, 어머니의 사랑을 받을 만한 페니스를 소유한 사람이다. 결국 이와 같은 심리 과정을 거쳐 여자아이는 어머니에게서 아버지로 돌아서게 되는 것이다. 이처럼 여자아이의 오이디푸스기는 아버지와 딸의 문제인 만큼이나, 전 오이디푸스기에서 연장된 어머니와 딸의 문제이기에 결코 단순하지 않으며, 쉽게 해소되지 않는다.

오이디푸스 콤플렉스를 해결한 이후, 새로운 성적 자극이 등장하기 전까지 여자아이와 남자아이의 섹슈얼리티는 특별히 문제되지 않는다. 정신분석학에서는 이 시기를 '잠재기'라고 부른다. 초도로우에 따르면, 잠재기의 아이들은 가족 안의 삶과 더불어 학교나 또래 집단 등 가족적 삶의 바깥에서 생활하면서 의식적으로 젠더를 학습하고 그 역할을 훈련한다. 잠재기 이후, 보다 더 비가족적인 관계의 세계에 진입하는 청소년기의 여자아이는 또 다시 위기와 갈등에 직면한다. 남자아이는 오이디푸스 콤플렉스를 잘 해결했기 때문에 가족 외부의 세계에 쉽게 진입한다. 반면에 이 시기 여자아이는 해소하지 못한 전 오이디푸스기와 오이디푸스기의 갈등을 지속한다. 게다가 청소년기는 여자아이가 월경을 시작하고, 남성과 교제를 하는 등 '여성이 되는 것'의 모든 사회학적·심리학적 문제들과 맞닥뜨리는 시기이기도 하다. 이때 어머니는 딸의 발달하는 섹슈얼리티에 대해 관심을 갖고 개입한다. 이러한 상황에서 여자아이는 어머니-여성과 자신을 의식적으로 동일시하면서도, 동시에 어머니에게서 벗어나고 싶은 양가감정을 갖는다. 어머니에 대한 애착과 거부의 양가성 사이에서 동요하면서, 여자아이들은 어머니 대신에 사랑하고 동일시하며 자신의 모든 것을 공유할 수 있는 단짝을 찾거나, 남성을 향한 성애를 선택하면서 이성애적 결단을 내리는 것으로 해결책을 찾게 된다.

## 서로를 재/구성하는 가족 관계와 경제 관계

우리는 노동의 성별 분업을 성 불평등과 분리할 수 없다. 노동의 성별 분업과 여성의 아이 돌보기 책임은 남성 지배와 연결되고 남성 지배를 낳는다.[12]

초도로우는 딸이 '어머니'가 되는 가족 내의 젠더 구조가, 가족 외에서

---

12 같은 책, 335쪽.

젠더가 사회적으로 조직되는 방식과 무관하지 않다고 본다. 그가 책 전반에서 강조하듯, 어머니가 아이에게 일차적으로 중요한 대상이 되는 까닭은 아버지가 집안에 부재하고, 어머니만이 집안에 머물며 아이를 돌보기 때문이다. 이러한 성별 분업은 주로 아버지가 가족 부양을 위해 단독으로 가정 밖에서 노동하고, 어머니가 집안에서 가사를 하고 아이를 돌보는 것이 효율적이기 때문이다. 다시 말해 자본주의적 효율성은 남성은 공적 영역에, 여성은 사적 영역에 머물 것을 유도한다. '모성의 재생산'을 종결시키기 위해서는, 이러한 비대칭적 위치를 형성하는 구조, 즉 가족 중 한 사람은 전적으로 생산 영역에, 다른 한 사람은 전적으로 재생산 영역에 할당하는 자본주의적 생산관계에 대한 분석 또한 필요하다.

전 오이디푸스기, 오이디푸스기, 청소년기를 모두 거쳐 성인기에 진입한 남성과 여성은 남성을 남성으로, 여성을 여성으로 젠더 사회화시키는 가족 외 제도에 속하게 된다. 특히 노동시장은 대부분의 남성과 여성이 속하게 되는 중요한 사회이다. 그런데 이 노동시장은 여성을 일차적으로 아내와 어머니로 규정하고, 여성의 일을 "정서적 일"로 정의하는 반면, 남성의 일을 일차적으로 보편적인 직업적 용어로 규정한다. 이처럼 사회가 남성의 일과 여성의 일을 서로 다르게 규정하는 것은 단지 서로 다른 정의를 할당하는 것에서 그치지 않는다. 이러한 정의에 따라, 남성과 여성이 각각 비가족적 생산 영역과 가족적 재생산 영역에 머무는 것이 정당화된다. 또한 남성과 여성이 모두 노동시장에 참여한다 해도, 남성은 기술자로, 그리고 생산적이고 전문적이며, 기능적인 노동자로 규정되는 반면, 여성은 일터에서도 돌보는 자로 규정된다. 더 나아가 초도로우는 남성의 독립적인 남성성을 우월한 것으로, 여성의 관계적이고 보살피는 여성성을 열등한 것으로 가치 평가하는 제도가 바로 자본주의가 노동력과 노동력의 재생산을 동원하는 방식이자, 가부장제가 남성의 여성 지배를 정당화하는 기제라고 본다.

> 여성의 어머니 노릇은 남성 지배 사회에서 구성된 방식대로 가족을 재생산한다. 어머니 노릇의 성별 분업과 가족의 분업은 성적으로 분리된 여성의 심리적 조직과 성향을 만든다. 그것은 비대칭적인 이성애 관계로 들어가는 사회적으로 젠더화된 여성과 남성을 생산한다. 그것은 여성에게 반응하고 두려워하고 우월한 듯 행동하는 남성, 모든 에너지를 일의 세계에 쏟아 붓고 양육하지 않는 남성을 생산한다. 마지막으로 그것은 자신의 에너지를 아이를 양육하고 돌보는 데 쏟으며 그래서 여성이 어머니 노릇을 하는 성별 분업과 가족의 분업을 재생산하는 여성을 생산한다.[13]

이처럼 가족 외의 제도인 자본주의적 노동 세계와 가족 내적 삶은 서로를 재/구성하면서 남성 중심적 가족과 사회를 재/생산한다. 생산과 재생산의 영역을 구분하고, 이 구분된 영역에 남성과 여성을 할당하는 자본주의적 생산관계가 변하지 않는 한 젠더 분업, 특히 어머니 노릇의 재생산은 계속될 것이다.


**대안을 상상하기―'어머니 노릇'에서 '부모 돌봄'으로, 그리고 새로운 젠더 관계로**

가족 내에서 돌보는 어머니와 가족 외에서 역할을 다하는 아버지, 어머니의 돌보는 성향을 닮아 아이와 남편을 돌보는 '어머니'가 되는 여성인

---

13  같은 책, 330쪽.

딸과 아버지와 같이 독립적이고 사회적인 성인이 되어가는 남성인 아들.

초도로우와 프로이트는 같은 장면을 보았다. 같은 장면을 보았음에도 이에 대한 분석과 이를 통해 이끌어 낸 통찰은 매우 다르다. 두 사람 모두 정신분석학에 이론적 토대를 두고 있음에도 말이다. 초도로우는 『모성의 재생산』 초반부에서 다음과 같이 언급한다.

> 이 책은 이런 여성주의적 노력의 하나이다. 그것은 어머니 노릇을 사회적 조직과 젠더 재생산의 중심적인 구성요소로 보고, 어머니 노릇의 재생산을 분석하는 것이다.[14]

초도로우는 자신의 글을 어머니의 배타적인 자녀 양육에서 출발하는 젠더 이데올로기에서 비롯된, 각종 젠더 불평등을 개선하기 위한 여성주의적 개입임을 강조한다. "왜 여성이 일차적 돌봄을 제공하는 자인가? 왜 일차적 돌봄을 제공하는 자는 여성인가?"[15]라는 물음은 "여성-어머니라는 성별 분업을 변화시키기 위해 우리는 무엇을 어떻게 바꿔야 하는가?"[16]라는 그 다음 질문을 함축하고 있는 것이다.

초도로우는 부모의 젠더와 역할, 이성애적 섹슈얼리티의 결정론적·목적론적 심리 발달 과정을 기술하는 정신분석적 체계들에 대해, 여성주의적 관심과 더불어 아들과 딸을 가진 어머니를 상담하여 얻어낸 임상 사례로서 반증한다. 그럼으로써 기존의 정신분석학이 자연화하고 낭만화한 어머니의 역할과 어머니와 아이의 관계를, 어머니 자신의 경험과 관점을 통해 사회구조와 매개되는 것으로, 그리고 세대를 거쳐 재생산되는 것

---

14 같은 책, 25쪽.
15 같은 책, 32쪽.
16 같은 책, 20쪽.

으로 상대화했다. 이와 더불어 남성성과 여성성을 독립성과 관계성으로 보고, 독립성뿐만 아니라 관계성 또한 개발할 가치가 있는 것으로 제안했다. 이러한 초도로우의 시각은 캐럴 길리건(Carol Gilligan)과 같은 페미니스트 윤리학자들에게도 큰 영향을 미쳤다. 윤리적 주체의 패러다임을, 독립적이고 합리적인 남성적 주체에서 여태껏 평가절하되어 왔던 관계적이고 공감하는 능력이 있는 여성적 주체로 전환시켜 대안적인 페미니스트 윤리학을 정초하는 데에도 크게 기여한 것이다.

그러나 초도로우의 논의는 기존의 정신분석학이 전제하는 오이디푸스적 가족 구조, 즉 어머니-아버지-자녀로 이루어진 이성애 중심적인 가족 구조를 넘어서지 못했다는 점에 한계가 있다. 또한 그가 이론적 배경으로 삼는 정신분석학과 대상관계 이론은 인간의 정신 구조와 심리 발달이 어린 시기에 결정적임을 전제하기에 문제적일 수 있다. 또한 초도로우는 후에 여성을 관계적인 사람으로, 남성을 독립적인 사람으로 본질화한다는 비판을 받기도 했다.

정신분석학이 치료를 위해 개발되었다는 점을 상기해 보자. 정신분석학은 인간의 정신 구조와 심리 발달이 5세 이전에 핵심적인 방식으로 형성되지만, 삶의 경험으로부터 변화될 수 있고 분석적 과정을 통해 바뀔 수 있음을 전제한다. 바로 이 점에서 초도로우는 자신의 개입 지점을 명확히 한다. 만약 어머니와 아버지 모두가 어린아이와 일차적 관계를 맺는다면, 다시 말해 어머니뿐만 아니라 아버지가 자녀 양육에 헌신한다면, 그리고 양육에 있어서 아이의 젠더와 무관하게 아이를 대한다면, 차별적인 젠더 이데올로기를 답습하지 않는 성인으로 성장하는 데 기여할 수 있다는 것이다. 또한 초도로우는 가족 외에도 아이가 사회화되는 여러 핵심적인 과정들을 다루면서, 그 과정들이 어린 시절 형성된 성신 구조가 공고해지는 계기로 작동한다는 사실을 지적한다. '정상적'··'비정상적' 젠더 정체성과 섹슈얼리티를 나누고 학습시키는 제도들 또한, 정신 구조와 심리 발달에 커다란 영향을 미친다는 것이다. 이에 따르면, 그러한 제도에 개입하고 수정하는 것 또한 젠더 이데올로기를 종식시킬 여성주의적 개입일 수 있다.

초도로우 자신 역시 어머니, 아버지 그리고 아이로 구성된 정신분석학적 가족 모델에 한정해서 연구를 진행했다는 한계를 인정한다. 하지만 그의 분석은 이성애적 핵가족 모델 안에서 여성이 수행하는 배타적인 '어머니 노릇'에 대한 문제 제기일 뿐만 아니라, 다른 형태의 가족 모델과 다른 형태의 양육이 가져다 줄 다른 형태의 젠더 관계에 대한 상상이기도 하다.

강제적 이성애와 사랑의 가능성
**에이드리언 리치의 『피, 빵, 시』**

## 정유진

한양대학교 철학과를 졸업하고 서강대학교 여성학과 석사과정을 수료하였다. '연구공간 L' 및 한국철학사상연구회의 여성과 철학 분과에서 공부하고 있다. 현재 여성정책연구원에서 과학기술 분야의 성 평등 정책 관련 연구에 참여하고 있다.

## 에이드리언 리치와 '변화'

　에이드리언 리치(Adrienne Rich)는 1951년『세상의 변화(A Change of World)』라는 시집으로 세상에 자신의 이름을 알렸다. 그리고 1971년에는 『변화를 향한 의지(The Will to Change)』라는 제목의 시집을 출간한다. 두 시집의 제목에서도 알 수 있듯이 리치는 "변화"를 고민하는 사람이었다. 1929년 리치는 유대인 아버지와 크리스천 어머니 사이에서 태어났다. 그러나 당시 반유대주의 정서가 강했던 사회 분위기로 인해, 리치는 오랫동안 유대인 정체성을 숨겨야 하는 가정 분위기 속에서 자라났다. 그의 첫 번째 변화는 유대인 정체성을 찾아가는 것이었다. 대학교에 입학하면서 유대인 모임에 적극적으로 참여하였으며, 유대인 남성과의 결혼을 통해 유대인 정체성을 찾아가고자 했다. 두 번째 변화는 여성주의자로서 정체성을 찾아가는 것이었다. 촉망받던 시인이었던 리치는 세 아이를 출산하고 기르면서 8년 가까이 시집을 발표하지 못하였다. 어머니 역할을 수행하느라 시인으로서의 경력이 단절된 경험을 한 리치는, 점점 여성주의에 대한 관심을 갖게 되다가 마침내 1970년대 여성주의 운동에 참여하게 된다. 여성주의자로 정체성을 가지면서 남편과는 멀어지게 되고 결국 결별한다. 그 다음 일어난 리치의 변화는 레즈비언으로서 커밍아웃을 한 것이었다. 마흔 살 중반에 레즈비언 페미니스트로서 다시 자신을 변화시킨 것이다.

리치의 여성주의 사유 또한 변화한다. 래디컬 페미니스트이자 레즈비언으로서 발표한 「강제적 이성애와 레즈비언 존재(Compulsory Heterosexuality and Lesbian Existence)」(1980)에서 리치는 이성애가 제도적으로 강제되고 있으며, 강제적 이성애야말로 여성 억압의 근원임을 명징하게 논증하였다. 하지만 1980년대 이후 리치의 여성주의에 대한 관점도 변화한다. 여성이라는 정체성 또한 인종적이고 계급적이었다는 사실을 깨달은 후, 더 이상 미국의 여성주의가 일반 여성을 대표한다고 말할 수 없음을 1984년에 발표한 「위치의 정치학을 향하여(Notes Toward a Politics of Location)」라는 글에서 주장했다. 「위치의 정치학을 향하여」에서 리치는 "변화를 위한 운동은 곧 변화하는 운동이며, 이는 변화 그 자체, 탈남성 중심화 자체, 탈서구화 자체이고, 수많은 차이의 목소리, 언어, 몸짓, 행위들로 말하는 비판적 군중이 되어가는 것이다. 그 운동은 반드시 변해야 하며, 우리 스스로가 그것을 변화시킬 수 있다"[1]고 말한다. 끊임없이 시대와 조응하면서 소수자의 목소리에 귀를 기울이고 스스로 변화해야 하는 것이 여성주의자라고, 리치는 자신의 글을 통해, 그리고 무엇보다도 자신의 삶을 통해 보여 주고자 하였다. 이 글에서는 1986년 출간된 에이드리언 리치의 산문집 『피, 빵, 시(Blood, Bread, and Poetry: Selected Prose 1979-1985)』에 수록된 리치의 두 텍스트 「강제적 이성애와 레즈비언 존

---

1   Adrienne Rich, "Notes toward a Politics of Location", *Blood, Bread, and Poetry : Selected Prose 1979-1985*, New York: W. W. Norton & Company Ltd, 1986, p.225.

재」와「위치의 정치학을 향하여」를 주로 살펴보고자 한다. 비록 한국어로 정식 번역되지 못했지만, 이 두 텍스트를 선택한 것은 시인으로서 또한 모성에 대한 고정관념을 비판한『더 이상 어머니는 없다(Of Woman Born: Motherhood As Experience And Institution)』(1976)의 저자로 주로 알려진 리치의 또 다른 정치적 면모에 주목하고자 함이다.

## 「강제적 이성애와 레즈비언 존재」와 에이드리언 리치의 사랑

「강제적 이성애와 레즈비언 존재」가 이 발표되던 1980년에 리치는 만 51세였고, 세 아이의 엄마였으며, 동시에 레즈비언이었다. 페미니즘 운동에 참여하기 전까지 리치는 아내와 엄마로서 충실한 삶을 살고자 하였지만, 그렇게 노력하면 할수록 공허함과 무기력함에 시달렸다. 그러던 중 1966년, 가족이 뉴욕으로 이주하면서 리치는 반전운동, 시민권운동, 그리고 무엇보다 페미니즘 운동에 적극적으로 참여하게 되었다. 특히 페미니즘 운동에 참여하면서, 리치는 자신의 고립감과 우울감의 원인을 가부장제와 연결시켜 이해하게 되었고, 마침내 남편과 결별하였다. 이후 자메이카 출신의 소설가 미셸 클리프(Michelle Cliff)와 레즈비언 연인 관계를 지속하였다. 이처럼 리치에게 있어 정치적 행위, 섹슈얼리티, 에로스, 시, 그리고 삶은 모두 연결되어 있었다. 이러한 맥락에서「강제적 이성애와 레즈비언 존재」는 페미니즘을 새로운 사랑의 가능성으로 확장시키기 위한 하나의 시도로 이해할 수 있을 것이다.

## '연보라색 골칫거리' 논란

1970년 5월 1일, 뉴욕에서 열린 '제2차 여성연합대회(Second Congress to Unite Women)'에는 전에 없던 긴장이 감돌았다. "연보라색 골칫거리(Lavender Menace)"라고 적힌 티셔츠를 입은 스무 명의 여성들이 행사장에서 소란을 피우며 훼방을 놓았다. 이 여성들은 주류 페미니즘 운동이 레즈비언들을 차별하는 것에 대해 큰소리로 항의하였다. 티셔츠에 적힌 "연보라색 골칫거리"라는 글귀는 미국에서 제2물결 여성운동을 선도적으로 이끌던 베티 프리단(Betty Friedan)이 레즈비언 운동을 비닌히며 '연보라색 골칫거리'(Lavender Menace)라고 이름붙인 것을 비꼰 것이었다.

이 당시 『여성성의 신화(The Feminine Mystique)』(1963)의 저자인 프리단과 그가 회장으로 있던 전미여성기구(National Organization for Women, NOW)는 여성의 평등권을 헌법적으로 보장받기 위한 평등권 수정(Equal Right Amendment, ERA) 운동을 진행하고 있었다. 이를 위해서는 여성운동에 대한 전 사회적인 지지가 필요한데, 성소수자에 대한 이슈가 부각되면 여성운동이 비주류적인 것으로 인식될 여지가 있다고 주류 여성주의자들은 생각하고 있었다. 또한 주류 여성주의자들의 일부는, 레즈비언들이 젠더 이슈보다는 섹슈얼리티를 의제로 내세우는 것이 오히려 여성운동이 확장되는 데 방해가 된다고 여겨 그들을 껄끄러워하고 있었다. 이런 분위기를 반영하듯, 1969년 전미여성기구 모임에서 프리단은 "노골적인 레즈비언들은 페미니즘 운동을 위협"하며, "여성의 평등이라는 궁극적인 목표로부터 우리의 주의를 분산"시키기 때문에, 결국 "남성적이고 남성 혐오적인 레즈비언들은 연보라색 위협이다"라고 발언하였다. 이에 레즈비언 페미니스트들은 격분하였고, 결국 레즈비언 페미니스트들과 주류 페미니스트들의 갈등이 수면 위로 떠올랐다.

이러한 주류 페미니즘의 편협한 시각에 저항하기 위해 레즈비언 페미니스트들은 '제2차 여성연합대회'를 습격하기로 모의하였다. 여기에 참여했던 칼라 제이(Karla Jay)는 이 사건을 다음과 같이 회고한다.

마침내 우리는 준비가 되었다. 제2차 여성연합대회는 5월 1일 저녁 7시 맨해튼 웨스트 17번가 70번지의 중학교에서 개최되었다. 약 100명의 여성들이 학교 강당을 가득 메웠다. 첫 번째 발표자가 마이크를 잡았을 때 GLF(게이해방전선)의 멤버 중 한 명인 제시 팔스타인과 미셀라가 불을 껐고, 마이크 선을 뽑았다. (그들은 전날 미리 장소를 살펴보았다. 그리고 스위치가 어디에 있는지 어떻게 작동하는지에 대해 정확하게 알고 있었다.) 나는 청중 한 가운데에 잠복해 있었다. 그리고 나는 공모자들이 양쪽 통로로 달려오는 소리를 들을 수 있었다. 몇몇은 웃음소리를 냈고, 몇몇은 항의하는 소리를 질렀다. 미셀라와 제시가 불을 다시 켰을 때, 양쪽 통로에는 '연보라색 골칫거리'라고 쓰인 티셔츠를 입고, 손수 만든 플래카드를 든 17명의 레즈비언들이 줄지어 있었다. 몇몇은 청중을 끌어들이기도 했다. 나는 서서 소리를 질렀다. "네, 네, 자매님들! 나는 여성운동 때문에 벽장에 갇혀 있는 게 싫증이 나요!" 내가 입고 있던 긴팔 빨간색 블라우스를 찢어버리자 청중들은 경악했다. 그러나 나는 블라우스 아래에 '연보라색 골칫거리' 티셔츠를 입고 있었다. 내가 통로에 서 있던 레즈비언들과 합류하자 몇몇은 폭소를 터뜨렸다. 그때 리타가 청중을 향해 소리쳤다. "우리랑 함께할 사람?" "저요, 저요!" 몇몇이 응답했다.[2]

점점 첨예해져 가던 레즈비언 페미니스트들과 주류 페미니스트들과의

---

2　Karla Jay, *Tales of the Lavender Menace: A Memoir of Liberation*, New York: Basic Books, 1999, p.143.

갈등은 1977년 제1차 전미여성대회(National Women's Conference)에서 마무리되는 것처럼 보였다. 프리단이 '성적 지향과 선호에 기반한 차별 철폐를 위한 결의안(the resolution to eliminate discrimination based on sexual orientation and preference)'을 지지하자 모두들 깜짝 놀랐다. 결의안이 통과되자 레즈비언 활동가들은 "고맙습니다, 자매님들!"이라고 외쳤다. 페미니스트들은 "우리는 어디에나 있다(We Are Everywhere)"라고 구호를 외치면서 수백 개의 풍선을 하늘로 띄워 보냈다.

그렇다면 이제 문제는 해결된 것일까? 레즈비언의 섹슈얼리티가 인정받고 성소수자에 대한 차별 철폐에 대한 결의안이 통과되는 것만으로 충분한 것일까? 리치는 그렇지 않다고 생각하였다. 그는 레즈비언 문제는 페미니즘에서 주변적인 것이 아니라 중심적인 것으로 나아가야 한다고 보았다. 이러한 문제의식 아래 리치는 1980년 여성잡지 『기호들(Signs)』에 「강제적 이성애와 레즈비언 존재」를 발표하였다. 리치는 이 글에서 자신의 문제의식을 다음과 같이 명료하게 밝힌다.

특정적으로 레즈비언 텍스트가 존재하고 있다는 것만으로는 페미니즘 사유에 있어 충분하지 않다는 믿음이 내가 이 글을 쓰게 된 동기이다. 레즈비언 존재를 주변적인 것으로 또는 덜 '자연'적인 현상으로, 즉 단지 '성적인 선호'나 남성 동성애 관계의 거울 이미지에 불과한 것으로 간주하는 모든 이론이나 문화·정치적 창작물은 그것이 다른 곳에서 어떻게 기여하든 상관없이 페미니즘의 사유를 심각하게 약화시킨다. 페미니즘 이론은 더 이상 단지 "레즈비어니즘"을 "대안적 라이프 스타일"로 관용한다거나 레즈비언들을 형식적으로 언급하는 목소리를 허용하는 정도로 그칠 수 없다.[3]

---

3    Adrienne Rich, "Compulsory Heterosexuality and Lesbian Existence", *Blood, Bread, and Poetry*, p.27.

## 여성 억압의 원천으로서 강제적 이성애

리치는 많은 페미니스트들이 남성에 대한 여성들의 내재적인 욕망을 자연적인 것으로, 또 주어진 것으로 가정하거나 의문시하지 않은 것에 대해 문제를 제기한다. 실제로 많은 여성들은 남성과의 결혼이 아무리 불만족스럽고 억압적이라고 할지라도 그것이 그들의 인생에서 불가피한 것이라고 확신하고 살아간다. 그러나 리치가 보기에 이성애는 하나의 이데올로기이자 제도이며, 여성 억압의 근원이었다. 남성의 권력은 여성의 섹슈얼리티를 지배하고 통치하면서 유지된다. 이것은 레즈비언들에게 이성애가 어떻게 강제되고 있는지를 살펴보면 보다 분명하게 나타난다. 그 당시 레즈비어니즘은 정신적 질병으로 간주되고 이를 '교정'하기 위한 폭력적 수단들이 '치료'라는 이름으로 행해졌다. 리치는 레즈비언 성애를 가지고 있는 여성들에게 어떤 폭력이 가해지는지 노르웨이 여성의 사례를 통해 드러낸다.

오슬로에 사는 한 레즈비언의 이성애 결혼은 순탄하지 않았다. 따라서 그녀는 신경안정제를 투약하기 시작했으며, 마침에 치료와 사회복귀를 위해서 정신병원에 처해졌다. 가족 집단 치료 중 그녀가 스스로를 레즈비언이라고 믿고 있다고 말하자, 의사는 그녀가 레즈비언이 아니라고 말했다. 그는 '그녀의 눈을 보면' 알 수 있다고 말했다. 그녀가 남편과의 성적 관계를 원하는 여성의 눈을 가졌다는 것이다. 따라서 그녀는 소위 '침상 요법'에 처해졌다. 그녀는 안락하고 따뜻한 방에 발가벗긴 채로 침대 위에 놓여졌다. 그리고 한 시간 동안 그녀의 남편은 그녀를 성적으로 흥분시키려고 시도하였다. 접촉은 언제나 성교로 끝나게 된다는 생각이 여기에 깔려 있었다. 그녀는 점점 더 강한 혐오감을 느꼈다. 그녀는 구토를 하고 이

'치료'를 피하기 위해 방 밖으로 뛰쳐나가고는 했다. 그녀가 강하게 자신이 레즈비언이라고 주장하면 할수록, 이성애 성교는 점점 더 폭력적으로 강제되었다. 이 치료는 약 6개월 동안 지속되었다. 그녀는 병원에서 탈출하였지만 다시 잡혀 들어왔다. 또다시 그녀는 탈출했다. 그 이후로 그녀는 돌아오지 않았다. 결국 그녀는 자신이 6개월 동안 강간을 당했다는 것을 깨달았다.[4]

이처럼 실제로 레즈비언들에게 이성애는 물리적이고 폭력적으로 강제되는 것이었다. 그렇다면 오직 레즈비언에게만 이성애가 강제되는가? 그렇지 않다. 리치는 레즈비언뿐만 아니라 모든 여성에게 이성애가 강제되며, 이 강제된 이성애에 기초해야 남성 권력의 작동이 가능하다고 보았다. 특히 리치는 캐슬린 고프(Kathleen Gough)를 인용하면서 남성 권력의 작동 방식을 다음과 같이 나열한다. 여성의 섹슈얼리티를 부정하고 강제적으로 섹슈얼리티를 남성에게 향하도록 하는 것, 여성들의 생산력을 제어하기 위해 여성들의 노동을 명령하고 착취하는 것, 여성들의 아이들을 통제하고 그들에게서 아이들을 빼앗는 것, 여성들을 신체적으로 구속하고 여성들의 운동을 막는 것, 여성을 남성들 사이의 거래의 대상으로 사용하는 것, 여성들의 창조성을 속박하고 사회의 지식과 문화적 성과의 거대한 영역에 여성들이 진입하지 못하게 하는 것이 그것이다. 이러한 남성 권력은 강제적 이성애를 전제한다. 따라서 리치에 의하면, 페미니스트들이 대응해야 하는 문제는 성 불평등이나 남성들의 문화 지배에 대한 비판에서 더 나아가, 남성의 여성에 대한 "육체적·경제적·감정적 접근권에 대한 보장 수단으로서 여성에게 이성애가 강제되고 있다는 것"[5]이어야

---

4 같은 글, 같은 책, p.58.
5 같은 글, 같은 책, pp.49-50.

한다.

## '레즈비언 존재', '레즈비언 연속체'

강제적 이성애라는 제도가 유지되기 위해서는 여성들의 동성애 가능성을 말 그대로 "잘라내야" 한다. 리치는 몇몇 사회에서 어린 소녀를 대상으로 행해지는 음핵 절제술이, 일부다처제 결혼 속에서 친밀하게 가까운 여성들 사이에서 성적 관계가 형성되지 못하도록 의도한 것으로 해석한다. 무엇보다 이성애를 강제하는 주요 수단은 레즈비언의 가능성을 비가시화하는 것이다. 이 "레즈비언의 가능성은 물에 잠겨버린 대륙으로, 때때로 단편적으로만 시야에 들어오다가 다시 잠겨버리고 만다."[6] 그러므로 페미니즘은 잠깐씩 드러나는 이 레즈비언 가능성의 지평을 확장할 수 있어야 한다.

레즈비언을 가시화하고 레즈비언의 존재 가능성을 확장시키기 위해 리치는 레즈비어니즘(lesbianism)이라는 용어보다는 '레즈비언 존재(lesbian existence)'와 '레즈비언 연속체(lesbian continuum)'라는 용어를 사용하기로 결정한다. 무엇보다도 레즈비어니즘이라는 용어는 오랫동안 병리학적으로 사용되어 왔기 때문에, '레즈비언 존재'와 '레즈비언 연속체'라는 용어의 사용은 레즈비언에게 보다 긍정적인 의미를 부여하기 위한 의도가 깔려 있다. 리치는 '레즈비언 존재'라는 용어는 "레즈비언들의 역사적 현존과 그 존재에 대한 우리의 계속되는 의미 창조를 시사"하며, '레즈비언 연속체'라는 용어에는 "단지 여성이 다른 여성에 대해 성기와 관련된 성적

---

6  같은 글, 같은 책, p.50.

경험을 하였거나 의식적으로 욕망한다는 사실만이 아니라 …… 일련의
여성들과 동일시한 경험들까지 그 의미에 포함"된다고 규정한다.[7]

특히 '레즈비언 연속체'라는 용어를 사용함으로써 한 여성의 인생이나
역사 속에서 여성들과 동일시해 왔던 경험까지 레즈비언의 의미를 확장
할 수 있게 된다. 이에 따르면 여성들이 스스로를 레즈비언으로 인식하든
그렇지 않든 간에, 여성들은 가부장제 속에서 비가시화되고 삭제되고 있
는 '레즈비언 연속체' 속에서 살아가고 있으므로 레즈비언 연속체의 발견
을 통해 여성들은 다른 여성들을 북돋아줄 힘을 발견하게 되고, 해방의
가능성으로 나아갈 수 있다는 것이다. 즉 엄마와 교감하는 여자아이에서
부터 죽어가는 동료 여성을 위로해 주는 여성들에 이르기까지, 여성과 동
일시한 경험을 가지고 있는 여성들은 모두 레즈비언 연속체에 포함된다.
그리고 이에 대한 발견을 통해서만이 남성 가부장제에서 강요하는 남성
의 여성에 대한 접근권을 직간접적으로 공격할 수 있다는 것이다. 리치의
레즈비언 연속체가 포괄하는 범위는 다음과 같이 기술된다.

> 만약 우리가 모든 여성들이 레즈비언 연속체로 존재할 가능성—여자아이가 엄
> 마의 젖을 빠는 것에서부터, 엄마가 된 여성이 어렸을 적 엄마의 모유 냄새를 회
> 상하면서 아이에게 젖을 물릴 때 오르가즘을 느끼는 것에 이르기까지, 또 버지니
> 아 울프가 묘사한 클로이와 올리비아의 관계처럼 함께 실험실을 공유하는 두 여
> 성에 이르기까지, 그리고 여성들이 90세에 죽어가는 여성을 쓰다듬어 주고 어루
> 만져 주는 것에 이르기까지—을 깨닫는다면, 우리가 스스로를 레즈비언과 동일
> 시하든 그렇지 않든 우리가 레즈비언 연속체의 안과 밖을 오가고 있다는 것을 알
> 수 있다.[8]

---

7   같은 글, 같은 책, p.51.
8   같은 글, 같은 책, p.54.

## 레즈비언과 페미니스트를 연결하기

후에 리치는 이 글을 썼던 동기에 대해서, "레즈비언과 페미니스트 사이의 틈을 연결하는 다리를 그려보는 것"이라고 설명했다. 앞서 언급했듯, 주류 페미니스트들은 레즈비언 페미니스트들을 오히려 자신들이 일궈나가는 정치적 목표에 방해가 되는 존재로 여겼고, 레즈비언 페미니스트들은 주류 페미니스트들이 여성해방으로 나아가기는커녕 남성들이 일궈낸 제도 속으로 편입해 들어가는 것을 목표로 삼고 있는 것을 불만으로 여겨 갈등이 첨예해지는 상황이었다. 이 갈등 속에서 페미니스트이자 레즈비언이었던 리치는 레즈비언의 의미를 확장하여, 페미니스트들도 포괄할 수 있는 레즈비언의 의미를 구성하고자 하였으며, 가부장제 억압으로부터의 해방을 레즈비언과 페미니스트의 공통된 목표로 설정하였다.

리치는 이처럼 레즈비언과 페미니스트를 '이성애 제도 내에서 여성들이 공통적으로 경험하는 억압'으로 묶어 내는 동시에, 레즈비언과 게이들의 공통성은 분리하는 전략을 취한다. 즉 '레즈비언 존재'라는 용어를 통해서는 남성 동성애와 레즈비언의 차이를 부각시키고, '레즈비언 연속체'라는 용어를 통해서는 레즈비언과 여성 이성애자의 공통성을 부각시키고자 한 것이다. 리치는 레즈비언 존재와 남성 동성애의 질적인 차이에 대해 다음과 같이 서술한다.

레즈비언들은 역사적으로 남성 동성애의 여성 버전으로 '포섭'되면서 정치적 존재를 빼앗기기도 하였다. 레즈비언 존재와 남성 동성애 모두 오명을 쓰고 있다는 이유로 그 둘을 동일시하는 것은 또다시 여성의 실재를 지우는 일이다. 물론 응집력 있는 여성 공동체가 부족한 상황에서 남성 동성애자들과 일종의 사회적 삶과 공통의 대의를 공유한 것이 레즈비언 존재의 역사에 부분적으로 발견된다. 그러나 차이 역시 존재한다. 여성은 남성보다 경제적·문화적 특권이 부족하며, 여성적 관계와 남성적 관계에는 질적인 차이가 있다. 예를 들어 남성 동성애자들 사이에서는 익명적 섹스 패턴이 있으며, 성적 매력에 대한 남성 동성애자들의 기준으로 연령에 따른 차별이 표명되기도 한다.[9]


## 「강제적 이성애와 레즈비언 존재」의 한계와 의의

리치의 '레즈비언 존재'와 '레즈비언 연속체'라는 개념은 논란의 여지가 많은 시도였다. 레즈비언의 의미를 여성과 여성들 사이의 일상적 관계 형성, 그리고 심지어 아이와 어머니의 관계로까지 확장시키면서 레즈비언의 고유한 정치적 의미는 오히려 약화되었으며, 레즈비언과 페미니스트를 공통의 젠더 이슈로 연결시키면서 남성 게이와 레즈비언의 성소수자로서의 동맹은 상대적으로 약화되고 말았다.

이에 대해 글로리아 보울스(Gloria Bowles)는 "만약에 모든 여성의 사랑이 '레즈비언 연속체'의 일부라면 커밍아웃을 하고, 그로 인해 커다란 고통을 겪고 있는 여성들의 경험을 무엇이라고 할 수 있을까"[10]라며 비판적으로 논평한다. 리치의 강제적 이성애 개념을 적극적으로 수용한 프랑스 페미니스트 모니크 위티그(Monique Wittig)는 리치가 여성의 성과 남성의 성을 구별하면서 여전히 젠더 이분법에 빠져 있다고 비판한다. 흑인 페미니스트들은 리치가 백인의 레즈비언 경험을 흑인의 레즈비언 경험까지

---

9  같은 글, 같은 책, pp.52-53.
10  Jaen Cooper, *Reading Adrienne Rich: Reviews and Re-visions, 1951-1981*, Ann Arbor: University of Michigan Press, 1984, p.322.

도 포괄할 수 있는 것으로 상정하면서, 오히려 흑인의 경험을 비가시화한다고 비판한다. 물론 이것은 1970년대의 백인 페미니즘에서 '우리'를 강조했던 페미니스트들에게 모두 해당하는 비판이었으며, 리치 역시 여기에서 예외가 아니었다.

그러나 이러한 한계에도 불구하고 리치의 글은 여전히 현재적이다. 가부장제가 여성을 공적인 사회에서 배제하는 것, 성역할을 고정시키고 임금차별을 하는 것 외에도, 여성이 여성을 사랑하는 것에 대해 금지하는 것을 통해 기능한다는 그의 주장은 현재에도 유효하기 때문이다. 또한 이성애가 자연적인 것이 아니라 제도에 의해서 강제된다고 하는 그의 생각은 현재까지도 페미니스트들이 이성애 제도를 비판하고 도전하는 데 강력한 이론적 근거를 제공한다. 무엇보다도 여성에게는 언제나 여성을 사랑할 수 있는 가능성이 있으며, 언제나 서로를 사랑해 왔다는 것을 상기시킴으로써 새로운 사랑과 대안적 사랑의 가능성을 연 것은 우리 시대의 페미니즘에 깊은 영감을 줄 수 있을 것이다.


## 백래시, 니카라과 혁명, 흑인 페미니즘

1980년대 들어서면서 미국의 페미니즘은 다음과 같은 심각한 위기에 직면한다. 첫째, 무엇보다도 미국의 페미니즘 운동은 레이건 대통령 집권 이후 심각한 백래시를 겪어야 했다. 가정폭력 피해자 쉼터, 돌봄 서비스, 성폭력 피해자 지원 등에 관한 예산이 대폭적으로 삭감되었고, 여성의 낙태권에 반대하는 우익 운동이 격렬하게 일어났다. 또한 전미여성기구가 추진했던 평등권 수정 운동에 대한 반발이 거세져, 결국 미국 헌법에서의 평등권 수정은 실패하고 만다. 언론에서는 연이어 페미니즘은 끝났다고 떠들어댔고, 경제적인 독립을 추구했던 여성들이 결국에는 불행한 결말을 맞이하는 내용의 영화들이 흥행하기 시작하는 등 언론·종교·대중문화·정치 등 전 영역에 걸친 백래시(backlash)가 여성주의자들을 궁지로 몰아세웠다. 둘째, 여성주의 내부에서의 분열 또한 심화되었다. 1980년대 이전에도 여성주의 내부에는 다양한 분파가 존재하였지만, 평등권 수정이라는 거대한 운동 아래에 서로 연합을 하고 인정을 하는 분위기가 더 지배적이었다. 그러나 평등권 수정 운동이 실패로 돌아가자 여성주의 내부는 분열되기 시작하였다. 특히 '성 전쟁(sex war)'이라고 불리는 반포르노그래피 운동과 성 긍정 페미니즘 사이의 갈등은 페미니즘 운동사에 커다란 상처를 남겼다.

이 가운데, 냉전체제 속에서 국제적인 패권을 장악하기 위한 미국 정부의 타국에 대한 내정 간섭은 국제적인 정세를 불안하게 만들었고, 이로 인해 미국 여성들과 남미 여성들의 국제적인 연대 또한 위태로워졌다. 특히 1979년 7월 산디니스타 민족해방전선(Frente Sandinista de Liberacion Nacional, FSLN)은 혁명을 통해 니카라과의 소모사(Somoza) 독재정권을 타도하였지만, 니카라과의 좌경화를 우려하며 남미를 자신의 영향력하에 두기를 원하였던 미국 정부는 니카라과 내 반혁명 세력인 콘트라(Contra)를 지원하였다. 그 결과 1980년대 내내 니카라과는 내전에 시달려야 했다. 무엇보다 산디니스타 민족해방전선에서 니카라과 여성들은 무장봉기에서 주도적인 역할을 맡고 있었으며, 독재정권뿐만이 아니라 가부장제로부터 해방된 사회를 건설하는 기획을 실현하고자 하였다. 그러므로 반혁명 세력과 이를 지원하는 미국 정부에 대항할 수 있는 페미니스트들 간의 국제적인 연대가 어느 때보다 절실하였다. 그러나 페미니즘에 대한 백래시에 시달리던 1980년대 미국의 페미니즘은 니카라과 혁명이라는 이슈에 충분히 대응하지 못하였다.

마지막으로 제2물결 여성운동에 참여하였던 흑인 여성들이 흑인 운동 내에서뿐만 아니라 페미니즘 운동 내에서도 자신들이 주변화되어 있다는 문제제기를 하기 시작하였다. 흑인 여성들에게 젠더와 인종 문제는 중첩적으로 얽혀 있기 때문에, 단지 백인 중산층 페미니즘 운동에 참여하는 것만으로는 흑인 여성의 문제가 해결되지 않는다는 인식이 확산되고 있었다. 흑인 페미니스트들은 여성주의 운동의 백인 중심성을 비판하며 백인 페미니즘과는 독립된 노선을 걷고자 하였고, 미국 여성주의자들 사이의 '여성'으로서의 연대의식이 약화되어 갔다.

이러한 위기의 시간 속에서 1984년, 리치는 「위치의 정치학을 향하여」를 발표하였다. 이 글에서 리치는 페미니스트가 말하는 '우리'가 누군지, 그리고 '우리'라고 말할 수 있을 정도로 여성들이 단일한지에 대해 질문함으로써 여성운동의 위기에 응답하고자 하였다.


## 여성의 공통적 억압에 대해 말한다는 것

「위치의 정치학을 향하여」는 많은 머뭇거림과 고민으로 가득 차 있는 텍스트이다. 이 점에서 여성 억압의 기원과 여성 공통의 연대를 자신감 있게 말하였던 「강제적 이성애와 레즈비언 존재」와 상당히 논조의 차이를 보이고 있다. 리치는 불과 몇 년 전까지만 해도 "여성들이 겪는 공통적인 억압, 전 지구적인 여성운동의 결집, 여성들의 저항과 연대에 관한 숨겨진 역사, 가부장제라는 보편적인 그림자를 인식하는 데 실패한 이전의 역사, 여성들의 고양된 의식과 전 지구적인 위기 속에서 이제는 여성들의 모든 국경과 문화적 경계를 넘어 지배로부터 해방된 사회를 창조해 내고, 그 속에서 섹슈얼리티, 정치, 노동, 친밀함, 사유 그 자체가 변화될 것이라는 믿음에 대해 말"[11]할 수 있었다고 회고한다. 그러나 이제는 그렇게 말할 수 없는 상황이다. 이제 무엇을 어떻게 해야 하는가? 리치는 낙담하지 않는다. 비록 확실한 결론이 없다고 하더라도 신념이나 희망을 상실하지 않고, 어쨌든 계속 나아가기 위해 글을 쓰기 시작한다.

우선 페미니즘이 줄곧 얘기해 왔던, 여성들이 겪는 공통의 억압이라는 말이 얼마나 백인적이었는지를 평가한다. 특히 흑인 페미니즘의 비판을 적극 수용하여, "우리는 비록 여성으로서 주변화되어 있지만, 서구 백인 이론가로서 우리 역시 타자들을 주변화시키고 있다. 왜냐하면 우리의 살아 있는 경험은 철저하게 백인적이며, 우리의 '여성들의 문화'조차도 어떤 백인 전통에 뿌리내리고 있"다고 성찰한다. 따라서 여성의 관점이라고 믿었던 것이 사실은 백인의 관점일 수 있으며, 이것은 흑인 여성들의 경험을 왜곡할 수 있는 것이다. 이러한 리치의 언어는 「강제적 이성애와 레즈비언 존재」에서 레즈비언 연속체라는 광범위한 개념 속에서 백인 여성들이 경험한 억압과 흑인 여성들이 경험한 억압을 공통적으로 묶어 내려고 한 시도와는 대비된다고 할 수 있다.

그렇다면 이처럼 여성들의 공통성을 섣불리 말할 수 없고, 말해서도 안되는 상황에서, 여성주의의 새로운 기반과 근거는 어디에서 찾아야 되는가? 리치는 변화를 만들어 내려는 운동은 스스로도 변해야 한다고 말하였다. 이제는 여성운동이 어떤 변화를 찾아야 하는 지점에 도달하였다.

---

11  Adrienne Rich, "Notes toward a Politics of Location", *Blood, Bread, and Poetry*, p.210.

## 몸의 위치성과 타자에 대한 책임

리치는 여성이 겪는 공통의 억압과 공통의 정체성에 대해 말하는 대신, 우리의 몸에서부터 시작하자고, 그리고 몸이 어디에 놓여 있는지에서부터 출발하자고 제시한다. 몸의 위치성을 들여다보면 자신을 여성이라는 정체성으로만 볼 수 없다는 사실이 명백해진다.

이 몸. 백인인 여성, 또는 여성인 백인. 가장 분명하고, 가장 오래된 진실이다. 그러나 나는 흑인 여성들과 백인 여성들의 노동을 분리해 놓고, 흑인 아기와 백인 아기의 방을 분리해 놓은 병원에서 태어났으며, 마찬가지로 그 병원은 영안실에서 흑인 시체와 백인 시체를 분리해 놓았다. 나는 여성으로 규정되기 이전에 백인으로 규정되었다.[12]

몸의 위치는 리치 자신을 여성일 뿐만 아니라 백인 여성이었음을, 그리고 자신이 여성으로서 억압받는 존재인 동시에 흑인에 대해서는 백인으로서 특권계급에 속해 있었음을 깨닫게 한다. 리치는 그 특권으로, 흑인이 가지 못하는 장소에 가고 흑인이 가는 장소에는 가지 않으면서 자신의 몸을 위치시켜 왔다. 이처럼 위치에 대한 인식은 곧 타자에 대한 책임을 수반한다. 억압과 피억압이 교차되고 있는 지형 위에서 자신을 단지 권력의 바깥에 존재한다고 말할 수 없는 것이다.

특히 미국이 니카라과 내전에 깊이 개입되어 있는 상황에서, 리치는 버지니아 울프(Virginia Woolf)처럼 단지 "여성으로서 나에게 국가는 없다"라고 말하는 것으로는 문제를 빠져나갈 수 없다고 생각했다. 그것은 자기기

---

12　같은 글, 같은 책, p.215.

만일 수 있다. 반대로 리치는 "여성으로서 나에게는 국가가 있다"라고 말한다. 이것은 미국의 국가주의에 동조하고자 함이 아니다. 오히려 지도 위에 그려진 미국이라는 공간에서 태어나고 자라나며 그 속에서 정체성을 만들어 나간 자신에게도 미국이 관여하고 있는 니카라과 내전과 그 내전이 일으키는 비참에 책임이 있다는 것을 인식하는 것이다. 무엇보다도 타자의 존재는 자신의 위치와 그것이 수반하는 책임을 강하게 불러일으킨다.

나는 흑인 미국 시민들의 글에서, 그들의 행동, 연설, 설교들에서, 내기 그들에 대해 책임질 필요가 있는 한 위치의 지점인, 나의 백인성이라는 의미를 경험하기 시작했다. 또한 오늘날의 쿠바 여성들이 쓴 시를 읽으면서부터 누가 중요하고 무엇이 중요한가에 대한 나의 시각과 생각의 방식을 형성했던 하나의 위치, 또한 내가 책임질 수 있는 하나의 위치로서 북아메리카인이라는 의미를 경험하기 시작했다. 그 시절 나는 작고 가난한 나라이자 빈곤을 뿌리 뽑기 위해 4년을 바친 사회, 니카라과를 여행하고 있었다. 니카라과와 온두라스의 경계선이 되는 언덕 아래에서 나는 등 뒤로 북아메리카에서 미국이 차지하는 무게, 미국의 군사력, 미국의 엄청난 화폐 전횡, 미국의 매스미디어 등을 육체적으로 느낄 수 있었다. 즉 내가 반체제 인사이건 아니건 상관없이, 권력의 부츠를 한껏 치켜올린 미국인의 한 구성원으로서 나는 그것이 무엇을 의미하는지를 느낄 수 있었으며, 우리가 남아메리카 전역에 드리운 차가운 그림자를 느낄 수 있었다.[13]

지도 위에서 내 몸이 놓인 위치를 인식하는 것은, 곧 몸 자체에 대한 질문, 즉 내 몸은 무엇으로 이루어져 있으며, 내 몸은 어디에 있고 내 몸은

---

13 같은 글, 같은 책, pp.219-220.

무엇으로 보이는가와 같은 질문을 요구한다. 그리고 자신의 몸을 들여다보는 순간 몸이라는 것은 단일하게 구성되어 있지 않으며 특이하고 다양한 것들의 집합체임을 발견할 수 있다. 몸에는 변형되고 변색되고 손상되고 손실된 부분, 그리고 쾌락을 느끼게 하는 부분들이 존재한다. 또한 몸의 피부색, 임신의 흔적 여부, 혹은 중산층으로서 치과 진료를 받은 치아의 흔적들은 내 몸이 특정한 역사의 지형을 지나왔음을 보여 준다. 그리고 그 지형은 단일하지 않다. 여성으로서뿐 아니라 백인으로서, 유대인으로서, 레즈비언으로서 다양한 정체성들이 혼합되어 있는 흔적들이 몸에 새겨져 있다. 이처럼 몸을 통한 사유는 우리로 하여금 우리 자신이 단지 성별에 의해서만이 아니라 인종, 계급, 그리고 섹슈얼리티의 관계 안에서 복합적으로 구성되는 존재라는 것을 인식하게끔 한다.

위치의 정치. 나의 몸에서 시작한다 하더라도, 나는 처음부터 그 몸이 하나의 정체성 그 이상을 갖는다고 말할 수밖에 없다. 내가 산부인과 병원에서 세계로 옮겨질 때, 니는 여자로 산수되고 여자로 취급받지만, 또한 백인으로 간주되고 백인으로 취급받는다. 그 사람이 흑인이든 백인이든 모두가 나를 그렇게 취급한다. 한 명의 흑인 아이가 인종과 성별에 의해 위치지어지는 것만큼이나 분명한 것은, 내가 인종과 성별에 의해 위치지어진다는 것이다. 비록 백인 정체성이 지닌 의미가 백인은 우주의 중심이라는 가정에 의해 신비화되었을지라도.[14]

---

14  같은 글, 같은 책, p.215.

## 정체성에 대한 인식에서 차이에 대한 인식으로

이 글에서 리치는, 더 이상 여성이라는 단일한 정체성에 대한 믿음이 지속되기 어려운 상황에 대해 이야기한다. 그는 몇년 전까지만 해도 자신이 여성이라는 정체성과 여성들의 공통성에 대해 얘기할 수 있었으며, 전 세계의 모든 여성들의 고양된 의식과 함께 해방된 세상을 창조할 수 있다는 꿈에 부풀어 있었다고 회고한다. 그러나 이 글을 쓰는 시기에 리치는 더 이상 '우리'에 대해서 이야기할 수 없다는 사실에 직면한다. 오히려 미국의 페미니즘이 아무런 거리낌 없이 '우리'라고 말하는 경향은, 미국이 세계의 중심이라고 믿고 있는 것과 마찬가지로 타자의 경험을 삭제하는 동시에 자신이 타자를 대신하여 말할 수 있다는 오만에 지나지 않는다고 비판한다.

리치는 자신의 몸에서, 지도 위의 위치에서, 그리고 자신의 정체성에서 많은 차이들이 존재하고 있음을 확인한다. 그리고 여성운동을 지탱해 온 '우리', 그리고 단일한 정체성으로서의 '여성'은 더 이상 존재하기 어려울 뿐만 아니라, 오히려 타자의 목소리를 억압하는 또 다른 기제임을 확인한다. 리치는 오히려 차이들을 인식하는 것, 타자에 대한 인식 속에서 우리 또한 특정한 위치 속에서는 억압 기제의 일부라는 것을 확인하는 것, 그리고 그에 대한 책임을 갖는 것을 페미니즘의 위기 속에서 새로이 발견한 페미니즘의 방향으로 이해했다.

이런 점에서 리치의 「위치의 정치학을 향하여」는 제2물결 페미니즘 이후를 고민하는 페미니스트들에게 깊은 영감을 주었으며, 현대의 페미니스트 사상 속에 리치의 언어와 고민들이 스며들게 하였다. 그에게 '우리'를 상실하는 것, 더 이상 여성이라는 정체성을 공통되게 말할 수 없는 것은 "신념과 희망의 상실"이 아니다. 오히려 그는 '우리'의 상실을 "계속 나아가기 위한 투쟁으로서, 그리고 책임을 향한 투쟁"의 토대로 만들고자 하였다. 페미니즘이 단일한 '우리'의 정체성으로 확립될 수 없으며, 타자에 대한 책임을 수반해야 한다는 그의 생각은 페미니즘의 지평을 확장하는 것이었으며, 이러한 그의 생각이 갖는 의미는 우리 시대에도 여전히 증명되고 있다.

**PART 4**

페미니즘, 새로운 공동체를 상상하다

가사노동과 자본의 착취

**마리아로사 달라 코스타의 「여성과 공동체의 전복」**

**이승준**

동국대학교 철학과 박사과정을 수료하고, 한국철학사상연구회의 여성과 철학 분과에서 공부하고 있다. 웹진 『자율평론』의 편집위원, '맑스코뮤날레' 편집 간사 등으로 참여했으며, 현재는 미셸 푸코, 질 들뢰즈, 안토니오 네그리, 주디스 버틀러 등을 중심으로 현대 정치철학과 포스트페미니즘, 맑스주의를 공부하는 '연구공간 L' 회원으로 있다. 대진대학교, 동국대학교, 광운대학교 등에서 서양 현대 철학과 인간 존재론, 경제사상사를 강의했으며, 함께 지은 책으로 『비물질노동과 다중』, 『21세기 자본주의와 대안적 세계화』가 있으며, 『자유주의자와 식인종』, 『자본의 코뮤니즘, 우리의 코뮤니즘』 등을 함께 옮겼다.

우리는 집 밖으로 나가야 한다. 우리는 가정을 거부해야 한다. 왜냐하면 우리는 다른 여성들과 단결하기를 원하고, 여성들이 집에 있을 것이라고 가정하는 모든 상황들에 맞서 싸우기를 원하며, 간호실, 학교, 병원, 요양원, 또는 정신병원이든 어디든 게토들에 있는 모든 이들의 투쟁들에 우리 자신을 연결시키기를 원하기 때문이다. 가정을 떠나는 것은 이미 하나의 투쟁 형태이다. …… 투쟁에 의한 이러한 변화는 여성들 쪽에서의 가사노동의 거부가 격렬하고 대규모이고 결정적일수록 더욱더 격렬할 것이다.[1]

1943년 이탈리아 동북부 지역 트레비조에서 태어난 마리아로사 달라 코스타(Mariarosa Dalla Costa)는, 유럽이 혁명의 열기로 뜨거웠던 1960년대 말에서 1970년대 초까지 이탈리아의 '포테레 오페라이오(Potere Operaio; 노동자의 힘)'에서 활동하며 노동자, 학생, 여성들로 이루어진 전투적 투쟁에 참여했다. 여성운동과 노동운동이 전통적으로 크게 갈등하지 않았

1    Mariarosa Dalla Costa·Selma James, *The Power of Women and the Subversion of the Community*, Bristol: Falling Wall Press, 1972. pp.24-25.

던 이탈리아에서, 페미니즘 이론은 칼 맑스(Karl Marx)의 자본 및 정치경제학 비판 속에 담겨진 '재생산 노동'의 숨겨진 의미를 재해석하며 그것을 당시에 전개되던 여성들의 사회적 투쟁을 강화시키는 배경으로 삼았다. 달라 코스타의 글 「여성과 공동체의 전복(Women and the Subversion of the Community)」(1971)은 그런 흐름에서 가장 선도적 위상을 차지했다. 이글은 처음에는 '파도바 여성 투쟁 운동'이라는 서명을 달고 1971년 6월 팸플릿 형태로 발행되었다. 이는 이탈리아 전역의 페미니스트들과 사회운동가들의 투쟁을 활성화시키기 위한 용도로 보급되었던 것이다. 이후 1972년 3월 이탈리아 마르실리오 출판사에서 정식 출간되었고, 그해 10월 영국 폴링 월 출판사에서 셀마 제임스(Selma James)의 글 「여성의 자리(A Woman's Place)」(1953년에 최초 발표)가 함께 수록된 영어판 『여성의 힘과 공동체의 전복(The Power of Women and the Subversion of the Community)』(1972)으로 번역·발간된 이후 지금의 국제적 명성을 획득할 수 있었다. 이 글은 재생산과 여성의 지위에 대한 연구가 활발했던 당시의 국제 학계의 관심을 이끌어내는 한편, 현재에는 '사회주의적 페미니즘' 계열의 여러 출판물들의 기본적인 문제의식으로 수용되고 있다.


**가사노동, 즉 부불 노동에 대한 자본의 착취**


고전적 맑스주의의 전통에서 여성들의 가사노동은 공공의 생산노동인 임금노동과 구별되는, 사적인 영역의 재생산 노동으로 범주화된다. 이들의 관점에서 보면, 자본주의 사회에서는 자본가에 의해 착취되는 무산자계급, 즉 임금노동 계급만이 혁명의 주축 세력이며, 그 밖의 생산자들은 혁명의 보조자 또는 혁명의 적으로 간주된다. 달라 코스타가 도전한 것은 바로 이러한 노동계급의 분할, 즉 생산노동(주로 남성들이 담당하는 공장과 직장에서의 산업 생산노동)과 재생산 노동(임금노동에 고용된 이들을 포함한 여성 대부분에게 떠넘겨지는 출산·육아 등 가정에서의 가사노동), 그리고 공적 노동과 사적 노동으로 분할된 규정이었으며, 나아가 그러한 범주적 구별에 적용되는 노동의 성격적 분할, 즉 생산적 노동과 비생산적 노동의 규정이었다. 맑스는 자본주의 사회에서의 노동을 '잉여가치'의 생산 유무에 따라 생산적 노동과 비생산적 노동으로 개념적으로 분할했는데, 고전적 맑스주의는 이에 근거해 가사노동을 '생산적이지 않은 노동', 따라서 자본축적에 동원되지 않는 노동으로 규정하며, 그 결과 여성의 가사노동은 자본 바깥에 있는 것으로 설정된다.[2]

달라 코스타는 가정주부가 가정에서 생산하는 것은 상품의 교환가치를 생산하는 '노동력' 상품 자체임을 강조한다.[3] 가정주부의 노동을 통해 남편은 노동시장에서 자신을 자유 임금노동자로 판매할 수 있게 되며, 자본은 그 노동을 통해 착취적 생산 형태를 유지한다. 즉 가정주부의 생산성이 남성 임금노동자 생산성의 전제 조건이며, 나아가 미래의 노동력을 생산하는 가정주부의 출산과 육아가 일정량의 노동력을 충원해야 하는

---

2   맑스는 『자본론(Das Kapital)』(1867) 초판에서 '생산적 노동'과 '비생산적 노동'을 다음과 같이 구별한다. "자본주의적 생산의 직접적 목적과 **원래적 생산물이 잉여가치**이므로, 직접적으로 **잉여가치를 생산하는 노동**만이 생산적이고, 그러한 노동 능력 집행자만이 **생산적 노동자**이며, 그러므로 생산과정에서 자본의 증식을 위해 직접 **소비되는** 노동만이 생산적이다."(강조는 본문) 칼 맑스, 『경제학 노트』, 김호균 옮김, 이론과 실천, 1988, 106쪽. 한국어판 『경제학 노트』에는 『자본론』 초판에는 실렸으나 재판에는 수록되지 않은 원고 「직접적 생산과정의 제 결과」가 수록되어 있다.

3   노동력은 "이상한 상품인데, 왜냐하면 이것은 사물이 아니기 때문이다. 노동할 수 있는 능력은 생산하는 과정에서 자기의 삶을 소비하는 인간에게만 있다. …… **노동력의 기본적인 생산 및 재생산을 서술하는 것은 여성들의 노동을 서술하는 것이다.**" 이에 대해서는 Mariarosa Dalla Costa·Selma James, *The Power of Women and the Subversion of the Community*, 「서문」을 보라.

노동시장의 전제 조건이다. 이 짐에서 국가에 의해 조직되는 가족은 '노동력' 상품이 생산되는 사회적 공장이다. 따라서 가정주부의 노동은 잉여가치 생산과정의 바깥에 있는 것이 아니라, 그 과정이 시작되는 기초를 이룬다. 즉 가정주부의 노동은 자본축적 과정의 원천이자 심장인 것이다.

국가와 법적·제도적·이데올로기적 장치들이 협력하는 가운데, 여성은 고립된 가족 안에 갇히게 되었고, 그들의 노동은 보이지 않는 그림자 노동이 되었다. 그 결과 그들의 노동은 강제되고 착취되는 노동이 아니라, 사랑, 돌봄, 감성, 모성 등으로 표현되는 자연화된 노동, 인간의 본능적 활동으로 치부되었다. 고전적 맑스주의자들이 놓치는 것과는 달리, 달라 코스타는 자본과 국가가 여성의 무상 가사노동과 남성의 임금노동으로 분할되는 전략적 배치를 창출했다는 점을 분명히 밝힌다. 자본은 이른바 '생계 책임자'인 남편이라는 인물 뒤로 숨을 수 있다. 여성은 '가정주부'로 아이와 남편의 생명과 생활을 직접 책임지면서도, 돈 때문이 아니라 '사랑'이라는 이름으로 그러한 재생산 노동을 감당하리라 여겨진다.[4]

> 자본이 남성을 충원하고 그를 임금노동자로 전환시키는 한, 자본은 남성과 다른 모든 프롤레타리아들 간의 분열을 만들어 낸다. …… 노동계급 운동 조직들이 분명하게 밝히지도 않았고, 또 가정하지도 않은 것은 바로 임금을 통해 임금을 받지 않는 노동자들의 착취가 조직되어 왔다는 점이다. 이러한 착취는 훨씬 더 효과적이었다. 임금을 받지 않는다는 점이 착취[당한다는 사실]를 숨기기 때문이다. 임금은 공장의 단체협상에서 나타나는 것보다 더 많은 노동을 지배했다. **여성들이 관련되어 있는 노동은 자본 바깥에서 하는 개인적 서비스처럼 보인다.**[5]

---

4  이와 동일한 논점을 제공하는 다른 저자의 글로는, 마리아 미스, 『가부장제와 자본주의』, 최재인 옮김, 갈무리, 2014, 96-100쪽을 참고할 것.

5  Mariarosa Dalla Costa·Selma James, *The Power of Women and the Subversion of the*

이런 분석에 기초해, 달라 코스타는 기존의 좌파들이 가진 통념, 즉 여성은 억압받는 이들이며, 여성 억압의 문제는 '남성들의 맹목적인 성차별주의'에 있다는 식의 생각도 비판한다. 자본은 임금노동자의 유상 노동뿐 아니라, 가정주부의 무상 노동도 조종할 수 있기 때문에, **여성의 가내 노예화는 단순한 성적 억압이나 성차별이 아니라 '노동력' 착취로 이해되어야 한다.** 이 무상 노동/부불 노동이 지닌 착취의 본질을 보지 못한다면, 자본주의의 전체 임금노동의 착취 구조도 이해할 수 없게 된다.[6]

---

*Community*, p.10.

6   크리스틴 델피(Christine Delphy)는 달라 코스타와 달리 착취의 핵심이 여성의 가사노동 (의 종류)에 있다기보다는, 여성이 누군가에게 예속된 채 그를 위해 일을 한다는 사실 자체에 있다고 말한 바 있다. Christine Delphy, *Close to Home: A Materialist Analysis of Women's Oppression*, Amherst: University of Massachusetts Press, 1984. 아이리스 매리언 영(Iris Marion Young)은 이것을 '젠더 착취'라는 보다 큰 범주로 이해하자고 제안한다. 즉 하나의 집단으로서의 여성은 (자본주의적 착취보다는) 젠더 착취라는 특수한 형태 아래 놓여 있으며, 그래서 여성의 모든 노동 및 활동(그것이 가사노동이든 직장 내 노동이든, 아니면 가족이나 직장 바깥의 사회화된 활동 안에서 이루어지는 노동이든)이 그 형태를 불문하고 하찮게 여겨지고, 제대로 인정받지 못한 채 남성 사회에 이익이 되도록 사용되고 있다는 것이다. 그래서 여성의 가사노동을 (달라 코스타처럼) 계급적 착취의 일환으로만 보는 것은 젠더 위계에 따른 다른 무수한 효과 전체를 보지 못할 뿐만 아니라, 차이(인종·장애·섹슈얼리티 등) 에 기반한 차별 및 배제, 주변화 역시 놓친다는 비판을 우회적으로 제기한 바 있다. 아이리스 매리언 영, 『차이의 정치와 정의』, 김도균·조국 옮김, 모티브북, 2017, 122-131쪽. 내가 생각하기에 아이리스 영의 이러한 비판은 여성은 억압당하는가? 차별당하는가? 착취당하는가? 배제당하는가?라는 페미니스트 내에서의 문제의식을 둘러싼 논쟁점을 제공한다. 달라 코스타와 마리아 미스(Maria Mies) 같은 사회주의 페미니스트들에게 억압, 차별, 배제(혹은 주변화)는 인류 문명의 발생 이래 꾸준히 진행되어 온 현상이자 문제이지만 오늘날의 형태는 보다 구체적으로 여성의 살아 있는 활동이 무임금 노동으로 한정지어지는, 자본주의적 착취 구조가 낳은 효과로 간주된다. 따라서 이 문제의 특수한 역사적 형태를 공략하지 않은 채 억압, 차별, 배제에 일반적인 초점을 두는 것은 자유주의적 권리 투쟁으로 페미니즘 투쟁을 한정 및 축소시킬 위험이 있으며, 역사적으로 특수한 사회체제인 자본주의 내에서의 착취 관계(자본에 의한 노동 착취, 나아가 자본에 의한 가사노동 착취)를 근본적으로 변혁하기 어렵다고 판단하는 것으로 보인다. 달라 코스타의 다음의 말은 그러한 생각의 일단을 드러낸다. "여성은 남성의 맹목적인 성차별주의로 인해 고통받고 주변으로 밀려나는 것으로만 보였다. 왜냐하면 자본주의가 일반적인 '불의'와 '나쁘고 불합리한 행위'를 의미했으며, 이 점을 깨달은 소수(남성)는 이것이 착취가 아니라 '억압'이라고 우리에게 확신시켰기 때문이다. 그러나 '억압'은 자본주의 사회의 더 만연해 있는 또 다른 측면을 감춘다. …… 임금을 통한 자본의 지배는 모든 신체 건강한 사람을 노동 분업이 법칙 하에서 기능하도록, 그리고 비록 직접 고용되진 않더라도 궁극적으로 자본 지배의 팽창 및 확대에 유리한 방식으로 기능하도록 강제한다.", "이러한 요구들로 나아가는

주부들을 계급 외적인 것으로 생각하는 한, 계급투쟁은 매 순간 모든 지점에서 지연당하고, 좌절당하며, 또한 자신들의 행동의 완전한 범위를 찾아낼 수도 없다. …… 가사노동이 생산적 노동의 은폐된 형태임을 폭로하고 규탄하는 것은 여성 투쟁의 목표와 형식 모두에 관한 일련의 문제를 제기한다.[7]

## 가사노동의 사회적 효과와 여성들의 투쟁

달라 코스타는 여성의 가사노동을 비생산적 노동으로, 그래서 부불 노동으로 만드는 과정이 정치 사회적으로 여러 가지 효과를 생산하며, 또한 그에 따라 당시에 전개되던 여러 형태의 운동 양식들로 나타난다고 보았다.

첫째, **여성이 무능력하다는 신화의 확산**. 자본주의 생산양식의 도래와 함께, 여성들은 고립되고, 가정이라는 감방에 갇혀 모든 측면에서 남성 임금에 의존하는 처지로 전락한다. 여성들에게 가사노동이 전가됨으로 인해, 설혹 직장 여성의 경우일지라도, 업무의 연속성이 가정에서의 일들을 통해 깨지는 경험을 매 순간 겪어야 하며, 그것이 직장에서의 업무 배제의 이유나 여성의 취업이 힘든 이유로 기능한다. 가사노동 시간이 가족 삶의 모든 부분을 관리하는 데 있는 만큼, 여성들은 휴일도 없이 일해야 한다. 이는 역설적으로, 여성이 가정의 일을 잘 수행할수록, 자신들이 고

---

것은 고분고분한 개량주의가 아니다. …… 여성운동의 도전은 여성들을 가정에서 해방시키면서도 또한 이중 노예제를 피하고, 동시에 또 다른 정도의 자본주의적 통제 및 그 규율 체제를 막아내는 투쟁의 양식들을 찾아내는 것이다. 궁극적으로는 바로 이것이 여성운동 내에서의 개량의 정치학과 혁명의 정치학의 구분선이다." Mariarosa Dalla Costa·Selma James *The Power of Women and the Subversion of the Community*, pp.10-11, 그리고 pp.31-33.

7  같은 책, p.19.

용되어 있는 직장 내에선 더 무능력해지는 효과를 낳게 된다. 나아가 주부의 경우 이웃 이외의 사회생활의 모든 가능성들이 차단되는 만큼, 여성들은 사회화의 기회 역시 박탈당하게 되며, 직장에서의 협력과 사회적 연대의 경험 역시 차단된다. 하지만 이것은 여성으로 하여금 공장과 직장 바깥에서의 비공식적인 생활 공동체로의 참여의 기회를 확산시킨다. 임차료 파업, 인플레이션에 반대하는 투쟁들, 생필품 가격 인상에 대한 항의, 건강 및 의료 분야에서의 과실로 비롯되는 항의 등의 기저에는 항상 여성들의 비공식적인 조직이 있었다. 결정적인 순간 이러한 여성들의 네트워크는 바로 그 '무능한 여성'의 재능, 에너지, 강력함을 통해 끊임없이 부상하고 발전한다.

둘째, **자본과 국가에 의한 여성의 자궁 관리**. 자본주의는 가족을 핵가족으로 정립했으며, 여성을 사회적 생산에 직접 참여하지 않고 노동시장에서 독자적으로 자신을 드러내지 않는 존재로 만들어 남성에게 종속시켰다. 가사노동이 여성 노동 활동이 발전할 모든 가능성들을 없애 버리듯이, 핵가족은 여성의 성적·심리적·정서적 자율성을 없애 버린다. 여성은 어머니가 되어야 하고, 자녀에게 무한한 사랑을 나눠주는 기계가 되어야 한다. 이것은 여성들이 자신들의 창조적 능력을 발전시킬 가능성을 차단했던 것과 동일한 방식으로, 여성의 성생활을 노동력 재생산의 기능으로 축소시킨다. 여성들은 자녀를 갖도록 강요받는데, 이 또한 그들이 자율적으로 실행할 수 있는 출산 통제의 원시적인 기술조차 금지당하는 결과를 가져온다. 그리고 바로 이러한 자궁 관리와 성의 금지 이면에서 여성들의 낙태법 폐지 운동이나 자유로운 성적 표현들의 확대가 운동으로서 기능할 수 있었다. 금지가 있는 바로 그곳에서 그에 대한 모든 위반의 활동이 사회적 저항으로 발전하게 되는 것이다.

셋째, **노동 분업의 동성애.** 자본 권력은 노동력 재생산을 위해서 남성과 여성 간의 성적 애정 및 친밀감을 명령한다. 이러한 의미에서, 동성애 운동은 그러한 명령에 대한 거부 반응으로 기능한다. 하지만 역설적으로 동성애는 자본주의 사회의 틀 자체에 뿌리박고 있는 것이기도 하다. 서로가 하루 종일 분리된 채, 가정에 있는 여성들과 공장과 회사에 붙들려 있는 남성들. 이것은 이미 자본이 노동하는 이들에게 부과하는 동성애적 삶의 틀이다. 생산성 향상과 발전을 향한 자본의 욕망이 강할수록, 그들은 한편으로 끊임없이 예비 노동력을 보충받고자 이성애를 종교로 끌어올리면서도, 다른 한편으로 남성들과 여성들이 육체적·정서적으로 서로 접촉하고 사랑할 수 있는 시간과 장소를 부여하지 않으려 한다. 그런 점에서 자본은 노동력 재생산에 유용한 한에서만 이성애를 허용할 뿐 나머지 시간에서는 이성애를 파괴하고 손상시킨다. 달라 코스타는 바로 이러한 자본의 작용이 역설적으로 가정과 직장 내에서 그리고 사회적 활동 내에서 동성애적 경향들을 촉발 및 폭발시킨다고 보았는데, 동성애 운동은 그런 점에서 자본에 의해 조성된 사랑의 관계를 자본으로부터의 명령에 맞서는 방식으로 전환시킨 사례인 것이다.

우리의 생각에 주목할 만한 가치가 있는 것은, 성 착취를 기본적인 사회적 모순으로 보는 여성들이 우리 자신의 좌절의 정도—이 좌절을 수백만의 여성들은 운동 내외부에서 경험했다—를 가늠케 하는 극히 중요한 지표를 제공한다는 점이다. 어떤 이들은 자신들의 레즈비언주의를 다음과 같이 규정한다. '함께 했기에 우리는 우리가 더 이상 남성과의 관계를 참을 수 없고, 남성과의 관계가 우리를 필연적으로 종속시켰던 권력관계가 되는 것을 막을 수 없다는 것을 알 수 있었다. 그때 우리의 여성 교제가 시작되었다. 우리의 관심과 에너지는 바뀌었고, 우리의 힘은 확산되었으며 그 목표가 정해졌다.' 여성 동성애 운동은 이러한 거부로부터 발전했는데, 이 운동은 성별 간 권력투쟁에서 자유롭고, 생물학적인 사회 단위에서 도 자유로운 어떤 관계의 가능성들을 주장하는 동시에 우리 자신을 더 폭넓은 사회적 잠재력, 따라서 성적인 잠재력에 개방할 필요를 주장한다.[8]

## 핵가족과 교육제도의 정치경제학

그렇다면 이렇게 여성들의 가사노동이 자본주의 사회에서 잉여가치를 생산하지 않는 '비생산적 노동'으로 간주되고, 그에 따라 부불 노동으로 처리되는 것은 어떻게 형성되고 정당화된 것일까? 왜 오늘날에도 여전히 직장 여성들은 가사노동을 당연히 떠맡게 된 것일까? 달라 코스타는 그 이유를 역사적으로 형성된 '자본주의적 가족'에서 찾는다. 그에 따르면, 자본주의 이전의 가부장제 사회에서 가족은 주로 농업 생산 및 수공업 생산에 공동으로 참여했던 반면, 자본주의의 등장과 함께 변화된 생산양식은 이전의 봉건제적 가족 공동체를 돌이킬 수 없는 형태로 붕괴시키면서 현재와 같은 핵가족 형태를 고착시켰다. 생산의 장소를 농촌의 가족 공동체에서 도시의 공장과 사무실로 이전시키는 사회 재배치가 진행되는 동안 여성, 어린아이, 노인, 장애인 등은 이전까지 필수적으로 여겨지던 노동의 지분과 그러한 노동 참여에 따른 상대적 권력을 상실하게 됐다. 자본은 도시로 떠밀려 온 이들에게서 우선 남성을 선별하여 가족으로부터 떼어내 공장과 사무실의 임금노동자로 전환시키고, 그들에게 남은 가족 전체의 생계의 짐을 지운 것이다. 이렇게 농노제에서 자유로운 노동력으

---

8    같은 책, p.4.

로의 이행은 우선 남성 프롤레타리아를 여성 프롤레타리아와 공간적·기능적·이데올로기적으로 분리시키고, 곧이어 학교 및 교육제도를 통해 아이를 분리시킨다.[9] 농촌 공동체의 생산과정으로부터 자유롭지 못했던 가부장 남성이 자유로운 임금 소득자로, 그 다음은 그들의 자녀들이 예비 노동자이자 학생으로 변형되고, 여성들은 가정 안에 유폐되어 자기 삶의 다른 가능성을 상실하는 동안, 이렇게 찢겨진 가족 안에는 성별 및 세대 간 분리에 따른 뿌리 깊은 소외가 자라난다.

이처럼 자본은 가족 구조를 재편함으로써 남성 및 아이들을 여성과 분리시키고, 여성들에게 남성과 아이들의 뒷바라지, 즉 무상의 재생산 노동인 가사노동의 과업을 할당했다. 이제 가정에서의 모든 일은 여성의 책임이 되며, 자본주의적 생산을 안정적으로 유지하고 순환시키기 위해서라도 여성들은 반드시 가정에 남아야만 한다. 자본은 이러한 가족 형태에 의지함으로써, 자신의 이윤 창출에 성공하고, 또 계급과의 대결에서도 승리할 수 있다. 가사 서비스를 받아 잘 다려진 옷을 입고 충분한 수면과 식사를 보충한 공장 노동자들은 그렇지 않은 노동자들보다 더 높은 생산 능력을 발휘해 줄 것이다. 또한 그들이 일하면서 얻은 육체적 피로감과 상실감을 사랑으로 채워줄 사람이 가정에 늘 있는 한편(단 자본의 관점에서는 이 사랑조차 새로운 노동력의 생산을 가능케 할 삽입 섹스로 고정되어야 한다), 그들이 은퇴하면 잘 훈련된(이른바 '교육을 잘 받은') 아이들이 공장과 사무실의 빈자리를

---

9  달라 코스타는 이 점에서 근대적 교육은 늘 '강제 교육'이며, 따라서 근대적 교육제도 속 교사들은 '도덕 경찰'의 과업을 수행한다고 강조한다. "학교는 이데올로기적 훈육의 중심지이자 노동력 및 노동력의 주인을 형성하는 중심지[이다.] …… 어린이들은 늘 학교가 어떤 점에서는 그들을 부모에게 그리고 동년배들에게 등을 돌리게 만든다고 인식하며, 그 결과 공부와 '교육받는' 일에 본능적 저항감을 느낀다. …… 노동계급 아이는 선생님이 아이를 방어하기보다 계급을 공격하는 자로서, 아이들로 하여금 자기의 엄마 아빠와 대립하는 법을 가르치고 있다는 것을 알게 된다. 자본주의는 지배계급이 조직·통제하는 제도들에서 피착취자의 자녀가 훈육되고 교육을 받는, 첫 번째 생산체제이다." 같은 책, pp.6-7.

메워줄 것이다. 또 그들이 다쳐서 노동을 지속하기 어려운 상태에 처하면 가정과 여성이 떠맡아 줄 것이고, 그래도 일손이 부족하게 되면 집안에 유폐되어 '무능력'의 이미지가 덧씌워진 여성들이 상대적으로 저임금을 받으며 일해 줄 것이다. 그리고 무엇보다 이러한 착취 구조로 인한 모든 비참한 상황에 대한 불만은 가족 내부의 갈등으로 극적으로 전환될 것이다. '아이와 아내가 불행한 것은 남편이 쥐꼬리만큼만 돈을 벌어와서이다.' '남편과 아이가 불행한 것은 집안일을 소홀히 한 아내와 엄마 때문이다.', '부모가 불행한 것은, 그들 가족 전체를 다른 계급으로 상승시켜 줘야 할 아이가 공부도 못하고 툭하면 학교에서 말썽을 일으키기 때문이다.' 등등.

결국 여성들이 집안에 머물러 있어야만, 또 그들이 무상의 노동을 해야만, 자본은 정상적으로 생산을 순환시키고, 이윤 확대를 기획할 수 있는 것이다. 이런 점에서 달라 코스타의 '자본주의적 가족 비판'은, 여성의 자유로운 사회 진출이나 그에 따라 직장 내 유리천장을 없애는 것을 여성운동의 과제로 보는 '자유주의적' 관점을 경계하면서도, 동시에 여성운동을 계급투쟁의 종속 변수로 보는 '사회주의적' 관점이 은폐시킨 자본의 정치경제학을 그 근본에서부터 비판할 논거를 제공해 준다.

노동계급 여성의 해방을 그녀가 가정 밖에서 일자리를 얻는 데에 있다고 주장하는 이들은 문제의 일부를 보았을 뿐 그 자체가 해결책이 될 수는 없다. 작업대로 예속되는 것은 싱크대의 예속을 해방시키는 것이 아니다. 이를 부정하는 것은 작업대의 예속 자체를 부정하는 것과 다름없는데, 여성들이 어떻게 착취되는지 모른다면 남성들 역시 어떻게 착취되는지 알 수 없다는 점을 다시 증명하기 때문이다. …… 가족이 자본주의적 노동 조직화의 바로 그 기둥임을 완벽히 파악하지 못한다면, …… 우리는 계급투쟁에서 기본적인 모순 그리고 자본주의적 발전에 기

능하는 모순을 항상 영구화하고 악화시킬, 절름발이 혁명으로 옮겨가게 될 것이다.[10]

또한 달라 코스타는 핵가족 제도가 아이들을 가정으로부터 분리하여 강제된 교육체제로 편입시키는 제도적 형태로 유지되는 만큼, 자본주의적 가족제도에 대한 비판은 자본주의적 학교 제도에 대한 비판과 동시에 이뤄져야 한다는 점을 강조한다. 그렇지 않으면 노동계급인 부모들은 자신도 모르게 이 체제를 습관적으로 재생산하는 일에서 벗어날 수 없을 뿐만 아니라, 오히려 스스로를 현재의 자본 지배에 적극적으로 참여하는 '도덕 경찰'로 각인시키게 되기 때문이다. "노동계급의 아이들은 학교가 제공하는 교육에 본능적으로 반항하는 첫 번째 사람이다. 그러나 부모는 그들의 자녀를 학교로 데려가 가둬 둔다. 왜냐하면 부모는 자신들의 아이들이 '교육을 받아야' 한다는 데에, 즉 자신들을 가둔 작업대나 부엌에서 벗어나려면 지식을 갖춰야 한다는 데에 관심을 갖기 때문이다. 만일 한 노동계급의 자녀가 특별한 자질을 보이면, 가족 전체는 종종 남은 자녀들을 희생시키면서, 그리고 그 아이가 가족 모두를 노동계급에서 벗어나게 해줄 거라는 도박에 가까운 기대를 품으면서 즉각 그 아이에게 집중하고 최상의 여건을 제공한다. 이는 사실상 자본이 부모의 열망에 기대어, 신선한 노동력을 길러내는 데 부모가 조력하게 하는 방식이 된다."[11]

이렇게 아이를 가족에게서 분리시키는 교육제도가 강화되는 동안, 여성들은 과거에는 가족 공동체 전체에게 위임되었던 아이의 재생산 및 사회화의 과업을 떠맡게 된다. 아이들이 가정에서 분리되는 시간이 길어짐

---

10  같은 책, pp.18-19.
11  같은 책, p.8.

에도 불구하고, 여성의 가사노동은 오히려 더 늘어나는 것이다. 그리고 심지어 이것은 무한하게 강제된 노동 시간, 정동의 과다 지출을 요구한다. '나의 아이는 오늘 어디에서 무엇을 하고 있는가?', '교육제도에 아이를 적응시키고 그 경쟁 체제에서 살아남게 하기 위해 나는 무엇을 해야 하는가?' 각종 재난 사고, 환경오염, 학교 폭력, 식량 위기, 성매매, 교육비리, 패션, 음악, 예술, 여행, 사회운동들 등 지구에서 일어나는 모든 사건, 모든 이슈가 삶의 문제로 자리 잡게 되고, 그만큼 가사노동의 영역은 양과 질 모두에서 무한정 확장되고 심화된다.[12]

---

12 누군가는 현대사회의 발전과 더불어서 노동의 자동화(가사노동의 외주화)가 이렇게 무한하게 늘어나는 가사노동을 줄여 주고 상쇄시키지 않느냐고 반문할지 모른다. 세탁기, 자동 식기세척기, 자동 청소기, 공기정화기, 인공지능 주거 시스템, 청소 도우미, 빨래방, 과외 교사 등등 집안일의 자동화와 외주화를 말하면서 말이다. 하지만 달라 코스타는 "주부가 고립된 채 아이를 출산 및 양육하고 책임져야 하는 한, 집안 허드렛일의 고도의 기계화는 여성에게 어떠한 자유 시간도 주지 않는다. 아이를 낳고 보살피는 기계는 존재하지 않기 때문에 여성은 언제나 일한다"라고 말하면서, "여성의 노동일은 기계가 없어서가 아니라, 그녀가 고립되어 있기 때문에 끝이 없음"을 상기시킨다. Mariarosa Dalla Costa·Selma James, 같은 책, p.11. 어슐러 휴즈 (Ursula Huws)는 "새로운 기술이 가정에 끼치는 영향을 조사하려면, 지금까지 가정에 도입된 기술들이 여성을 가사노동자 처지에서 해방시키지 못했으며 무보수 가사노동에 들여야 하는 현실에서 벗어나게 하지도 못했다는 논란의 여지가 없는 사실에서 출발해야 한다"라고 말하면서 현대의 기술 발전과 자동화가 노동의 감소가 아니라, 더 증가된 생활의 위험의 증가와 더불어 가사노동 시간을 비약적으로 확장시키는 데 일조했음을 설득력 있게 논증한다. "20세기에서 가장 중요한 기술적 발전이라고 할 만한 세 가지, 즉 내연기관, 화학 산업의 다양한 방향으로의 성장, 그리고 전기는 사람을 가장 많이 죽이는 요소들이기도 하다. 이는 걸음마쟁이를 돌봐야 하는 사람이라면 누구나 공감하는 것이다. 집 밖에서는 차에 치일 위험이 악몽처럼 따라다니고, 집안에서는 유독 화학물질이 화장실 청소부터 엄마를 안정시키는 데까지 곳곳에서 쓰인다." 이에 대해서는 어슐러 휴즈, 『싸이버타리아트』, 신기섭 옮김, 갈무리, 2004, 특히 55-64쪽을 참고하라. 또한 가사노동 시간량의 증가를 '이데올로기적 측면에서' 설명하는 것으로 Barbara Ehrenreich·Deirdre English, "The Manufacture of Housework", *Socialist Revolution*, October/December, 1975를 참고하라.

## 여성들의 힘과 대안적 정체성

이 점에서 달라 코스타는 이 글을 쓴 1970년대 당시 여성운동의 한 형태이자, 현재에도 하나의 구호로 사용되는 "가사노동에 임금을!" 투쟁을 지지·옹호하는 한편, 그것이 가진 한계에 대해서도 비판적 입장을 견지하려 했다. "가사노동 임금에 대한 연구는 여성이 당하는 억압·종속·고립을 여성에 대한 착취로 곧장 연결시키는 데에 본질적인 매력이 있는 하나의 관점"이지만, 역설적이게도 이러한 투쟁은 여성이 집에 잠자코 있으면서 국가가 지급할 임금을 순진하게 기다리는 것으로 귀결될 수 있다. 또한 이 투쟁이 여성운동의 다른 형태들과 결합되지 않은 채 제기되거나, 자본주의 사회의 핵가족 제도를 근본적으로 문제 삼지 않는 한 오히려 여성의 노예적 삶을 더욱 공고히 할 위험, 즉 여성의 역할을 가사노동에 고정시킬 위험이 있다. 따라서 가사노동 임금 투쟁의 목표는 단지 이런 노동을 줄이는 데 있는 것이 아니라, 이런 노동을 부여받은 여성의 주부화를 박살내는 쪽에 맞춰져야 한다. 그러기 위해서 투쟁의 출발점은 **"가사노동을 어떻게 더 효율적으로 하느냐가 아니라 이러한 투쟁에서 주인공으로서의 위치를 어떻게 확보하는가에, 즉 가사노동의 더 높은 생산성이 아니라 투쟁에서의 더 높은 전복성"**에 두어져야 한다.[13]

달라 코스타는 이러한 여성들의 전복적 투쟁이 가능한 근거를 다른 곳이 아니라 바로 그 노동의 형태와 성격 속에서 찾고자 했다. 즉 여성들이 벌이는 "사회적 투쟁의 가능성은 가정에서의 여성 노동이 지닌 사회적으로 생산적인 성격"에서 나온다.[14] 그것은 그들에게 "대안적 정체성"을 제

---

13  Mariarosa Dalla Costa·Selma James, *The Power of Women and the Subversion of the Community*, p.20.
14  같은 책, p.21.

공해 줄 것이기 때문이다. 그렇다면 이때 '대안적 정체성', '사회적 투쟁의 가능성'이 의미하는 바는 무엇일까? 즉 자본주의적 생산 체계와 가족 체계는 여성을 무엇으로 생산하는가? 여성의 해방적 가능성은 어디에 있는가?

첫째, **마녀-되기와 악녀-되기**. 여성 주부들은 집안의 벽에 구금되어 과거부터 그들에게 부여된 '여성성'을 재차 강요당하는데, 역설적으로 이것이 그들로 하여금 자본주의 노동 조직화의 전체 구조를 볼 수 있게 만든다. 자본과 남성 노동자들이 공장 내에서의 적대를 중단하고 동맹관계를 회복하는 곳인 가정에서, 여성들은 늘 '어디 나다니지 말고 집에만 있어!', '몸가짐을 똑바로 해!', '집안일을 완벽하게 할 것!'과 같은 명령들을 듣곤 한다. 즉 이것은 구금된 여성들 자신들로 하여금 자본과 남성 노동자의 은밀한 연합이 자신의 신체를 겨냥해서 이뤄지고 있음을 파악하게 만드는 것이다. 사랑스러운 아내, 영웅적인 어머니, 조신한 딸로서 그들(그리고 그들의 신체)에게 부과되는 이미지는, 여성 투쟁이 집중되고 또 그들이 위반할 수 있는 한계 지점이 어디인지 알려 준다.[15]

---

15  실비아 페데리치(Silvia Federici)는 자본주의로의 이행과 원시적 축적을 분석하면서 여성들에게 가해진 집단적 폭력으로서의 '마녀사냥'이 여성의 몸과 욕망, 섹슈얼리티에 대한 단속을 통해 자본의 축적 양식의 전환을 가능하게 했던 기제였음을 설득력 있게 주장한 바 있다. 그녀는 중세에서 근대로 넘어오는 시기의 '마녀사냥', 더 나아가 근대에서 오늘날에 이르는 무수한 시기의 '마녀사냥'의 숨겨진 전제는 "신체가 여성성의 지속을 위한 활동의 결정적인 장이자 중심적인 요소"라는 점이며, "여성의 신체는 국가와 남성에 의해 전유되고, 재생산과 노동의 축적을 위한 수단으로 기능하도록 강제된다는 점에서 착취와 저항의 주요한 장"이라고 말한다. 그런 점에서 "임신, 출산, 섹슈얼리티의 모든 측면에서 여성의 신체가 여성주의 이론 및 여성의 역사에서 중요한 자리를 차지한 것"은, 그것에 부여된 강제된 힘에 저항하고 그 강제력을 벗어나려는 무수한 노력에서 비롯된 것이라 할 수 있다. '마녀'와 '악녀'가 여성의 몸을 둘러싼 힘의 대결의 장이며, 따라서 '마녀'는 지배권력이 여성에게 낙인찍는 이름이자 동시에 신체를 자신의 의지로 자유롭게 사용하던 자들의 이름이라는 것을 기억하는 것이 중요하다. '마녀'를 낙인찍히는 자의 이름으로 만들 것인가, 아니면 신체와 욕망의 자유를 위해 우리가 전유해야 할 이름, 즉 해방자의 이름으로 만들 것인가는 결국 투쟁과 힘의 강도의 문제일 것이다. 이에 대해서는 실비아 페데리치, 『캘리번과 마녀―여성, 신체 그리고 시초축적』, 황성원·김민철 옮김, 갈무리, 2013을 참고하라.

둘째, **가족 관계 바깥의 자율적 개인**. "여성들은 아내나 어머니로서만 자신의 남편과 아이를 만나는 것―남편과 아이들이 바깥세상에서 집으로 돌아온 뒤에 갖는 식사 시간에만 만나는 것―을 중지해야 한다."[16] 자본주의적 조직화의 모든 영역이 여성의 가정주부화를 전제하는 만큼, 가정 바깥의 모든 장소들은 여성들에 의한 투쟁의 기회를 제공한다. 즉 공장 회합에서, 반상회에서, 학생 총회에서, 심지어 취미 모임들에서 여성들이 남성을 어머니 대 아버지, 아들 대 딸이 아니라 한 사람의 독립된 인격체로 만나고 대면하면서 공통 관심사를 다룰 때, 그들은 가정 내에서의 종속된 권력관계를 해체할 가능성을 갖게 된다.

셋째, **질 오르가즘의 신화를 파괴하는 사랑의 기계**. 여성들이 회사나 공장에서, 또 노동자 총회에서, 단지 육체적으로 피곤하다는 이유가 아니라 "밤에 잠을 자는 것 외에 사랑을 하고 싶기에 야근을 금지해야 한다"라고 요구하는 것은 노동의 사회적 조직화에 맞서 여성 자신의 독자적 이해관계를 진전시키는 것이다. 아주 오랫동안 좌파 정당과 노동조합들은 사랑의 차원을 이해관계에서 바라보지 못하고, 그저 개인의 낭만적 영역으로 치부해 왔다. 하지만 이 문제를 제기하는 것이 왜 남성이 아니라 여성이었는지를 이해하는 것은 전체 계급투쟁사에 새로운 빛을 던지는 계기가 된다. 따라서 이때의 사랑은 출산과 육아를 벗어난 사랑, 따라서 삽입 성교에 구속되지 않고 강제된 이성애에서 자유로운 개인들의 사랑의 가능성을 열어 준다.

넷째, **생산에서 배제된 자들의 연합**. 자본주의 가족 체계 내에서 남성과 청소년이 가족으로부터 분리되고, 그들이 근대적 훈육 기관에서 자본

---

16  Mariarosa Dalla Costa·Selma James, *The Power of Women and the Subversion of the Community*, p.22.

의 명령에 익숙해지는 동안, 여성·노인·장애인과 같이 자본주의 생산 회로에서 배제된 이들은 자신의 연합을 강화시키게 된다. "우리는 우리가 선택한 시간과 장소에서 어린아이들, 노인, 아픈 사람 등과 시간을 갖기를 원한다."[17] '시간을 갖기를 요구하는 것', 이는 단지 자본의 판매 시장 확대를 의미하는, 가사노동의 자동화에 한정되지 않는다. 이것은 생산 회로에서 배제되었지만 바로 그런 이유로 생산 회로를 떠받치고 있는 여성들이 투쟁의 주도권을 쥐고, 자본과 국가를 향해 다른 모든 배제된 사람들과 함께 사회적 부를 재전유하기를 요구하는 것이며, 그것을 통해 자신들과 분리된 남성 노동자 그리고 학생으로서의 청소년들과의 재통합을 추진하는 시초적 연합을 이루는 것이다.

## 노동 거부와 공동체의 전복

지금까지 살펴보았듯, 자본주의적 생산 회로와 가족 구조는 여성의 사회적 투쟁의 잠재력을 극도로 팽창시킨다. 자본주의는 부불 노동인 여성의 가사노동에 의존해 자신의 거대한 이윤 생산 체계를 지탱하고 재생산한다. 달라 코스타는 여성운동의 투쟁 방향과 목표를 좀 더 혁명적으로 수립하기 위해, 이 거대한 생산 회로의 중심부에 있는 가사노동과 바로 그 경계선 내에서 벌어지는 일을 확인하고자 했다. 여성들은 가정 바깥에서든 안에서든 항상 일하고 있으며, 이렇게 일상적으로 수행하는 바로 그 노동의 성격, 그 노동의 수행 과정이 여성의 혁명적 잠재력을 끊임없이 팽창시키는 것이다. 자본주의 이전의 자본은 덩어리로 되어 생산했

---

17  같은 책, p.24.

던 가족적 생산 체계를 해체하고, 그들의 일부를 공장과 학교 체계로 분리해 표면적인 착취 관계를 확립했다. 그 과정에서 모든 생산의 밑바닥에 여성의 부불 노동이 뒷받침되도록 하는, 착취와 이윤의 안정된 판을 형성한 것이다. 바로 이 숨겨진 노동, 그림자 노동이 없었다면, 자본은 이윤은커녕 현재와 같은 사회 형태로 도약하지도 못했을 것이다. 달라 코스타가 주목하는 것은 바로 이 점에 있다. 즉 자본주의를 전복할 수 있는 혁명의 비밀은 바로 이 근본적 밑바탕, 즉 가사노동이면서 재생산 노동인 이 잉여가치 생산의 원천인 여성 자신의 노동에서 찾아져야 한다.

오늘날 이 노동은 더 이상 숨겨진 노동이 아니라, 표면적으로도 생산 관계 전체의 전면으로 부상되었다. 노동의 여성화, 노동의 정동화, 노동의 가사노동화, 그리고 인간 자체, 즉 주체성 그 자체를 생산하는 노동의 삶-정치화는 이제 산업자본을 넘어 오늘날의 인지 자본주의 내에서, 임금 관계 안팎 모두에서 가장 핵심적인 생산능력이 되었다.[18] 자본은 과거에 부불 노동의 당사자인 여성들에게만 요구했던 것을 이제 남녀 모두에게 예외 없이, 심지어 자본 자신의 운동에조차 명령한다. '지금까지는 없었던 새로운 인간을 만들어라!' '너 자신이자 타인인 저 특이한 인격체이자 감성적이고 정동적인 존재를 창조하라!' '모든 이에게 친절한 인간이 되어라!' '타인의 마음을 움직이고 타자에게 사랑받으며, 타자를 사랑할 수 있는 인간이 되어라!'라고 말이다. 이 점에서 바로 우리의 시대, 인지 자본의 시대에서 달라 코스타의 혁명적 페미니즘은, 다른 어떤 혁명 이론도 능가할 가장 근본적이고 해방적인 선언의 준거점이 될 것이다.

---

18  이에 대해서는 안토니오 네그리·마이클 하트, 『공통체—자본과 국가 너머의 세상』, 정남영·윤영광 옮김, 사월의책, 2014, 197-221쪽을 참고하라.

자연 착취와 여성 착취는 동일선상에 있다
**반다나 시바·마리아 미스의 『에코페미니즘』**

**이지영**

이화여자대학교 철학과에서 스피노자 연구로 박사학위를 받았다. 2000년 대구 매일신문 신춘문예 소설 부문에 당선되어 등단했다. 옮긴 책으로 『펼쳐라 철학』, 『이방인, 신, 괴물』, 『비참한 날엔 스피노자』 등이 있으며, 「스피노자에서 개체의 실존 역량과 공동체」, 「스피노자─신체와 합리적 정서의 문제」 등의 논문을 썼다. 광운대학교, 이화여자대학교 등에서 철학을 강의하고 있다. 민주주의, 문학과 철학, 여성철학 등에 관심을 두고 연구를 진행하고 있고, 한국철학사상연구회 여성과 철학 분과에서 공부하고 있다.

## 에코페미니즘의 등장과 맥락

에코페미니즘(ecofeminism)은 세계에 존재하는 주요 억압들이 언어적·상징적 의미들과 깊은 상호 관계를 맺고 있다는 성찰에서 출발한다. 인간은 의식과 무의식을 결정하는 '기본 사고틀'에 의해 세계와 인간에 대해 사유하고, 사유는 실천으로 이어진다. 에코페미니즘은 인간 중심의 단순한 자연보호 개념이나, 가장 근본적인 모순을 보지 못하는 남성 중심적 생태주의(ecology)에서 벗어나야 한다는 사실에 주목한다. 여성의 관점에서 생태계가 처한 문제를 바라보고 논의할 때, 생태계가 처한 본질적 위기를 고찰하고 근본 문제 해결에 대한 접근이 가능하다고 생각하기 때문이다.

생태주의는 자연보호에 대한 단순한 호소에서 시작했다. 서구의 경우, 이미 1940년대부터 근대 산업사회가 초래한 자연 파괴와 이로부터 예견되는 미래의 황폐함에 대한 경고가 등장하였다. 핵 위험, 각종 오염물질, 산업폐기물, 무분별한 개발 등 유해하고 치명적인 물질과 기술이 공기, 토양, 강, 바다를 오염시키고 파괴하며, 이러한 자연 파괴는 결국 '우리 인간'의 생존과 지속적 발전에 큰 가시적 위협으로 닥쳐오기 시작한 것이다. 우리 인간 그리고 자손의 미래를 위해서, 이런 오염·파괴 물질을 정화시키거나 안전하게 처리할 기술을 개발하고, 환경 파괴를 저지해야 한다는 호소는 근대 산업사회 구성원들에게 공감을 얻을 수 있었다. 그러나 이러한 자연보호의 입장이 근대적 '인간 중심'의 표피적 사고에 불과하다고 지적하며 '생태 중심적' 혹은 '생물 중심적' 사고로 자연을 바라봐야 한다고 주장하는 심층 생태주의가 이어서 등장한다. 이 생태주의는 자연이 인간을 위해 존재해야 한다는 기본 가정과 망상을 버릴 것을 촉구한다. 자연은 인간을 위해 존재하는 것이 아니라 그 자체로 살아 숨 쉬며 자기 자신을 재생산하는 거대한 하나의 생명체이다. 인간은 이 커다란 생명체 위에 존재하며 군림하는 존재일 수 없다. 인간은 다른 여타 비인간 생명들과 동일하게 이 지구라는 거대 생명체를 구성하는 작은 부분일 뿐이며, 모든 부분들은 모두 서로 밀접하게 연결되어 있다.

1970년대에는 자연이 총제적인 하나의 유기체이듯, 인간 세계의 모든 억압들이 상호 깊은 관련을 맺고 있다는 자각이 여성주의에서 태동되었다. 하나의 해방이 또 다른 종류의 해방들과 무관하게 얻어질 수 없다는 의식 아래, 자연 해방과 여성해방을 동일 맥락에서 바라봐야 한다는 주장들이 나오기 시작한 것이다. 에코페미니스트들은 생태학이 간과한 지점이 이 연관성이며, 심층 생태학자들이 말하는 '인간 중심주의'는 '인간 중심'이 아니라 '남성 중심주의'라는 사실을 지적한다. 인간에 의한 자연 착취와 지배 전략이 남성에 의한 여성 지배의 정당화 맥락과 본질적 유사성을 맺고 있기 때문이다. 근대로 접어들면서 자연과 여성에 대한 평가절하가 한층 더 강화되긴 하지만, 이성/신체, 정신/정서, 문명/자연, 남성/여성이라는 이분법적 사고와 전자의 후자에 대한 가치 우월성은 플라톤 이후 서구 지성사의 기본 아이디어였던 것이다. 페미니스트들은 여성의 출산이라는 재생산 능력과 자연의 재생산 역량을 동일한 것으로 보고, 남성보다 여성을 자연에 보다 가까운 존재로 바라봐 온 것에 주목해 왔다. 여성은 자연화되고 자연은 여성화되어 사유되고 상상되어 왔다. '어머니 자연', '여자는 땅, 남자는 하늘' 등의 표현이 전혀 낯설지 않은 것은 우연의 산물이 아닌 것이다. 문제는 이러한 이분법적 계열화 목록이 상호 포괄적이거나 동등한 권리를 가진 것으로 개념화된 것도 아니며, 또 존재하는 모든 것이 사실 자연에서 기원한 것임을 인식하는 방향에서 나온 것도 아니라는 것이다. 이러한 이분법들은 상호 배타적인 것으로 수용되어 왔고, 문명-남성 계열의 목록이 자연-여성 계열의 목록에 속하는 것들을 지배할 자격을 가지는 것으로 정당화되어 왔다.

앞으로 살펴볼 반다나 시바(Vandana Shiva)와 마리아 미스(Maria Mies)의 『에코페미니즘(Ecofeminism)』(1993) 또한 이와 같은 자연과 여성의 본성이 갖는 연관성 및 동일한 착취·지배·억압의 맥락을 수용한다. 생태주의는 여성의 문제와 함께 논의되어야만 하고, 여성은 자연의 일부이자 자연과 함께 남성 중심주의에 의해 고통당하는 당사자로서 생태계 보호의 주체가 되고 있으며, 또 그렇게 되어야만 한다는 것이 이들의 기본적인 문제의식이다.

## 제3세계 여성과 제1세계 여성의 만남—반다나 시바·마리아 미스

여성주의 생태학의 고전으로 손꼽히는 『에코페미니즘』은 널리 알려져 있는 것처럼 제3세계 인도 여성 반다나 시바와 제1세계 독일 여성 마리아 미스의 공동 작업으로 탄생했다. 이 책의 가치는 우선 바로 이 지점에 놓여 있을 것이다. 반다나 시바는 핵물리학자 출신으로 환경문제 연구와 운동에 투신하여 많은 기여를 하고 있다. 마리아 미스는 사회학자로 자본주의 비판과 더불어 여성, 환경 그리고 제3세계에 대해 연구하고 있다. 주지하다시피 제3세계와 제1세계 사이에는 깊은 심연이 놓여 있다. 그들이 기반하고 있는 입장과 지역성의 간극, 즉 독일 여성과 인도 여성으로서 서로 다른 맥락 속에 놓여 있는 데서 오는 커다란 '정체성의 차이'에도 불구하고, 이 둘은 차이를 경쟁과 투쟁 그리고 착취·억압·지배의 원인으로 두고 대적하기보다 공동의 기반을 찾고 생태계의 위기를 '함께' 논의하고자 한다. '차이와 다양성'은 대립과 갈등의 원인이 아니라는 사실, 서로 차이 나는 것들의 공존과 상호 연결성이야말로 그 자체로 살아 숨 쉬는 생태계의 기반이라는 것에 이 두 사람은 공감하고 의견을 함께 했던 것이다.

이 둘은 우선 생태 문제를 여성 및 아동 문제와 분리하여 논의할 수 없다고 전제한다. 그리고 자연과 여성이 동일한 맥락 아래에서 특히 서양 근대 남성 가부장제, 남성 중심주의에 의해 착취당하고 평가절하되어 왔음을 비판한다. 현재 생태계가 처한 위기의 근본 원인은 다름 아닌 서양 근대 남성 가부장제이다. 서양 근대 남성 중심주의가 기반하고 있는 근대성은, 남성으로 하여금 자연 위에 군림하고 자연을 착취·파괴·조작하는 것을 정당한 것으로 수용하게 이끌었다. 파괴되는 생태 속에서 같이 신음하고, 가장 먼저 그리고 가장 극심하게 고통받는 것은 여성과 그 여성이 돌보는 아이들이다.

## 서구 근대성과 남성 중심주의

앞서 언급했던 문명/자연, 남성/여성, 이성/감성, 정신/신체, 백인/유색인종의 상호 배타적 이분법, 전자의 후자에 대한 우월성이 전제된 이분법은 비단 서구 근대만의 특성은 아니다. 플라톤의 사고 체계가 고대부터 이후 서구 사상사에 지대한 영향을 미치며 유지되어 왔으며, 근대 철학의 시작인 르네 데카르트(René Descartes)가 『성찰(Meditationes de prima philosophia)』(1641)을 통해 '생각하는 나의 존재'를 만학의 토대로 선언한 이래 이러한 이분법은 더욱 강화되었다. 이에 따라 인간은 개인으로 원자화되고 이런 원자적 개인의 합리성, 의지, 자율성이 강조되기 시작했다. 이로 인해 크게 두 가지 커다란 문제가 대두되었다. 하나는, 서구 근대가 자연을 기계로 파악하는 시각이 고착되었다는 것이다. 이러한 시각에 따르면, 생명체를 포함하여 자연을 구성하는 것들은 물리적 인과법칙들 안에서 에너지를 주고받으며 운동한다. 이 운동에는 목적도 의미도 없다. 자연이라는 하나의 전체를 구성하는 것은 분해 가능한 무의미한 부분들이다. 그리고 이 부분들은 인간의 이성에 의해 새로운 것으로 탈바꿈 가능한 조작 대상들이다. 이러한 기계적 자연관은 자연을 하나의 조작 대상, 물리적 기계와 유사한 것으로 파악하게 만들었고, 인간 앞에 놓인 미래는 자연의 법칙을 알아내는 인간 이성을 잘 사용하고 발전시키는 것에 있다는 믿음을 심어 주었다. 또 다른 커다란 문제는, 이 서구 근대가 찬양하는 '인간 이성'에서 여성과 비백인은 제외되었다는 것이다. 장 자크 루소(Jean Jacques Rousseau)에 이르는 서구 주요 사상가들의 저서에 의해 분명히 드러나듯, 이 '생각할 줄 아는 존재'는 백인 성인 남성에 한정되며, 여성·아동·비백인은 자연적 존재로서 지도 편달과 통제의 대상이 된다.

이러한 근대적 인간관과 자연관이 자본주의와 결합하면서 개발이라는 이름의 '자연=여성적인 것'에 대한 착취·억압·통제가 정당화되고 만연하게 된 것은 필연적인 결과이다.

## 기존 주류 페미니즘 비판—여성적인 것, 자연, 신체의 재개념화의 필요성

반다나 시바와 마리아 미스는 서구 제1세계 페미니즘의 큰 줄기들을 비판적 맥락에서 고찰한다. 그중 자유주의 페미니즘과 페미니즘 역사에 큰 영향을 미친 시몬 드 보부아르(Simone de Beauvoir)에 대한 비판은 페미니즘을 어느 정도 아는 이들에겐 상식처럼 되어 버렸지만, 에코페미니즘의 이러한 비판의 대상에는 다양한 여성주의 운동과 슐라미스 파이어스톤(Shulamith Firestone) 등 래디컬 페미니즘까지 포함된다.

먼저, 반다나 시바와 마리아 미스는 보부아르가 '여성은 태어나는 것이 아니라 만들어지는 것이다'라는 선언과 실천을 통해 페미니즘의 발전에 큰 기여를 하였음을 일단 인정한다. 그럼에도 보부아르는 남성이 여성을 타자화(의식의 대상화)하는 방식을 그대로 답습하여 스스로를 의식적 주체로 설정함으로써 결과적으로 남성 중심주의를 반복하는 한계에 갇히고 만다. 보부아르적 인식 안에서 남성은 자유로운 정신으로, 여성은 재생산하는 신체로 개념화된다. 신체로서의 여성은 남성에 의해 만들어진 것이며, 그들에 의해 강제된 것이다. 보부아르는 따라서 여성이 이 신체의 주박에서 벗어나 남성과 같은 정신의 존재가 될 때 자유를 획득할 수 있다고 주장했던 것이다.[1]

---

1    반다나 시바·마리아 미스, 『에코페미니즘』, 손덕수·이난아 옮김, 창비, 2000, 90쪽.

이렇듯 자연·신체·여성의 타자화 그리고 평가절하는 페미니즘 안에도 깊숙이 뿌리박고 있었던 것이다. 반다나 시바와 마리아 미스는 이처럼 여성 내부에서 진행된 신체와 자연의 타자화가 남성 중심의 정신/신체, 문명/자연의 배타적 이분법에 근거하고 있으며 이를 강화하고 확대 재생산 시키는 사유에 다름 아니라고 지적한다. 여성의 남성-되기 열망은 근대 과학과 자본주의 발전을 뒷받침해 온 서구 근대 주류 철학에서 벗어난 것이 아니었던 것이다. 하지만 과학은 서구인들이 믿는 것처럼 만인을 위한 보편 이익에 봉사하며, 인류 전체를 해방시키는 힘을 가지고 있지 않다. 과학에 대한 맹신에 가까운 서구 세계의 믿음은 과거 초월적 신에게 부여했던 신성의 자리를 과학으로 대체한 것에 불과한 것이다. 이러한 과도한 믿음은 자연을 파편화하고 여성을 물질/신체로 고착시키는 것을 통해 이들의 창조적 재생 및 갱신의 능력을 여지없이 훼손한다. 그리고 기계론적 은유를 통한 이와 같은 이분법적 환원과 이에 대한 통제/지배를 객관과 보편이라는 이름으로 합리화한다.

부분과 원자로 자연을 분해할 수 있다는 서구 이성 중심주의와 이에 기초한 환원주의는 서구 근대화 과정과 호응하며 서로를 증폭시킨다. 근대화를 추동하는 개발주의는 효율과 이윤의 극대화에 초점이 맞추어져 있으므로 상업적 이윤이 적거나 관련이 없는 부차적인 대상은 무시하고 소멸시킨다. 획일화된 상품생산을 목적으로 하는 자본주의는 자연 자원을 획일화한다. 숲은 상업적 목재로, 목재는 펄프와 종이 생산을 위한 섬유소로 환원된다. 그것은 숲을 이루는 생명체의 다양성과 유기적 연결성에는 무관심하다. 상품적 가치가 높은 종(種)만을 육성하든, 그리하여 생태계를 파괴하든, 이윤을 극대화시킬 수 있으면 그만인 것이다. 여성 또한 같은 상황에 처하게 된다. 근대화와 맞물려 자본주의가 침투해 올수록 기

존의 여성 노동 또한 상품생산과 무관한 것으로 여겨져 비노동 또는 수동
적 노동으로 평가절하되고 무시된다. 그것이 경작이든 가사노동이든 간
에 자연과 여성은 동일한 경로를 밟아 착취당한다. 자연은 공짜로 이용
가능한 것을 의미하고 여성의 노동 또한 마찬가지이다. 자연의 생산력이
그러하듯 여성의 숙련된 노동의 가치 또한 아무렇지도 않게 무시된다. 여
성 노동은 남성 중심적 노동 사회를 발전·존속시키기 위한 희생물로 유
령화되고 마는 것이다.

## 따라잡기식 개발 신화 뒤집어 보기

서구식 사고와 자본주의가 전 세계로 퍼져나갈수록 미국·유럽·일본과
같은 북반구의 윤택한 생활이 하나의 이상적 모델로 자리 잡는다. 비서구
국가들과 여성들 또한 서구인들의 생활수준을 따라잡아야 하며, 이들 서
구 세계가 걸어온 산업화·과학기술의 진보·자본 축적의 노선을 뒤쫓아
야 하는 것이 정답이라는 의식이 팽배해진다. 그러나 오래지 않아 그것이
바람직하고 또 가능하리라는 생각이 거짓 신화였음이 밝혀진다.

첫째, 서방 세계가 풍요롭다는 것은 사실이지만, 그러한 풍요가 비서구
주변부인 아프리카, 남아메리카, 아시아 국가와 인민들에 대한 지배와 억
압 그리고 착취를 통해 이루어진 것이란 역사적 사실은 쉽게 망각된다.
이 풍요는 서구 남성들의 폭력(무력을 앞세운 식민 지배 등)을 통해 이루어진
것이고 풍요의 유지 또한 주변부를 계속 착취함으로써만 가능한 것이었
다. 주변부 국가가 개발을 통해 서구화된 경우는 매우 드물다. 아프리카,
남아메리카, 아시아의 수많은 국가들은, 여전히 서구 국가들의 풍요를 위

해 물적·인적 자원을 저렴하게 제공하면서 빈곤에 시달리고 있다. 저렴한 자원과 값싼 노동력의 공급지 역할을 하지만, 정작 이들 국가의 경제 시스템은 외국 자본의 힘과 내부 남성 지배 집단 사이의 결탁에 의해 더 뒤틀리고, 여성들이 천착해 온 생활 근거지는 이들에 의해 파괴된다. 비서구 국가에 대한 착취와 빈곤의 최대 피해자는 다름 아닌 여성과 아이들이었다.

둘째, 서구 따라잡기 신화에 사로잡힌 이들은 높은 물질적 생활수준을 삶의 진정한 윤택함으로 착각한다. 에너지를 과잉 사용하고 사치재를 더 많이 소비하며 즉석식품과 가공식품을 먹으면서도, 건강을 유지할 수 있고 또 각종 산업폐기물 문제를 해결할 수 있다고 생각하지만, 맑은 공기, 맑은 물, 오염되지 않은 식재료는 서구 국가의 일상에선 여태 이루어지지 않은 꿈일 뿐이다. 더구나 만일 비서구 세계 다수가 서구 세계 만큼 풍요로워진다면, 서구 세계가 가진 오늘날의 풍요로움은 불가능해질 것이다. 또한 그리되는 과정에서 지구 자원은 믿기 힘든 빠른 속도로 고갈될 것이며, 결국 지구 생태계는 완전히 붕괴할 것이다. 이는 곧 자원을 둘러싼 국제 전쟁으로 불붙을 것이다.

무엇보다 서구 세계는 세계의 자연과 노동력을 착취하고, 각종 폐기물을 비서구 세계에 버림으로써 자신들의 풍요가 유지되고 있다는 진실을 회피한다. 주요 서구 국가인 미국의 예를 보자. 전 세계 인구의 6퍼센트를 차지하는 미국인들은 화석연료 총생산량의 30퍼센트를 소비한다. 이에 비해 가난한 국가의 인구는 전 세계 인구의 80퍼센트를 넘는데, 이는 나머지 국가 사람들이 미국인들과 같은 양의 에너지를 소비하기란 결단코 불가능한 일이라는 점을 시사한다.

셋째, 과연 서구인들의 삶은 더 행복한가라는 물음이다. 여성과 아이의 삶은 어떠한가. 다수의 서구 국가에서 빈부격차는 나날이 벌어지고 있다. 특히 빈곤 여성과 어린이의 가난은 더 극심해지고 있으며, 이들을 주 타깃으로 하는 남성 범죄 또한 무시 못 할 수준으로 높아지고 있다. 게다가 근대화 이전 지역 공동체는 붕괴하여 개인들은 점점 더 원자화되고 고립된다. 서구 세계의 물질적 풍요 또한 중산층 이상 계급에게 한정되어 있고, 재화 분배의 양극화가 지속적으로 진행되고 있다는 사실에도 우리는 눈을 감는다.

요약하자면, 오늘날 서구 국가의 성장과 풍요는 사실상 식민지에 다름없는 자연·여성·이민족을 착취함으로써 가능한 것이었다. 백인 여성들, 페미니스트들 또한 이러한 현실을 직시해야 한다. 자신들 또한 자연과 이민족 여성을 억압하고 착취하고, 그들의 존엄을 훼손함으로써 현재의 풍요를 누리고 있다는 사실을 말이다.


## 제3세계, 인도 여성의 시선으로

반다나 시바는 서구의 주류 페미니스트들이 인도 여성들 또한 자신들처럼 되어야 한다고 주장하는 것에 대해 거부감을 표명한다. 앞서 말했듯이 그것은 자연과 신체를 타자화/대상화한 채 정신적 존재-되기, 즉 남성-되기와 다름없는 것이며, 무엇보다 그것은 가능하지도, 바람직하지도 않다. 과학기술을 앞세운 개발은 자연·여성·이민족에 대한 거대한 착취 없이 가능하지 않기에 불의한 것이고, 주변부 국가가 서구 국가를 따라잡는 것 또한 현실적으로 가능한 일도 아니다. 저급한 노동 착취가 개발 과정에서 일상화되며, 노동 집약적 산업과 생태계를 오염시키는 산업이 주변부 국가로 이전되고 이러한 발전 과정이 근대화란 이름 아래 순조롭게 진행된다고 해도 그러는 동안 서구 국가들은 또 다른 발전 단계로 진입한다.

서구인들, 나아가 서구 세계 여성들은 때때로 저개발 국가 여성들의 처지를 동정하기는 한다. 하지만 그것은 자신들의 잣대로 다른 삶의 가치를 지닌 여성들을 재단하는 잘못을 저지르는 것에 불과하다. 반다나 시바는 인도의 자발적 여성 에코 운동인 '칩코 캠프 운동(Chipko movement)'을 예로 든다.[2] 대다수의 인도인들은 서구인들과 달리 자연에 훨씬 가깝고 친숙하다. 자연은 이들에게 개발·조작·소유의 대상이 아니다. 서구인들은 그 사실을 망각했지만, 자연은 인도인들에게 살아 숨 쉬는 삶의 터전이다. 맑은 물, 깨끗한 공기 그리고 일용할 양식을 나눠주는, 진정한 어머니-자연인 것이다. 이곳에서 인도의 여성은 소외되지 않은 노동을 한다. 이러한 인도 여성은 농사에 필요한 종자들을 관리하며, 숲 속의 다양한 생명체들에 대해 잘 알고 있다. 그들은 생명 다양성의 관리자이자 수호자들이다. 남성 노동은 쟁기질과 같은 힘쓰는 노동에 한정돼 있을 뿐, 자연에 대한 풍부한 지식은 여성들의 몫이다. 여성들은 인정받는 노동의 중요 축을 담당하고, 그 노동에 의해 가족과 자신이 먹고 사는 자급자족 생활을 한다. 서구 여성들이 망각해 버린 역사가 아직 이들에게는 살아 숨 쉰다. 17세기 말, 18세기 초까지도 잔존했던 마녀사냥이 자연의 다양한 생명체들에 대한 여성이 가진 지식과 그들의 독립적 지위의 말소를 겨냥했다는 것은 이미 드러난 사실이다. 그로 인해 죽어간 여성들은 대개 자연의 생명체들을 적합하게 다룰 줄 알았기 때문에 주변의 존경을 받았고, 헌신의 대가로 받은 돈으로 독립적 삶을 이어갈 수 있는 여성들이었

---

2   같은 책, 308쪽.

다. 서구의 광기 어린 마녀사냥은 여성의 자급자족 능력을 제거하여 무임금 유령 노동인 가사노동으로 여성들을 가두고 더욱 남성 의존적 삶을 살게 만든 서구 근대화의 역사와 그 흐름을 같이 한다.

칩코 여성 캠프 운동으로 널리 알려진 인도 여성들의 자연 생태계 보호 운동은, 외부의 누군가가 들어와 운동을 조직하고 선동하여 이루어진 운동이 아니다. 그것은 1980년대 중반, 인도 둔 계곡 나히칼라 마을의 여성 차문데이(Chamundeyi) 등이 주도하여, 석회석 광산 개발을 빌미로 자행된 숲 파괴를 저지하기 위해 자발적으로 조직화되었다. 무려 20여 년간 지속된 개발 저지 운동은 생활 터전인 숲을 지키기 위한 것이었다. 그들은 맑은 물과 공기, 약초, 열매 등 숲의 베풂이 지속되길 희망했다. 숲이 사라지는 것은 자신과 아이들이 가꾸며 먹고 살아온 자급자족의 터전이 사라진다는 의미이고, 이는 자유의 박탈을 뜻하는 것이기도 했다. 이들은 정부가 제안하는 임노동 일자리가 자유로운 삶을 앗아가는 것이기에 거부한다. 자본주의적 개발이 자신들이 오래 유지해 온 마을 공동체를 파괴하고 뿔뿔이 흩어지게 할 것이라는 사실을 간파했던 것이다. 이들은 개발로 인해 자유를 잃고 자연적 공동체성을 상실하는 것을 진심으로 원하지 않았다. 때문에 트럭이나 트랙터를 몰고 밀어 붙이는 남성들의 무력에 죽음을 불사하며 막아섰던 것이다. 자급자족은 팔 수 있는 상품생산 노동이 아니므로 자본주의의 입장에서는 생산적인 노동이 아닐 수 있지만, 그것은 다만 서구인들의 기준일 뿐이다. 이들에겐 숲에서의 자급자족이야말로 예속이 아닌 자유의 원천이며 생명의 자연스러운 생존 방식인 것이다.

## 자기 결정—생식 능력에서의 해방에 얽힌 문제들

반다나 시바와 마리아 미스의 『에코페미니즘』은 한국 여성들에게도 중요한 이슈로 떠오른 자기 결정권 문제 그리고 자기 신체와 삶에 대한 권리 문제에 대해서도 여타 페미니즘과는 다른 관점을 보여 준다. 그 가운데 낙태권에 대한 시각은 결정적이다.[3] 자기 재산과 신체에 대한 소유권은 서구 근대 부르주아 시민혁명의 근본 과제였다. 당시 교회와 봉건 왕권의 절대적 권력의 압제에서 벗어나기 위한 시도로 개인의 자유에 관한 불가침의 권리가 주장되었다. 이렇게 생명권·자유권·소유권은 자유 시민의 권리가 되었으며, 그중에서도 근대 자유 민주주의를 견인한 부르주아들은 특히 소유권의 획득과 행사를 위해 투쟁했다. 잘 알려져 있다시피, 여성이 이 시민권을 부여받기까지는 수백 년에 걸친 기다림이 필요했다. 서구 근대사회에서 여성은 한 국가 공동체의 시민임에도 공적 활동을 하지 않는다는 이유로 시민권을 인정받지 못했다. 이는 여성운동이 '참정권' 획득 운동에서 시작된 배경이기도 하다. 참정권을 얻은 여성들은 교육권, 재산권, 사회권 등 폭넓은 시민권을 보장 받기 위해 투쟁해 왔으며, 이는 오늘날까지도 페미니즘 운동의 주요한 한 분파로 자리 잡고 있다. 낙태권 또한 시민권의 인정 및 행사와 동일한 맥락에서 주장되는 것이다. 여성의 생식기관과 출산 능력은 가부장적 남성 중심 사회에 의해 통제되어 왔으며, 여성 억압의 근본 원인이기도 했다. 남성과 가부장제의 식민지나 다름없던 여성이 자기 신체에 대한 권리를 되찾는 문제는 이러한 식민 상태의 종결과 해방을 의미하기 때문에 중요한 과제이다.

그러나 반다나 시바와 마리아 미스는 낙태의 권리를 둘러싼 자기결정,

---

3  같은 책, 12장, 참고.

자율적 결정권의 문제를 두 가지 각도에서 재고할 것을 제안한다. 첫 번째는 서구 세계에서 주장되는 여성 생식 능력과 여성성에서의 해방이라는 문제에 관한 것이고, 두 번째는 제3세계 여성들의 다른 입장이다. 두 가지는 모두 남성 중심의 근대 데카르트적 사유, 자연과학과 기술의 확대, 자본의 제국주의적 지배 등과 관련되어 있다.

여성은 시민권 획득 운동을 통해 남성과 가부장의 여성 지배에 대해 싸워 왔으며 이는 큰 성과를 거두었다. 그리고 더 나아가 이제 여성은 생식 능력과 여성성이라고 불려 왔던 것들에서 해방되기 위해서도 싸우고 있는 것이다. 여기에서 낙태의 권리는 대표적 안건이다. 이 싸움이 가능해진 것은 과학기술 진보에 빚진 바 크다. 파이어스톤의 급진 여성주의의 주장, 즉 과학기술을 이용하여 출산과 양육에서 여성을 해방시키는 것이 여성과 인간 해방을 가능하게 할 것이라는 주장은 매우 상징적 사건이다. 근대 서구 남성들이 신체/자연을 식민화하고 통치하면 된다는 사유와 믿음에 근거하여 정신의 자유를 구체화시켜 온 것처럼, 여성의 자기 신체에 대한 권리와 통제 역시 그러하다. 그런데 여성이 이제 자기 신체를 타자화/대상화하는 과정, 즉 여성이 자기 신체에서 해방되는 과정은 그것이 정당하다는 믿음을 통해서만 가능한 것이다. 이는 임신 기간 동안 여성의 신체와 한 몸으로 연결된 태아 또한 자기 신체의 일부로 여기고, 자기 신체를 타자화/대상화하는 방식으로 태아 역시 타자화/대상화하는 것이기도 하다. 문제는 이렇게 타자화된 여성의 신체와 태아는 기계론적 세계관에 의해 분해하고 조작할 수 있는 물질로 환원된다는 것이다. 그리고 현대 의학이 마련해 놓은 기술적 처방의 제한적 선택지들 중에 한두 가지를 선택해, 신체와 태아를 과학기술이 처리하도록 내맡기는 것이다. 이러한 과정은 근대 남성 중심주의 사상의 주요 전제들(신체에 대한 정신 우위 및 신체/자연의 기계화)을 그대로 답습하는 우를 범하는 것이면서 또 다른 현실적인 문제를 심화시키고 있다. 남성은 성적 접촉의 결과인 여성의 임신에 대한 책임에서 더욱 더 자유로워지고 결과적으로 여성들은 자신의 신체를 기술에 맡기는 타율성에 종속되는 것이다.

낙태와 그 권리를 둘러싼 문제는 단언적으로 해답을 내놓기 어려운 문제이다. 그러나 적어도 소유권과 자유권을 내세운, 자유주의적 해법이 안고 있는 모순은 지적되지 않으면 안 된다. 여성의 신체가 기계가 아니듯 태아는 소유물이 아니다. 모체와 태아의 관계는 서로 다른 존재들이 맺는 공생 관계이며 이는 생태적 관계의 표현이기도 하다. 역설적으로 낙태권에 대한 국가 기구의 공격은 여성의 폭력에서 태아를 보호해야한다는 전제로 펼쳐진다. 즉 여성이 자신의 일부인 동시에 다른 생명체인 태아의 적으로 설정되는 것이다. 가부장적 가족 관계, 어린이에게 적대적인 환경, 육아와 고용의 양립 불가능성, 현대사회의 극심한 실용주의와 물질주의, 물질적 풍요에 대한 병적 집착 등 여성이 아이를 낳아 키우기 힘들게 만드는 조건들은 이 과정에서 모두 면죄부를 받거나 제외된다.

제3세계 여성들에게 낙태권은 가부장제와 결탁한 국가주의의 또 다른 직접적 폭력으로 받아들여지고 있다는 사실도 서구 세계 여성들은 인지해야만 한다. 아프리카, 남아메리카, 인도 지역 등에서 펼쳐지는 국가에 의한 강제 불임수술과 낙태는 이 지역 여성들이 한줌의 식량, 옷가지 등과 맞바꾸는 강제된 선택의 결과물로 시행된다. 이 지역 여성들에게 자율적 선택과 지역 공동체에서의 독립은 자유의 획득이 아니라 삶의 나락으로 떨어져 생존 자체를 위협받는 길로 바로 이어진다. 서구 세계와는 완전히 다른 사회적 환경 위에 그들이 서 있기 때문이다. 이 지역의 여성들은 삶도 죽음도 가족 안에서 이뤄지길 원한다. 서구 세계 여성들이 고립된 집과 요양원에서 홀로 맞이하는 죽음은 이들에게는 씁쓸한 귀결로 여겨진다. 또한 서구 세계 여성들이 임신하지 않을 자유를 얻기 위한 대리모 찾기가, 제3세계 여성들의 신체를 빌려 이뤄지고 있다는 현실도 직시해야 한다. 모체와 태아 사이의 관계를 기계적인 관계로 보고 과학기술로 조작하는 이 행위가 지닌 생태적인 폭력, 과학기술의 오남용 여부는 서구 세계 여성들이 자신의 신체와 태아를 기술에 내맡기는 원리와 그다지 다르지 않은 것이다.

## 자연·신체·여성적인 것의 재고

에코페미니즘은 자연·신체·여성의 상징적이며 언어적 연결성에 주목하고 여성적인 것과 자연적인 것의 친화성을 긍정한다. 이들은 자연의 재생산력과 창조적 변화 능력이 여성의 생식능력과 맞닿아 있음을 적시하며, 남성 중심주의로부터 자연을 해방하고 보호하는 것이 곧 여성을 해방시키고 보호하는 것이라 파악한다. 앞서 살펴보았듯 근대 남성 중심주의적 사유 방식과 이에 기초한 과학기술 그리고 자본주의의 발전은 자연을 파괴하고 훼손하였으며, 동일한 맥락에서 여성 또한 통제의 대상이 되었다. 여성과 여성이 돌보는 아동은 이 억압과 착취의 일차적 피해자이며 당사자이므로, 자연을 지키는 방식으로 자신을 돌볼 필요가 있다. 이러한 에코페미니즘의 입장은 여성주의 제1물결을 이끌었던 자유주의 페미니즘 및 이 노선과 상응하는 권리 중심 페미니즘에 반해 등장한 다양한 입장들 중 하나이다. 1960년대 후반에 시작되어 1970년대를 풍미한 서구 여성주의 제2물결의 일부로서 자유주의 페미니즘이 무시하며 벗어나고자 했던 여성성과 신체의 가치를 재평가할 것을 주장하는 것이다. 그러나 이런 움직임은 여성을 자연 본질론에 묶어 둔다는 비판을 받아 왔다. 반다나 시바와 마리아 미스 또한 에코페미니즘의 근본 가정에 대한 이러한 비판을 알고 있으며『에코페미니즘』에서 이러한 비판에 대해 응답한다.

에코페미니즘은 여성적인 것과 자연적인 것을 연결시키며, 이 중심에 자연의 생산 능력과 여성의 출산 능력의 상징적·유비적 유사성이 있다. 핵심어는 '모성'이 될 것이다. 반다나 시바와 마리아 미스는 이 '모성'이 우파에 의해 낭만화되고, 좌파에 의해 탈자연화되었음을 지적하며 양자 모두를 경계해야 한다고 주장한다. 특히 마리아 미스는 모성과 자연의 연결을 여성의 자연 본질화라고 비판하는 데 있어서는 미국 등 자유주의 페미니스트들과 좌파의 입장이 유사성을 가진다고 주장한다. 좌파 여성주의자들은 모성이 자연적인 것이 아니라 사회 구성적인 것임을 주장하며, 모성과 자연 연결성을 이야기하는 이들을 비판한다. 좌파는 칼 맑스(Karl Marx)의 견해를 견지하는데, 맑스는 한편으론 반자본주의 입장에 서 있으나, 다른 한편으로 반자연적이다. 그는 인간 이성으로 자연을 개발하고 생산력의 발전으로 자연의 힘에서 벗어남으로써, 인류가 진보하고 그릇된 생산관계에서 벗어나 진정한 자유를 쟁취한다고 봤기 때문이다. 포스트모던한 사회 구성주의를 주장하는 페미니스트들이나 좌파는 모두 자연적인 것을 부정한다. 이들은 자연적인 것의 실재함, 자연·신체·모성의 가치 재평가를 주장하는 입장, 모성과 자연의 연결 등을 다 비합리적인 것으로 치부하고 거부한다.

이 반대에 있는 것이 우파의 입장이다. 독일의 경우 모성의 강조, 모성과 자연의 유사성을 강조하는 것은 흔히 독일 파시즘의 흔적으로 치부되며 공격의 대상이 된다. 우파와 극단적 우파인 파시즘이 모성과 자연의 보호를 말하며 어머니-땅-민족을 찬양한 것은 사실이다. 그러나 이들은 자연·신체·여성·모성을 온실 속의 화초처럼 낭만화하며 이상화한다는 공통점을 보여 주며 아버지-국가-남성의 보호를 받아야할 존재로 대상화시킨다는 점에서 일치한다. 반다나 시바와 마리라 미스는 좌파나 우파, 나아가 포스트모던한 입장 역시 사실상 자연/문명, 자연/합리, 여성/남성 등의 이분법에 여전히 사로잡혀 있다고 지적한다. 자연은 실재하며 여성이 아이를 낳는다는 것도 실재하는 현실이다. 이분법의 망령에서 벗어나 자연·신체·여성·모성이 국가나 자본의 조작·지배·통제 대상이 아님을 인지해야 하며 그것을 통해서는 인류 전체의 행복으로 나아가지 못한다는 사실을 직시해야 한다고 주장한다. "근대 남성일지라도 여성에게서 태어나며, 땅에서 난 음식을 먹고, 장차 죽어 땅으로 돌아가리라는 사실을, 나아가 자연의 공생관계에 유기적으로 연결되어야만 살아 있을 수 있고, 건강할 수 있으며 성취 또한 가능함을 인정해야만 한다"는 것이다. 중요한 것은 이분법에서 탈피하는 것이다. 에코페미니즘은 인간의 정신/이성 능력 또한 자연의 산물임을 인정하며 자연을 떠난 생존은 불가능함을 깨닫는 것, 우리가 모두 연결되어 있는 유기적 존재라는 사실을 남성들 또한 깨닫는 것이야말로 남성 중심주의와 그 변주들을 벗어나는 길일 것이라고 역설한다. 좌파나 우파의 생각과 달리, 자연 안에서 여성은 강인하게 노동하고 자립하여 생활하고 동시에 주변을 돌보며 살아간다.

## 『에코페미니즘』의 현재성

반다나 시바와 마리아 미스의 『에코페미니즘』이 고전이 된 이유는 여러 가지로 꼽을 수 있을 것이다. 이 책은 인간의 역사 이래 지속되어 왔던 자연과 여성, 자연적인 것과 여성적인 것 사이의 언어적·실재적 친연성에 근거하여 생태의 위기는 곧 여성의 위기임을 주장한다. 남성 중심주의적 사고방식과 그에 기초한 근대 자연과학 기술 및 자본주의가 자연/여성적인 것들을 어떻게 억압·통제·착취해 왔는가를 보여 주면서 자연/여성을 해방시키는 것을 실천의 목표로 삼는다. 여성은 자연 생태계가 그러하듯 남성 중심적 세계의 피해자이며 당사자임이므로 자연 생태계를 지켜내는 것은 여성 자신을 지키는 것과 같은 것이다.

그러나 무엇보다 이 책이 빛나는 것은 서로 다른 역사·문화·환경에 놓인 두 여성이 머리를 맞댄 연구의 소산이자, 아직 주변부 국가에 속하는 인도 여성의 입장을 살펴볼 수 있는 기회를 제공하기 때문 아닐까 한다. 앞서 언급했듯이 '차이와 다양성'은 대립과 갈등의 원인이 아니라는 사실, 서로 차이 나는 것들의 공존과 상호 유기적 연결성이야말로 그 자체로 살아 숨 쉬는 생태계의 속성이라는 사실이 에코페미니즘의 기본 전제이다. 우리 한국 여성, 특히 도시 생활에 익숙한 여성은 사실 서구 세계 따라잡기에 드물게 성공한 국가의 일원이자 서구 세계의 일원이나 다름없다고 생각하기에 에코페미니스트들의 주장을 불편해 하는 것을 종종 목격할 수 있다. 낙태의 권리에 대한 이들의 비판이 그러하고, 제3세계 여성들의 바람을 이해하는 것도 생각처럼 쉬운 문제는 아니다.

이 책의 주장에 동의하든 그렇지 않든 저자들의 입장을 제대로 이해하기 위해서도 우선 많은 선입견을 버릴 필요가 있다. 우리가 배운 페미니즘의 역사에는 여성성 및 신체의 속박으로부터의 자유를 여성의 자유와 등치시키는 경향이 강하게 존재하는 것이 사실이다. 이것이 사실상 백인 남성 중심적 시각의 연장선상에 있다는 비판에도 우리는 주목해 볼 필요가 있는 것이다. 오늘날 중산층이 아닌 하층 계급 여성, 서구가 아닌 주변부 지역의 여성들을 이해해야 할 필요성이 긴요한 과제로 떠오르고 있다고 한다면 더욱 다른 상황과 입장에 공감하는 상상력의 극대화가 절실하다. 칩코 여성들의 운동과 그 바람이 보여 주듯 그들은 그들의 상황과 입장에 입각한 여성운동과 지속 가능한 삶을 꿈꾸며 움직이고 있다. 세계가 단절된 것이 아니라 연결되어 있는 만큼 서구 세계 여성들이 걸어왔던 것과 다른 방식의 여성주의, 우리가 상상하지 못했던 대안적 길이 그들 안에서 태동할 수도 있을 것이다.

반다나 시바와 마리아 미스의 『에코페미니즘』은 근대 서구 주류 사상이 뒷받침하는 근대 과학과 자본주의 비판에 많은 장을 할애한다. 세계의 모든 것은 유기적으로 연결되어 있으며 그것은 모두 자연 안에서 벌어진다. 서구 세계 여성들의 권리 신장과 풍요로움은 자연, 제3세계 여성, 아동, 그리고 그 지역 거주민들을 착취함으로써 유지되며, 이는 더 이상 외면해서는 안 되는 현실이다. 제1세계 소비의 80퍼센트가 생필품이 아닌 사치재에 치중되어 있으며, 가공되지 않은 원자원과 노동력의 확보가 대부분 제3세계 착취를 통해 이루어지고 있다. 오늘날 우리는 지구온난화, 미세먼지, 플라스틱 등 생활 폐기물, 오염된 물, 자원의 고갈, 핵 위협 등 헤아리기도 힘든 생태계 파괴의 위협을 받고 있다. 자연에 대한 앎과 개발이 자연, 지구, 인류를 포함한 현 생태계와 생명체의 궤멸 위기로 치닫고 있음에도 우리는 이에 거리를 두며 살아간다. 실은 이 위기를 어떻게 극복할 수 있을지에 대해 우리는 아무것도 모르는 것이다. 우리가 모르고 있다는 사실을 모른다는 것, 이 무지의 무지를 깨우쳐야 하고 그것이 바로 여성의 문제이자 여성의 할 일임을 『에코페미니즘』은 힘주어 강조하고 있는 것이다.

**PART 5**

# 페미니즘의 영역을 확장하다

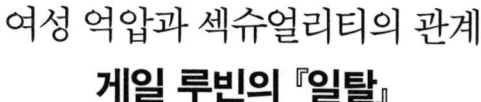

여성 억압과 섹슈얼리티의 관계
**게일 루빈의 『일탈』**

**정유진**

한양대학교 철학과를 졸업하고 서강대학교 여성학과 석사과정을 수료하였다. '연구공간 L' 및 한국철학사상연구회의 여성과 철학 분과에서 공부하고 있다. 현재 여성정책연구원에서 과학기술 분야의 성 평등 정책 관련 연구에 참여하고 있다.

## 두 번의 커밍아웃

여성주의 내부에서의 논쟁과 갈등은 페미니즘 운동을 소모시키기만 하는 것일까? 실제로 페미니즘 내부의 갈등은 많은 사람들이 환멸을 느끼게 하고, 심지어 그들을 떠나게도 한다. 그러나 어떤 사유는 그러한 갈등에 직면하면서 시작하기도 한다. 1980년대 페미니즘 운동사에서 '성 전쟁(sex war)'의 당사자였던 게일 루빈(Gayle Rubin)은 '전쟁'이라고까지 불리는 갈등을 겪으며 자신의 사유를 변화시켜 온 여성주의자 중 한 사람이다.

루빈은 두 번의 커밍아웃을 통해 삶의 전환점을 맞이한다. 첫 번째는 루빈이 미시건 대학에서 대학원 과정을 시작할 즈음인 1971년에 레즈비언으로서 커밍아웃을 한 것이고, 두 번째는 1978년 샌프란시스코로 이주하고 나서 사도마조히스트 레즈비언으로 커밍아웃을 한 것이다. 루빈에게 두 번째 커밍아웃은 첫 번째 커밍아웃보다 훨씬 더 힘든 일이었다. 첫 번째 커밍아웃 때는 동성애자들을 향한 혐오 담론들이 깨져 나가던 시기였기 때문에, 루빈은 새내기 레즈비언으로서 도덕적 자기 확신으로 충만

할 수 있었다. 그러나 두 번째 커밍아웃 때에는 사도마조히즘(S/M)에 대한 악마화 작업이 구체화되고 있었기 때문에 "내 사랑의 이미지가 하루하루 추해지는 걸 지켜보고, 체포를 두려워하고, 앞으로 얼마나 나쁜 일이 일어날 것인지 불안해"[1] 했다. 특히 자신이 한때 모든 것을 바쳐 헌신했던 페미니즘 운동이 S/M을 가부장제의 사악한 산물로 여기는 바람에, 루빈은 자신의 섹슈얼리티로 인해 페미니즘 운동 내에서도 배제되는 경험을 하게 된다.

　루빈이 1971년에 발표한 「여성 거래—성의 '정치경제'에 관한 노트(The Traffic in Women: Notes on the "Political Economy" of Sex)」를 첫 번째 커밍아웃이라는 맥락 속에서, 1982년 발표한 「성을 사유하기—급진적 섹슈얼리티 정치 이론을 위한 노트(Thinking Sex: Notes for a Radical Theory of the Politics of Sexuality)」를 두 번째 커밍아웃이라는 맥락 속에서 이해한다면 두 텍스트 사이의 차이와 변화가 보다 생생하게 다가올 것이다. 두 텍스트 사이에는 루빈이 놓여 있었던 정치적 상황, 루빈 자신의 섹슈얼리티, 그리고 공간적 이동과 연구 주제 및 연구 방법론에서의 변화가 있었다. 루빈은 이 변화에 대해 "페미니즘에 맞춰졌던 초점이 레즈비언 게이 연구로, 레즈비언 연구에서 게이 남성 연구로, 도서관에서 작업하는 것에서 현장 작업으로 관심이 옮겨갔다"[2]라고 말하기도 하였다. 뿐만 아니라 이 두 텍스트는 섹슈얼리티의 해방이라는 관점을 공통적으로 견지하고 있으면서도, 「여성 거래」에서 주요 개념으로 제시한 '섹스/젠더 체계'를 「성을 사유하기」에서는 철회하며 그의 이론 내에서도 변화가 나타난다.

　이 글에서는 루빈의 주요 텍스트인 「여성 거래」와 「성을 사유하기」를

---

1　게일 루빈, 「가죽의 위협—정치와 S/M에 관한 논평」, 『일탈—게일 루빈 선집』, 신혜수 외 옮김, 현실문화연구, 2015, 254쪽.
2　게일 루빈, 「서론—섹스, 젠더, 정치」, 『일탈』, 65쪽.

중점적으로 살펴보고, 각 텍스트가 갖는 의의와 함께 어떻게 루빈이 자신이 처한 시대적 상황에 조응하면서 여성주의의 주요 논제에 응답하였는지를 살펴보고자 한다. 그래야만 루빈의 텍스트가 보다 선명하게 읽힐 수 있을 것이다. 루빈 역시 "텍스트는 특정한 역사적 계기와 가능성이라는 특수한 지평과 더불어 생산"[3]되는 것이기에 "텍스트가 형성된 시간대를 이해하는 것이 중요"하다고 보았다. 그리고 이러한 독해를 통해서 우리는 "시간적인 측면들이 서로 간에 맺는 관계를 이해"하고, "우리가 현재 참여하고 있는 대화와 그 텍스트를 생산했던 시대의 대화를 구분"[4]할 수 있을 것이다.

## 여성 억압의 기원으로서 여성 거래

1970년대 미국 사회는 페미니즘의 제2물결을 맞이한다. 그리고 이 당시 페미니스트들 사이의 주요 논쟁 지점 중 하나는 '여성 억압의 기원을 무엇으로 볼 것인가'였다. 여성 억압의 기원을 하나에서 찾는 사유 방식은, 이후 흑인 페미니즘에 의해 억압의 원인이 하나의 단일한 요인으로 환원될 수 없으며, 억압은 다양하고 중층적인 권력 작용의 결과라고 비판받았다. 그럼으로써 현재에는 무엇이 여성 억압의 기원인지에 대한 논쟁이 약해졌지만, 당시에는 페미니스트로서 이 질문에 응답해야만 했다. 그리고 억압의 기원을 무엇으로 보는지에 따라 페미니스트 내에서도 어떤 입장을 취할지 결정하게 된다. 예를 들어 여성 억압의 기원이 사적 소유

---

3  같은 글, 같은 책, 31쪽.
4  같은 글, 같은 책, 32쪽.

물의 축적이나 자본주의에 있다고 가정한다면, 그는 맑스주의 페미니스트로서 입장을 취한 것이다. 반면에 여성 억압의 기원이 자본주의와는 별개의 메커니즘, 특히 가부장제에 있다고 본다면, 그는 래디컬 페미니스트의 입장을 취한 것이다.

그리고 억압의 기원을 무엇으로 볼 것인가는, 앞으로 여성해방을 위해 어떤 전략과 계획을 취할 것인가와 연결되는 문제이기도 했다. 루빈 역시 「여성 거래」에서 여성주의자로서 여성 억압의 기원을 찾는 문제에 응답해야 한다는 것을 인식하고 있었다. 즉 "여성의 억압과 여성의 사회적 종속의 성격과 기원에 관해 질문하는 기나긴 심사숙고 과정"으로, "이 질문에 대한 대답은 미래에 대한 우리의 비전과 성 평등 사회에 대한 희망이 현실적인지 아닌지를 평가하는 데 필요"하다. 예를 들어 베티 프리단(Betty Friedan)의 『여성성의 신화(The Feminine Mystique)』(1963)에서처럼, 여성의 역할을 사적 영역에 고정시키는 여성성이라는 신화가 여성 억압의 원인이라고 본다면, 여성이 주류 사회에 참여하고 경제적 독립성을 가지며, 가사와 양육을 남편, 아내 그리고 사회가 동등하게 분담할 수 있게 만드는 법률 제정과 정책 그리고 사회적 합의를 여성해방의 전략으로 꾀할 것이다. 그리고 아주 극단적으로 여성 억압의 근원이 "남성의 선천적인 공격성과 우월성"이라고 한다면, "페미니즘 기획은 이처럼 공격적 성을 없애버리거나 교정하려면 우생학적 처리가 필요하다는 논리적 귀결"[5]에 이를 것이다.

이처럼 「여성 거래」는 '여성 억압은 무엇인가'라는 질문에 대해 클로드 레비-스트로스(Claude Lévi-Strauss)의 구조주의와 지그문트 프로이트(Sigmund Freud)의 정신분석을 배경으로 응답하고 있는 글이다. 루빈 역시

---

5   게일 루빈, 「여성 거래 ─성의 '정치경제'에 관한 노트」, 『일탈』, 91쪽.

그 당시 래디컬 페미니스트들과 마찬가지로 자본주의와는 달리 독자적인 여성 억압의 기제를 상정한다. "생물학적인 여자를 억압받는 여성이 되도록 만드는" 억압 기제를 고전적 맑스주의는 충분히 해명하지 못하고 있기 때문이다. 특히 "도무지 자본주의라고 말할 수 없는 사회에서조차 여성들은 억압받고 있"으며, 왜 "가사노동을 하는 사람이 남성이 아니라 여성인지"에 대한 보다 원류적인 분석을 이 글에서 시도한다.

## 여성 억압의 기제로서 여성 거래

루빈은 레비-스트로스의 『친족의 기본 구조(Les Structures élémentaires de la parenté)』(1949)라는 텍스트를 중점적으로 참고하여, 여성 억압의 시작을 친족의 기원에서부터 탐색한다. 이때 친족은 "생물학적 생식이라는 사실 위에 문화적 조직을 부여한 것"으로, 최초의 섹슈얼리티 통제가 발생한 장소다. 그리고 최초의 섹슈얼리티 통제는 근친상간 금기이며, 이는 "섹스와 출산이라는 생물학적 사건에 족외혼 및 혼인이라는 사회적 목표를 부과"하여 "허용된 성적 파트너와 금지된 성적 파트너라는 범주들로 성적 선택의 세계를 분할"하는 기능을 한다. 레비-스트로스에 따르면, 근친상간 금기의 비밀은 어머니, 여자 형제, 딸들을 다른 사람에게 시집보낼 수 있도록, 즉 여성을 선물로 교환할 수 있도록 보장해 주는 메커니즘이다. 이처럼 최초의 섹슈얼리티 통제는 여성 교환을 기반으로 해야만 이루어질 수 있다는 것이다. 루빈은 여성 억압에 대한 여성 교환이라는 개념을 다음과 같이 설명한다.

'여성 교환'은 매력적이고 강력한 개념이다. 이 개념은 여성 억압을 생물학이 아니라 사회 체계 속에 위치시킨다는 점에서 매력적이다. 그뿐 아니라 그것은 우리가 여성 억압의 궁극적 위치를 물품 거래가 아니라 여성 거래(traffic in women)에서 찾아야 한다고 제시한다. 여성 거래의 인류학적, 역사적 사례를 찾는 것은 전혀 어렵지 않다. 여성들은 결혼으로 증여되고, 전쟁에서 전리품이 되고, 호의 표시로 교환되고, 공물로 보내지고, 거래되고, 사고 팔린다. …… 여성들은 노예, 하인, 매춘부로서 거래될 뿐 아니라 그냥 여성으로 거래되기도 한다. 만약 인류사의 대부분 동안 남성들은 성적 주체—교환 주체—였던 반면 여성들은 성적인 준-객체(semi-objects)—선물—였다고 가정한다면, 수많은 관습, 상투어, 인격적 특성들이 너무나 잘 이해될 것 같다(무엇보다도 아버지가 신부를 건네주는 신기한 관습 역시 말이다).[6]

친족의 기원으로 여성이 거래된다는 것은 이미 많은 것을 함의한다. 첫 번째로, 여성은 물건과 같이 교환의 대상으로 존재하고, 남성들은 거래의 주체로서 존재하는 사회적 관계를 상정할 수 있다. 두 번째, 남성들 간의 여성 거래는 결국 남성들 간의 연대와 호혜성을 보장해 주는 것으로, 남성 중심적 사회는 여성 거래에서부터 출발하는 것으로 볼 수 있다. 세 번째, 애초에 생물학적으로는 위계가 없던 성에 구별을 두기 위해서는, 여성이 여성으로 길러지게 되고 남성이 남성으로 길러지게 되는, 특수한 가족 내 관계가 이미 존재하고 있어야 한다. 이를 이해하기 위해서는 여성 거래가 일어나도록 하는 특수한 조건들의 체계에 대한 설명이 필요하다. 그리고 이 지점에서 루빈은 '섹스/젠더 체계'라는 자신의 이론적 개념을 고안한다.

---

6   같은 글, 같은 책, 111-112쪽.

## 섹스/젠더 체계

'섹스/젠더 체계'에 대해 루빈은 "인간의 섹스와 출산이라는 생물학적인 원자재가 인간의 사회적 개입으로 빚어지고, 아무리 기괴한 관습일지라도 그런 관습적인 방식으로 충족되는 일련의 제도들"이라고 규정한다. 즉 인간의 몸과 성적 욕망이라는 자연적 재료를 '젠더'라는 특정한 사회적 관계 및 관습으로 바꾸는 시스템이 섹스/젠더 체계이다.

이를 '재생산 양식'이나 '가부장제'로 지칭할 수도 있겠지만, 이 두 용어는 각각 사유의 확장을 가로막는 한계를 지니고 있다. 가령 '재생산 양식'은 '생산양식'과 대비되어 고안된 것으로, '경제'는 '생산'과 연결되고, '재생산'은 '섹스 체계'와 연결된다. 그러나 이런 도식은 섹스 체계가 갖는 생산적 측면을, 경제 영역이 갖는 재생산의 측면을 보지 못하게 만든다. 특히 "젠더 정체성의 형성은 성적 체계의 영역 속에서 이루어지는 생산"으로 볼 수 있다. 그리고 '가부장제'라는 용어는 다수의 페미니스트들이 여성 억압의 고유한 메커니즘을 설명하기 위해 자주 사용하기는 하지만, 억압적이지 않은 방식으로 성적 체계들이 만들어질 수 있는 가능성을 보기 어렵게 만든다는 한계를 가지고 있다.

섹스/젠더 체계는 섹슈얼리티에 대한 통제가 젠더 정체성의 형성 및 생산으로 이어지고 있음을 상정한다. 특히 여성의 몸에 이 섹슈얼리티 통제는 강력하게 작용한다. 거래의 대상이 되기 위해서는 섹슈얼리티가 본래 가지고 있는 능동성과 역동성을 수동적인 형태로 전환해야 하기 때문이다. 그렇다면 여성의 몸에 가해지는 섹슈얼리티 억압은 어떻게 여성을 여성으로 만들게 되는 것일까? 이를 해명하기 위해 루빈은 정신분석학의 가족 서사를 '여성 거래'와 여성의 섹슈얼리티 억압이라는 관점으로 재해석하고자 한다.


## 오이디푸스 서사를 뒤집어 보기

프로이트의 정신분석학이 갖는 강력한 이점은 인간의 정신 형성의 과정을 가족 서사, 즉 오이디푸스 서사를 통해서 설명한다는 것이다. 겉으로는 아무 문제가 없어 보이는 엄마-아빠-아이의 관계를 들여다보면 서로에 대한 욕망과 질투와 좌절로 가득 차 있다. 그리고 미성숙한 아이는 이 과정을 충분히, 그리고 완전하게 견디고 겪어 내야 성숙한 정신을 가진 '정상적' 인간으로 성장할 수 있다. 이때의 '정상적' 인간은 자신의 성적 욕망이 어디로 향해야 하는지, 그리고 자신이 수행해야 할 성 역할이 무엇인지를 완벽히 체현한 존재임을 의미한다. 여자아이는 남성의 사랑을 욕망하고, 그 사랑을 받기 위해 여성성을 수행하고, 아이를 가지고 싶다고 욕망해야 한다. 남자아이는 반대로 여성을 욕망하고, 남자다움을 수행해야 한다. 이 '정상적' 인간이 되기까지 아이가 겪는 고된 역경의 과정을 신화적인 표현을 빌려 '오이디푸스' 서사라고 불러 왔던 것이다.

이 정신분석학을 어떻게 수용할 것인가는 페미니스트에게 있어 주요 논쟁거리 중 하나였다. 정신분석학의 이점은 젠더 정체성을 자연적인 것으로 설정하지 않는다는 데 있다. 즉 더 이상 "여성의 발달 과정이 생물학의 반영이라고 당연시할 수 없게"[7] 된 것이다. 그러나 프로이트의 정신분석학이 갖는 모호함은 페미니스트들이 이를 곧이곧대로 수용하기 어렵게 만들었다. 프로이트는 젠더 정체성의 형성 과정을 생물학적인 것으로

---

7  같은 글, 같은 책, 118쪽.

부터 분리하고 가족 서사로 그것을 대체하려고 했다. 그러면서도 그는 여자아이의 '남근 선망'과 남자아이의 '거세 공포'처럼, 남성의 성기를 가족 서사의 중심적인 근거로 삼으며, 또 다시 젠더 정체성을 생물학적인 것으로 환원하려는 경향을 보였기 때문이다.

루빈은 정신분석학이 갖는 이점을 받아들이면서도 동시에 이를 급진적으로 해석하기 위해, '남근 선망'이 아닌 '팔루스(Phallus) 교환'을 오이디푸스 서사의 중심에 두는 자크 라캉(Jacques Lacan)을 따라간다. 이때 루빈은 팔루스를 잠재적 여성 교환을 위한 징표로 해석하여 레비-스트로스의 '여성 거래' 개념과의 접점을 찾는다. 이에 따라 루빈은 여자아이의 섹슈얼리티에 대한 이중적 억압으로서 마조히즘적 자아가 형성되는 것으로 오이디푸스 서사를 재구성한다.

이 서사에 의하면, 남자아이와 여자아이 모두 어머니를 사랑하지만 각기 다른 과정을 통해 어머니는 아버지의 것이라는 사실을 받아들여야 한다. 이 과정에서 남자아이는 아버지가 자신을 거세할지 모른다는 공포 때문에 어머니를 포기한다. 이때 남자아이가 어머니에 대한 아버지의 권리를 긍정하는 대신, 아버지는 아들에게 팔루스를 확증해 준다. 남자아이는 아버지와의 사이에서 어머니를 팔루스와 교환한 셈이 되며, 이 팔루스는 나중에 그로 하여금 여자를 교환할 수 있다는 상징적 증표가 된다. 반면에 여자아이는 어머니에 대한 사랑을 거부당하면서 근친상간 금기뿐만 아니라 동성애 금기까지 경험한다. 여자아이는 팔루스를 주지 않는 어머니로부터 돌아서고, 팔루스를 받을 수 있을지도 모른다는 기대를 갖고 아버지에게로 사랑을 기울인다. 그러나 아버지는 남자아이에게 주었던 팔루스를 여자아이에게는 주지 않는다. 여자아이는 결국 남성에게서 받는 선물(성교와 어린아이)을 통해서만 팔루스를 가질 수 있는 자신의 처지를 수용하게 된다. 이처럼 오이디푸스 단계가 여자아이에게 "정상적"으로 진행된다면 여자아이의 에고(ego)는 수동적이고 마조히즘적으로 형성되는 것이다.

그렇다면 여성해방을 위해서는 여자아이에게만 억압적으로 진행되고 있는 오이디푸스 서사와 이 서사를 지탱하고 있는 모든 요소들을 깨버려야 할 것이다. 첫 번째로 팔루스와 팔루스가 함의하고 있는 여성 교환을 깨버려야 한다. 두 번째로, 애초에 아이의 욕망이 어머니에게로만 향하는 양육 방식을 깨버려야 한다. 세 번째로, 가정에서 섹슈얼리티에 대한 통제권을 독점하고 있는 아버지의 권위를 깨버려야 한다. 무엇보다도, 엄마-아빠-아이로 구성되는 이 전형적인 가족관계의 구성을 깨버려야 오이디푸스 서사가 완전히 파괴될 수 있을 것이다.


## 젠더가 없는 사회


여성 억압의 기원이 '여성 거래'라면, 여성해방의 기획은 자연스럽게 여성 거래를 없애는 것이 된다. 루빈은 "만약 성적 소유 체계가 남성들이 여성들에게 최우선적인 권리를 가지지 않은 방식으로 재조직된다면(만약 여성 교환이 존재하지 않는다면), 그리고 젠더가 존재하지 않는다면, 오이디푸스 드라마 전체는 유물이 될 것"[8]이라고 말한다. 따라서 페미니즘의 궁극적 목표는 친족 체계를 혁명적으로 변화시키는 것이어야 한다. 이는 섹슈얼리티에 대한 친족의 통제력을 약화시키는 것을 의미한다. 우리 스스로 섹슈얼리티에 대한 통제력을 가지게 되면, 그리고 다양한 방식으로 섹

---

8    같은 글, 같은 책, 134쪽.

슈얼리티를 경험하고, 레즈비언 아빠나 게이 엄마처럼 여러 형태로 가족이 구성되면, 고통스러웠던 젠더 정체성의 형성 과정도 약화될 수 있다는 것이 루빈의 전망이었다. 그리고 실제로 이미 친족의 구속력은 약화되어 "가장 최소한의 뼈대인 섹스/젠더로 축소되었"기 때문에 이는 가능한 해방 전략이 될 수 있다.

루빈은 섹슈얼리티의 해방을 통해 젠더 정체성으로부터의 해방을 꿈꾼다. 이것은 궁극적으로는 젠더가 없는 사회를 만드는 것이다. 비록 해부학적인 성이 있다고 하더라도, 그것은 누구를 사랑하고 어떻게 사랑할 것인가의 문제와는 전혀 상관이 없게 되는 사회이며, 모든 인간이 양성적으로 존재할 수 있는 사회이다.

> 개인적으로 나는 페미니즘 운동이 여성 억압의 철폐 그 이상을 꿈꾸어야 한다고 생각한다. 그것은 또한 강제적 섹슈얼리티와 성역할들의 제거를 꿈꾸어야 한다. 내가 생각하기에 가장 설득력 있는 꿈은 양성적이며 (섹스가 없진 않겠지만) 젠더가 없는 사회에 대한 꿈이다. 그런 꿈속에서 한 사람의 해부학적 성은 그 사람이 누구이고, 무엇을 행하며, 누구와 사랑을 나누는가 하는 문제와는 무관할 것이다.[9]

## 1980년대의 '성 전쟁'

1980년대는 여성주의 운동사에 있어서도, 또 루빈의 개인사에 있어서도 여러모로 시련의 시기였다. 이 시기를 페미니스트들은 백래시 (backlash)의 시대라고 부르기도 하는데, 그도 그럴 것이 레이건 정부가 여

---

9    같은 글, 같은 책, 139-140쪽.

성과 돌봄에 관한 예산을 전폭적으로 삭감했으며, 평등권 수정 운동이 실패하고, 낙태권 반대 운동이 확산되어 갔다. 한편 우익 기독교 집단은 반페미니즘과 반동성애를 기치로 삼아 전통적 가족의 가치를 강조하며 집결하였다. 또한 페미니스트들은 1970년대 함께 외쳤던 '자매애'를 더 이상 외칠 수 없게 되었다. 여성주의 내부에서도 인종적·계급적·지리적 차이들이 강조되면서 손쉽게 '우리'라는 이름으로 묶일 수 없었기 때문이다.

특히 이 시기는 여성주의 내의 반포르노그래피 운동이 미국 전역에서 관심을 받게 되었던 시기이다. 이 운동은 광고와 음반, 영화산업 등에서 여성에 대한 폭력을 섹슈얼리티와 연결하는 데 반대하는 운동에서부터 시작하였지만, 점차 여성을 성적으로 표현하는 것 전반으로 문제제기를 확산시켜 나갔다. 특히 가장 문제가 되는 요소는 S/M 코드에 대한 사용이었다. 여성을 속박하고 때리고 물건처럼 취급하는 이미지가 여러 매체들에서 사용되자, 많은 여성들은 분노하기 시작하였다. 이것은 곧 S/M 섹슈얼리티에 대한 전반적인 비난으로 이어졌다.

특히 샌프란시스코에서 결성된 WAVPM(Women Against Violence in Pornography and Media; 포르노 및 대중매체의 폭력에 반대하는 여성들의 모임)이 포르노그래피에 등장하는 상업적 S/M뿐만 아니라 동의에 기반한 S/M이라는 개념까지 부정하며, S/M은 불평등한 권력관계와 육체적·정신적 공격을 가하는 것으로 페미니즘의 원칙과 양립할 수 없다고 주장하자 루빈은 충격을 받게 된다. 이 당시 S/M 레즈비언으로 커밍아웃을 한 루빈은 자신의 섹슈얼리티에 오명이 씌워지고 있다는 것을 알게 된다. 이에 대응하기 위해 루빈은 팻 캘리피아(Pat Califia)와 함께 S/M 레즈비언 페미니스트 권리 집단인 사모아(Samois)를 창립한다. 사모아는 레즈비언의 S/M도 페미니즘적 행위이고 S/M 참여자들은 사회적 자본을 결여한 여성들로, 그

들은 놀이를 통해 권력 개념을 탐험한다고 주장하였다. 그러나 WAVPM
과 사모아의 갈등은 시작에 불과하였다.

반포르노그래피 운동은 포르노그래피에 대해 법적 규제를 강화해야
한다고 주장할 뿐만 아니라, 여성에게 성은 위험한 것으로서 이로부터 여
성을 '보호'해야 한다는 입장을 취하였다. 그리고 이에 대한 근거로, 여성
의 섹슈얼리티는 남성의 섹슈얼리티와 달리 온건하고 상호적이며 쾌락
을 추구하지 않는 것이라 정형화하기 시작했다. 이러한 도식에서 성적 쾌
락을 추구하거나, 더 나아가 S/M을 즐기는 여성들은 허위의식에 빠진 존
재이자 남성의 권력을 내면화한 존재로 이해되었다.

더 큰 문제는, 이 당시 백래시 상황 속에서 세를 확장해 가던 우익 운동
이 반포르노그래피의 담론과 합류하기 시작했다는 점이다. 전통적인 가
족의 가치를 중시하며, 성 해방주의를 반대하는 우익 운동은 반포르노그
래피 운동의 성 규제적 입장을 지지하였으며, 반포르노그래피 운동 또한
미국 전역으로 자신의 영향력을 확산하기 위해 우익 단체 회원들이 반포
르노그래피 운동에 참여하는 것을 거부하지 않았다. 실상 우익 운동에서
는 여성의 낙태권과 청소년에 대한 성교육 그리고 성소수자의 성적 권리
를 반대하고 있음에도 불구하고, 반포르노그래피라는 기치 아래에서 서
로 합류하는 것처럼 보여, 표현의 자유를 중시하는 리버럴 페미니스트들
과 성 긍정 페미니스트들은 이러한 경향을 우려하게 되었다.

포르노그래피 규제를 둘러싼 페미니스트 사이의 갈등은 1982년 4월
24일 바너드 대학에서 개최된 바너드 성 컨퍼런스(Barnard Sex Conference)
에서 절정에 이르렀다. 제9차 바너드 컨퍼런스는 '성 정치를 향하
여'(Towards a Politics of Sexuality)라는 주제로 개최될 예정이었다. 바너드
컨퍼런스의 주최 측은 의도적으로 반포르노그래피 활동가들을 초청하

지 않았는데, 이미 그들이 너무 많은 목소리를 내고 있다는 이유에서였다. 이것은 반포르노그래피 활동가들을 격분하게 만들었다. 특히 바너드 컨퍼런스에서 S/M과 여성에 대한 성폭력을 옹호할 것이라는 소문이 확산되자, 결국 컨퍼런스 당일에 반포르노그래피 활동가들은 회의장 바깥에서 바너드 컨퍼런스가 반페미니즘적이라는 전단지를 배포하면서 항의 시위를 벌이고, 바너드 대학 행정실에 컨퍼런스 당일 배포될 예정이었던『섹슈얼리티 회의 일지』책자를 몰수하도록 압박하였다. 루빈은 미국 페미니즘 운동사에서 커다란 상처를 남긴 이 컨퍼런스에서「성을 사유하기」를 발표한다.

## 반복되는 성 공포

루빈은 성 공포에 대해 이야기하며「성을 사유하기」를 시작한다. 성 공포는 너무 강력하여 성에 대한 사유를 가로막는데 이것은 페미니즘에 있어서도 마찬가지이다. 이러한 성 공포는 반복되는 사회적 현상으로, 이것이 사회를 휩쓸고 지나갈 때마다 정부와 경찰은 시민들을 속박할 수 있는 법적·규제적 무기를 획득한다. 평소대로라면 반인권적이며 표현의 자유를 억압하는 것이라고 비판받았을 논쟁적인 법안들이, 성 공포 수사학 앞에서는 비교적 수월하게 통과되며, 이에 따라 국가의 감시 체계와 경찰 권력은 강화되어 왔다는 것이다.

예를 들어, 19세기 후반 영국과 미국에서의 아동과 청소년의 자위에 대한 공포는 자위하는 아이들의 몸을 묶어 놓거나 소녀의 클리토리스를 제거하도록 만들었으며, 1873년 미연방 반외설법이 통과되도록 만들어

음란하다고 판단되는 그림이나 서적을 제작·공고·판매·소지·송부·수입하는 행위 일체를 범죄화했다. 이것은 또한 피임이나 낙태를 위한 기구 및 이에 관한 정보 일체를 금지하여 여성에게 성적인 억압을 가하는 데에도 기여하였다. 빅토리아 시대의 영국과 1910년대의 미국에서는 소위 '백인 노예' 공포가 휩쓸었다. 순진무구한 백인 여성들이 '성 노예'가 된다는 이 공포에 의해, 영국에서는 1885년 형법 조항을 개정하고, 미국에는 모든 주에서 반매춘법이 제정되었다. 이로 인해 가난한 노동계급 여성과 아동에 대한 강력한 즉결 심판이 가능해졌고, 성인 남성들이 합의하에 행한 외설적 행위도 범죄로 간주되었다. 1950년대의 미국에서는 성범죄 및 동성애 공포가 있었고, 이는 공산주의에 대한 공포와 결합하여 정부 기관에 종사하는 동성애자를 소탕하고 FBI의 동성애자에 대한 조직적 사찰이 가능하게끔 하였다.

그리고 루빈이 「성을 사유하기」를 썼던 1980년대에는 아동-포르노그래피에 대한 공포가 존재한다고 말하고 있다. "지난 100년간 성애에 대한 히스테리를 선동했던 가장 효과적인 책략은 아동 보호에 대한 호소"로, 단 "몇 주 만에 연방 정부가 '아동 포르노그래피' 근절을 위한 대대적인 법안을 제정했고 많은 주정부가 자체 법안으로 그 뒤를 따랐다." 이는 느슨해졌던 성 관련 자료에 대한 규제를 원상 복구시키는 계기가 되었다. 아동-포르노그래피에 대한 공포와 그에 뒤따른 법적 규제는 오히려 "아이들이 간절히 원하는 자기 나이에 맞는 알맞은 성적 정보와 서비스를 앗아 갔다." 그리고 이 공포로 인해 아이들의 섹슈얼리티에 대한 논의가 신중하게 검토될 수 있는 기회가 차단된다.

1980년대 초만 해도 여전히 아이들의 섹슈얼리티에 대해 사려 깊은 토론을 할 수 있었다. 철저히 논의해야 하고 신중히 검토되어야 할 아동과 성에 대한 수많은 복잡한 질문들을 제기하는 것이 점점 더 위태로워졌다. 다음과 같은 질문들이 이런 논의에 해당한다. 어떤 종류의 성적 정보와 서비스, 성적 행위가 아이들에게 적당하며 몇 살 정도면 적당한지, 성적 학대를 구성하는 것은 무엇인지, 그리고 어떻게 성적 학대를 막고 최소화할 수 있는지, …… 아동 포르노그래피란 무엇인지, 어떤 공격을 했을 때 '성범죄자'라고 이름 붙이는지 등이 그 질문들이다. 내가 이 모든 질문에 답할 필요는 없지만, 이런 질문들에 대한 대다수 논의가 대중과 정치인에게 미성년자를 위한 더 안전한 장소를 만들어 주지도 못하고, 그렇다고 그들의 발전에 좋은 방향이 되지도 못한 신중하지 않은 정책 및 법 개정을 하도록 몰아붙이며, 냉소적으로 조종해 온 어설픈 인상적인 어구나 고정된 이미지, 공포 분위기를 조성하는 전술로만 환원되어 온 것은 비극적이다.[10]

페미니즘 역시 성 공포로부터 자유롭지 못하다. 특히 반포르노그래피 페미니즘 이데올로기는, S/M 이미지를 선동적으로 활용한다. 그들은 "모든 포르노그래피가 지향하는 근원적이자 본질적인 '진실'이 사도마조히즘"이라고 암시하며, "포르노는 S/M으로 연결되고, S/M 포르노는 결국 강간에 이르고야 만다"라는 논리로 성적 규제와 억압을 강화하는 데 일조한다. 이처럼 성 공포는 만연해 있다. 성 공포에 휩싸여 성을 사유하지 못하면 시민들이 투쟁을 통해 쟁취해 온 권리들을 쉽사리 다시 내주게 되는 결말에 이르게 된다. 이제 성을 사유할 때가 왔다.

---

10 게일 루빈, 「과거가 된 혈전―「성을 사유하기」를 반추하며」, 『일탈』, 424-425쪽.

## 성에 관한 사유의 발전을 저해하는 이데올로기

성 공포뿐만 아니라 성에 대한 고정된 이데올로기 역시 성에 대한 사유를 가로막는다. 이 이데올로기들은 거의 의심받지 않으며, 새로운 수사적 표현을 사용하여 반복해서 출현한다. 그중 첫 번째 이데올로기는 성 본질주의이다. 이는 성을 개인의 고유한 특성으로 분류하여 섹슈얼리티에는 역사도, 사회적 맥락도 없는 것처럼 사고하게 만든다. 그러나 섹슈얼리티는 사회적·제도적·역사적 맥락과 결합되어 있다. 구두가 없었던 시대에는 구두에 대한 페티시즘이 존재할 수가 없다. 그리고 현대처럼 기계과 인간이 긴밀하게 상호작용하는 시대에 인간이 기계를 통한 섹슈얼리티를 꿈꾸기도 하듯, 인간의 섹슈얼리티는 유동적이며 변화하는 것이다. 그러나 성 본질주의는 섹슈얼리티를 개인의 병리적 문제로 환원하여 성에 대한 사유를 어렵게 만든다.

두 번째로, 성을 위험하고 파괴적인 힘으로 간주하는 성 부정성의 경향이 존재한다. 기독교 전통에서는 쾌락을 추구하는 것을 죄악으로 여기며, 서구 사회는 이러한 기독교 전통에서 여전히 빠져나오지 못하고 있다. 오로지 출산을 목적으로 맺는 혼인 관계만을 성스럽다고 간주하며, 성 해방과 관련된 논의를 차단하고 불경한 것으로 만든다. 이는 곧 여성의 낙태권에 대한 부정이고, 청소년들이 피임법과 성교육에 관해 접근하지 못하게 하며, 이질적 성에 대해 저주하는 것으로 이어진다. 성 부정성의 경향은 페미니즘에서도 예외가 아니다. 특히 문화 페미니즘 내에서는 여성의 성이 남성의 성보다 우월한 측면을 비육체적인 면에서 찾고자 하였다. 남성의 성은 익명적이고 과도하게 쾌락을 추구하는 반면에, 여성의 성은 상호적이며 서로의 감정과 소통을 중시한다는 것이다. 이러한 구도는 섹슈얼리티에서의 모험을 즐기는 여성들의 성을 여성적이지 못한 성으로 간주하며, 오히려 페미니즘적 성의 범주를 제한하게끔 만든다. 캘리피아는 페미니즘이 찬양하는 이러한 성에 대해 "오르가즘에 도달해 버리기도 전에 잠에 들고 말 것"이라고 비꼬기도 하였다.

## 섹슈얼리티 위계

루빈의 「성을 사유하기」에서 가장 독창적인 부분은, 성 이데올로기와 관련하여 성 가치 체계 그리고 섹슈얼리티 위계에 대한 지도를 그려낸 것이라 할 수 있다. 이에 따르면 '좋은 성'은 "이성애여야 하고, 결혼 제도 내부에 있어야 하고, 일대일 관계여야 하며, 출산해야 하고, 비상업적이어야 한다." 그리고 "같은 세대에 속한 두 사람이 관계를 가지되 집에서 해야" 하고, "포르노그래피, 페티시 대상, 그 어떤 성인 용품, 남녀 역할이 아닌 다른 배역 등이 결부되어서는 안 된다." '나쁜 성'이란 반대로 "동성애, 혼인 관계가 아닌, 문란한, 출산하지 않는, 상업적인 성교"이며, "자위 혹은 난교 파티에서 일어나는, 세대 경계를 넘는, 공공장소, 적어도 덤불숲이나 목욕탕에서 하는 성교"이고, 여기에는 "포르노그래피, 페티시 대상, 성인 용품, 특수한 배역"[11] 등이 결부되어 있다.

이 '좋은 성'과 '나쁜 성' 사이에는 일종의 회색 지대인 '경합의 주 영역'이 존재한다. 여기에는 혼인 관계가 아닌 이성애 커플, 문란한 이성애자, 장기간 안정된 레즈비언과 게이 커플 등이 속한다. '최악의 성'에는 복장 전환자, 트랜스섹슈얼, 페티시스트, 사도마조히스트, 상업적 성, 그리고

---

11  게일 루빈, 「성을 사유하기―급진적 섹슈얼리티 정치 이론을 위한 노트」, 『일탈』, 303쪽.

세대 간 성애가 속한다. 이처럼 '좋은 성'과 '나쁜 성' 사이에는 경계선들이 존재하는데, 경계선들이 무너지기 시작하면 섹슈얼리티는 날뛰게 되면서 최악의 성으로까지 치닫게 될 것이라는 '성 유해성 도미노이론'이 상정된다.

이 성 이데올로기의 문제는 잘못된 관념으로 인해 성에 대한 해방적 사유를 저해할 뿐만 아니라, 성소수자들에 대한 시민권 차별, 경제적·사회적 차별의 근거가 된다. 심지어 최악의 경우에는 성소수자들을 성 공포의 희생양으로 만드는 무기가 될 수 있다. 성소수자들은 양육법, 자격법, 이민 정책, 군대 규정 등에 의해 차별을 경험한다. 양육법에 따라 수많은 레즈비언, 게이, 매춘부, 프리섹스주의자, 성 노동자, '문란한' 여성은 자격 없는 부모라고 공언되며, 자격법에 의해 "관습에 얽매이지 않는 생활 방식이 학교 당국자들에 알려졌다는 이유"로 교사들이 해고된다. 미국의 이민 정책은 동성애자와 성적 일탈자의 미국 입국을 불허하며, 군대 규정은 동성애자의 군 복무를 금지하기도 하였다. 성소수자들은 경제적으로도 취약할 뿐만 아니라 다양한 사회적 불평등을 경험한다. "집주인은 임대를 거부하고, 이웃은 경찰서에 신고하고, 불량배들은 인허된 폭행을 일삼"는다. 그러나 최악은 따로 있다. 때때로 성소수자들은 쉽게 성 공포의 희생양이 될 수 있기 때문이다.

성 위계질서의 어떤 결과는 그저 불쾌한 정도에 그친다. 다른 결과는 심상치 않다. 가장 심각한 성적 체계의 재현은 불행한 희생자들이 그저 한 무리의 소떼가 되는 카프카적 악몽이다. 그 희생자들을 확인하고 감시하고 체포하고 처치하고 투옥하고 처벌하는 과정에서 성범죄 전담 경찰, 교도관, 정신의학자, 사회복지사

같은 수많은 직업이 창출되고 그들의 자기만족이 양산된다.[12]


## 페미니즘의 한계와 퀴어 이론의 시작


　페미니즘은 늘 성에 대해 관심을 가져 왔다. 왜냐하면 "섹슈얼리티는 젠더들 간의 관계의 접점이자, 여성 억압의 상당 부분이 섹슈얼리티로 인해 발생했고, 그것을 통해 매개되었으며, 그 내부에서 구성되었기 때문이다." 그리고 성에 대한 페미니즘 사유의 경향은 성 해방론적인 것과 성 보수주의적 흐름으로 나눌 수 있다. 반포르노그래피 담론은 후자에 해당하는 것으로, 기존의 이성애적 섹슈얼리티 위계 구조를 그대로 반복한다. 다만 이성애 지위를 강등시키고, 일대일 레즈비언의 섹슈얼리티를 위쪽으로 이동시켰을 뿐이다. 루빈에 의하면 페미니즘의 이런 섹슈얼리티 담론은 "성 과학이 아니라 악마학"으로, 대부분의 성행위를 추악하게 표현하고, "제일 역겨운 포르노그래피, 제일 착취당하는 매춘 유형, 제일 망측한 성 변이 표현으로 제시"한다. 루빈은 페미니즘은 이 지점에서 섹슈얼리티의 문제를 다루는 데 있어 한계를 드러냈다고 평가한다. 무엇보다도 페미니즘은 젠더 억압에 관한 이론이기 때문에 섹슈얼리티를 다루는 새로운 이론이 필요하다고 역설한다.


　　나는 섹슈얼리티 이론에서 페미니즘이 특권적인 위치에 있다거나, 그러한 위치를 점해야 한다는 전제에 도전하고자 한다. 페미니즘은 젠더 억압에 관한 이론이다. 이러한 사실이 자동으로 페미니즘을 성 억압의 이론이 되게 한다고 추정해 버

---

12　같은 글, 같은 책, 326쪽.

리면, 한편의 젠더와 다른 한편의 성애 욕망을 분간하지 못하게 된다.[13]

바로 이 지점에서 「여성 거래」와 「성을 사유하기」 두 텍스트 간의 차이가 명확해진다. 「여성 거래」에서는 섹슈얼리티에 대한 통제를 밝히고자 젠더 정체성 형성을 인과적으로 연결시키는 섹스/젠더 체계라는 개념을 구상했다면, 「성을 사유하기」에서는 섹슈얼리티 체계와 젠더 체계는 독립적으로 존재한다고 명확하게 밝힌다. 그리고 페미니즘은 젠더 체계를 중심으로 보는 사유이기 때문에 "섹슈얼리티의 사회적 조직을 온전히 조망할 만한 관점이 없다"고 평가하며, 이후 퀴어 이론의 전개를 암시한다.

그러나 「여성 거래」에서 주요하게 사용했던 개념을 「성을 사유하기」에서 철회하는, 두 텍스트 간의 차이에도 불구하고 이 둘은 서로 연결되어 있다. 「여성 거래」에서 섹슈얼리티의 해방이 곧 페미니즘의 해방이 되어야 한다고 주장한 것과 마찬가지로, 「성을 사유하기」에서의 주 목표 역시 섹슈얼리티의 궁극적인 자유와 해방이라고 할 수 있을 것이다. 다만 「여성 거래」에서는 섹슈얼리티의 해방이 젠더 정체성의 구속으로부터 벗어나기 위한 것이었다면, 「성을 사유하기」에서의 섹슈얼리티 해방은 궁극적으로 자신의 섹슈얼리티와 쾌락을 자유롭게 추구하고, 그 섹슈얼리티를 부끄러워하지 않으며, 그 섹슈얼리티로 인해 숨어 다니지 않고, 자신의 섹슈얼리티를 나눌 수 있는 상대방을 찾지 못해 오랫동안 외로워해야 하지 않아도 되는 사회를 꿈꾸는 것으로, 보다 급진화되었다고 평가할 수 있을 것이다.

---

13  같은 글, 같은 책, 348쪽.

‘젠더/섹스’ 이분법의 불안정에서 찾아낸 가능성
**주디스 버틀러의 『젠더 트러블』**

## 이승준

동국대학교 철학과 박사과정을 수료하고, 한국철학사상연구회의 여성과 철학 분과에서 공부하고 있다. 웹진 『자율평론』의 편집위원, '맑스코뮤날레' 편집 간사 등으로 참여했으며, 현재는 미셀 푸코, 질 들뢰즈, 안토니오 네그리, 주디스 버틀러 등을 중심으로 현대 정치철학과 포스트페미니즘, 맑스주의를 공부하는 '연구공간 L' 회원으로 있다. 대진대학교, 동국대학교, 광운대학교 등에서 서양 현대 철학과 인간 존재론, 경제사상사를 강의했으며, 함께 지은 책으로 『비물질노동과 다중』, 『21세기 자본주의와 대안적 세계화』가 있으며, 『자유주의자와 식인종』, 『자본의 코뮤니즘, 우리의 코뮤니즘』 등을 함께 옮겼다.

젠더의 의미를 둘러싼 현대 페미니즘 논쟁은 이 시대를 이끌다가 다시 특정한 의미의 트러블에 도달했다. 마치 젠더의 불확정성이 결국 페미니즘의 실패를 보여주는 정점이라도 되는 듯이 말이다. 그러나 트러블이 있다고 해서 이처럼 부정적인 가치를 수반할 필요는 없을 것이다. …… 나는 트러블이란 피할 수 없는 것이고, 어떻게 최고의 트러블을 일으킬 것인지, 또 그렇게 하는 최고의 방법은 무엇인지가 중요한 과제라고 결론짓게 되었다.[1]

1956년 헝가리와 러시아계 유대인 가정에서 태어난 주디스 버틀러(Judith Butler)는 1990년 『젠더 트러블(Gender Trouble)』의 출간으로 세계적인 명성을 얻게 되었다. 버틀러는 페미니즘뿐 아니라 정치철학, 윤리학, 퀴어 이론, 정신분석학, 문학 이론 등에 걸쳐 작업을 이어오고 있는데, 특히 정체성과 주체성 형성의 문제를 뼈대로 삼아 젠더·섹스·폭력·언어 등에 대한 여러 새로운 논쟁적 입장을 제출함으로써 오늘날 미국 내에서 가장 주목받는 (버틀러를 패러디하면 '트러블을 일으키는') 철학자 중 한 명이 되었다. 문제는 그가 일으킨 트러블이 단지 기존에 관성처럼 받아들이던 법

1   주디스 버틀러, 『젠더 트러블』, 조현준 옮김, 문학동네, 2008, 73-74쪽.

적·언어적 개념들이나 사고 형태들만 뒤흔든 것이 아니라, 페미니즘 내부에도 불편한 영향을 준다는 점에 있을 것이다. 『젠더 트러블』에서 버틀러는 현재의 권력 구조 안에서 우리가 정체성을 통해 주체가 되는 과정을 추적하는데, 그 속에서 그는 **섹스, 젠더, 섹슈얼리티가 모두 법과 제도의 이차적 결과물이며 나아가 그것들을 구분 짓는 각각의 경계 역시 문화적·역사적 구성물임**을 폭로한다. 이런 맥락에서 그는 자아의 정체성을 구성하는 자연적·필연적 토대란 없으며, 그러한 자연적 토대를 상정하는 이론을 '실체(혹은 본질)의 형이상학'이라고 부르며 비판한다. 그렇다면 그의 말처럼 '여성' 정체성이 이처럼 언제나 유동적이고 불확정적이며, 그래서 심지어 페미니스트들 안에서도 '여성'의 의미를 동일하게 고정시킬 수 없다면, 여성을 억압하는 체제는 무엇이며, 또 그에 맞서 저항하는 토대는 무엇인지를 규정하기가 어려워진다는 문제가 남게 될 것이다. 즉 페미니즘의 안정적 기반을 동일하게 규정할 수 없다면(아니 더 나아가 규정하는 것이 불가능하다면), 우리는 운동의 측면에서나 이론의 측면에서 어떤 가능성을 갖게 되는가?


## 섹스/젠더/섹슈얼리티로 분할된 인식틀에 대한 비판


'젠더'라는 용어가 현재와 같이 통용되게 된 것은 시몬 드 보부아르(Simone de Beauvoir)가 『제2의 성(Le Deuxieme Sexe)』(1949)에서 "여자는 태어나는 것이 아니라 만들어지는 것이다"[2]라고 선언한 이후부터일 것이다.

---

2  시몬 드 보부아르, 『제2의 성(상)』, 조홍식 옮김, 을유문화사, 2004, 392쪽. 보부아르는 자신의 책 2부 '체험'의 서문에서 '여성'에게는 어떠한 원형도 부동의 본질도 없음을 강조하고 있다. "여자는 어떠한 식으로 그 신분을 수업(修業)하는가? 그것을 스스로 어떻게 느끼

즉 '여성적인 것'이 생물학적 성과는 달리 문화적·사회적 과정에 의해, 다시 말해 젠더화된 규범을 강제로 부과하는 과정에서 '형성'되고 '만들어진' 것이라는 비판적 문제의식이 발전된 결과인 것이다. 이러한 인식에서 보면 섹스는 생물학적 몸의 차이, 젠더는 문화적·사회적 동일시 양식, 섹슈얼리티는 성적 행위가 유래하는 근원적 욕망으로 이해된다. 이처럼 섹스/젠더/섹슈얼리티를 구별 짓고 분리시킨 인식론적 틀은 이후 여성운동이 성장할 수 있는 추동력을 제공했고, 페미니즘의 여러 형태의 이론적 발전을 가능하게 하는 원천이기도 했다. 섹스와 젠더가 일치하지 않는다면 몸의 차이에 기초해 여성에게 부과했던 기존의 여러 속성들(예컨대 모성성, 수동성, 감정적 성향, 연약함 등)이 사회적인 제도나 규범이 낳은 이데올로기적 산물이라는 것이 밝혀지고, 그 결과 여성으로 하여금 성역할이나 직업 선택에서의 고정성을 탈피할 계기를 준다. 나아가 또한 섹스와 섹슈얼리티가 분리될 수 있다면, 이성애에 기초한 정상 가족 체제의 필연성 역시 허구적인 것으로 이해될 수 있다.

버틀러의 작업의 독특함은 바로 이러한 분리의 인식(보부아르로부터 시작되어 오늘날까지 여러 페미니스트들을 지배하는 인식) '안에서' '그에 맞서는' 근본적이면서도 **내재적인 비판**을 전개한다는 점에 있다. 첫째, 보부아르의 생각, 즉 사람은 몸과 그 몸에서 비롯된 '성'을 갖고 태어나지만 성이 젠더의 필연적·인과적 원인은 아니며, 젠더는 신체적 외형에 의해 결정되는 것이 아니라는 생각을 극한으로 밀어붙이면, 설혹 성이 생물학적으로 둘(남자와 여자)로 분류된다 할지라도, 젠더가 둘이어야 할 필연성은 나오지 않

고 있는가? 어떠한 세계 속에 갇혀 있는가? …… '여자' 혹은 '여성적'이라는 말을 사용할 때 나는 어떠한 원형(原型)도, 어떠한 불변 부동의 본질도 의미하지 않는다. 나의 주장 중 대부분의 경우는 '현재의 교육과 풍습의 단계에서'라고 이해해 주지 않으면 안 된다. 여기에서는 영원한 진리를 말하려는 것이 아니라, 여자가 여자로서 살아가는 모든 실존의 공통적 배경을 그려 보고자 한다." 시몬 드 보부아르, 같은 책, 391쪽.

으며 섹슈얼리티의 형태 역시 특정한 형태로 한정될 이유는 없게 된다. 그럼에도 불구하고 보부아르는 젠더를 논할 때 늘 두 형태(남성성과 여성성)를 상정하곤 하는데, 이는 그 역시 **'젠더'를 이분법적 틀로** 이해하고 있으며, 따라서 젠더가 섹스를 반영하거나 모방하는 관계에 있음을 은연중에 드러낸 것이라 할 수 있다.[3] 둘째, 보부아르는 '몸'과 '섹스(성)'를 **"담론 이전의 해부학적 사실"**[4]로서, 즉 어쩔 수 없는 '자연적 소여'로 받아들이곤 하는데, 만일 그렇다면 염색체와 호르몬의 상태를 통해 우리에게 몸의 차이가 두 가지로 나타난다는 사실을 과학적으로 확인시키려 하는 무수한 담론들은 어떻게 받아들여야 하는가? 아니 그 이전에 임산부의 뱃속 아이가 남자인지 여자인지 확인하고자 하는 그 무수한 담론들은 무엇이며, 심지어 이런 성별 감별의 담론들은 왜 종종 그 감별조차 실패하곤 하는가? 이런 상황을 고려하면 보부아르의 주장과 달리 '몸'은 늘 담론 안에 감싸여져 있으며, 그 담론들을 통해서야 비로소 어떤 특정한 형태로 생산된다는 점에서 '자연적 소여'일 수가 없다. 셋째, 보부아르는 '주체'가 언제나 이미 남성적인 것이고 나아가 보편적인 것과 결합되어 있음을 폭로하면서 이를 여성적 '타자'와 구분하는데, 이를 통해 그(그리고 여러 페미니스트들)는 추상적인 인간이나 주체의 담론에 늘 도사려 있는 남성 중심적 인간주의를 근본적으로 비판할 계기를 주었다. 그런데 보부아르는 '인간'이라고 하는 담론의 장 안에서 여성의 몸을 "부인당하고 멸시당한 체현(embodiment)"[5]으로, 나아가 보편적 규범 바깥에 있는 것으로 전제하는 만큼 이것이 의미화 가능성을 차단한다고 본다. 그러면서 그는 해방의 가능성이 의미화되지 않은(나아가 남성적 규범에 물들지 않은) 여성의 몸을 자유

---

3  주디스 버틀러, 『젠더 트러블』, 95쪽.
4  같은 책, 99쪽.
5  같은 책, 105쪽.

의 도구로 이해할 때 발생한다고 주장하는데, 이는 문제적이다. 보부아르는 은연중에 '남성 의미화 대 여성 비의미화', '남성-주체-문화-정신 대 여성-타자-자연-몸'이라고 하는 플라톤-데카르트적 형이상학 세계관을 무비판적으로 재생산한다. 남성 중심적 인간주의를 비판하면서 동시에 역설적이게도 뤼스 이리가레(Luce Irigaray)가 말한 '남근 로고스 중심주의'를 끌어들일 여지를 남기게 된 것이다. 이러한 인식하에서 결국 '여성성'은 규범적으로 배제된 영역에 영원히 묶이게 되고, 암묵적으로 젠더 위계의 체계를 재생산한다. 더 나아가 페미니즘 정치의 해방적 가능성을 스스로 유폐시키는 것일 수 있게 된다.

## 열린 복합물로서의 젠더와 삶의 박탈

버틀러는 이처럼 '섹스/젠더/섹슈얼리티를 분리시키는 인식'이 한편으로는 여성운동과 페미니즘을 성장시킨 효과를 인정하면서도, 다른 한편으로 '젠더에 대한 이분법적 규범(남성성/여성성)의 고착화', '담론 이전의 영역으로의 몸의 실체화·물신화', '여성성의 항구적 타자화 및 배제' 등의 결론에 도달한다는 점을 비판함으로써 젠더와 몸뿐 아니라 페미니즘 정치학 자체를 다르게 배치할 길을 열고자 했다. 그런 점에서 버틀러는 섹스가 (일차적·본질적인) 자연과 관계되고 젠더가 (이차적·인위적인) 문화와 관계되는 것이라고 생각해서는 안 되고, **섹스는 이미 젠더이며** 그런 점에서 **섹스와 젠더(나아가 섹슈얼리티)는 모두 문화적 구성물**임을 강조한다. 그 결과 그의 관점에서 젠더는 "그 총체성이 영원히 보류되어서, 주어진 시간대에 완전한 모습을 갖출 수도 없는 어떤 복합물[로서] …… 다양한 집중과 분산을 허용"[6]할 가능성의 영역으로 열릴 수 있게 된다.

하지만 버틀러가 이처럼 '섹스가 이미 젠더이고 젠더를 열린 복합물'로 이해하게 될 때, 그렇다면 섹스/젠더/섹슈얼리티라는 견고한 개념을 통해 확보되는 '정체성'(특히 '젠더 정체성')의 의미는 어떻게 되는가의 문제가 남게 될 것이다. 이 문제가 중요한 것은 만일 버틀러의 논의대로 젠더 정체성이 비일관적인 것이라면, 그것을 통해 일정한 자리를 배치받는 '인간'으로서의 터전, 아니 인간 그 자체의 존재론적 지위 및 문화적 인식 가능성이 위협받게 될 것이며, 그 결과 '인간'으로서 '사회적으로' 인정받을 수 없다는 문제에 직면할 수 있기 때문이다. 예컨대 '나는 생물학적으로도 사회적으로도 미리 주어진 규범적 이분법, 즉 여성이나 남성으로 고착되지 않는다'로 대변되는 급진적 (탈)젠더 정치는 '그럼 넌 사회적으로 인식될 수 있는 인간의 범주에 포함되지 않으니 그 안정적 자격을 박탈당할 것이다'라는 공포스러운 박탈 정치를 예고하게 만든다. 버틀러는 바로 이 문제를 다루기 위해, 인간으로서 '인식된다는 것'의 의미와 그것에 내포된 권력관계를 분석할 필요를 제기하면서 프랑스 페미니즘과 후기구조주의 이론의 다양한 스펙트럼을 비판적으로 검토하고자 한다.


## 이리가레·푸코·위티그·크리스테바의 수용 및 대결

버틀러는 정체성을 규정하는 이론으로서 크게 네 가지 입장, 즉 타자를 재생산하며 그 안에서 자신을 발전시키는 '하나의 남성성만이 정체성으로서 존재한다'는 뤼스 이리가레, 남성성이든 여성성이든 '정체성 범주

6  같은 책, 114쪽.

는 널리 확산된 섹슈얼리티의 규제적 경제체제의 산물'이라는 미셸 푸코 (Michel Foucault), 강제적 이성애 상황에서 '정체성은 언제나 여성적'이라는 모니크 위티그(Monique Wittig), 마지막으로 '상징계(아버지 법)에 자리한 남성 정체성의 위치를 기호계(모체에서 비롯된 시적 언어)로 대체할 수 있는 가능성'을 열고자 했던 줄리아 크리스테바(Julia Kristeva)의 비판적 정신분석학의 입장을 든다. 버틀러는 이 네 가지 입장의 정체성 규정과 이론적 의의 및 한계를 제시하고, 최종적으로 자신의 결론을 통해 페미니즘 이론 및 정치의 새로운 방향을 모색하고자 한다.

첫째, 앞서 언급했던 보부아르의 논의를 비판적으로 전도시키는 이리가레의 성차 이론은 한편으로, 서구 문화의 관습적 재현 체계 안에서 **여성은 '주체' 모델로 이해될 수 없다**고 주장한다.[7] 그 점에서 여성들은 보부아르가 생각했던 것처럼 '항상 이미 남성적인 주체의 단순한 부정(타자)'으로는 이해될 수 없으며, 따라서 여성은 주체도 타자도 아닌, 이분법적 대립으로는 재현 및 환원될 수 없는 차이로 이해되어야 한다. 이런 관점에서 보면 '여성-몸 대 남성-이성'을 은연중에 전제하는 보부아르 역시 지배적인 남성성, 남근 로고스 중심주의 담론을 효과적으로 은폐하는 데 일조하는 것으로 비판된다. 둘째, 푸코가 보기에 **본질적인 섹스의 문법**은 이분법의 각 용어에 인위적인 내적 일관성을 부여할 뿐 아니라, **양성 간의 인위적인 이분법적 관계 또한 강요한다.**[8] 이처럼 섹슈얼리티를

---

7  "남성은 그녀가 원하는 것이 무엇인지, 어떤 일을 하려는지는 모른 채, 그녀를 자기 쾌락을 실현하기 위한 '대상'으로 '고려'하기 때문에 심지어 재차 요구한다. 그러므로 그녀는 자신이 갈구하는 것이 무엇인지 말하지 않을 것이다. 게다가 그녀 자신도 그것이 무엇인지 모른다." "'그녀'는 그녀 자신 속에서 영원히 타인이다." 뤼스 이리가레, 『하나이지 않은 성』, 이은민 옮김, 동문선, 2000, 34쪽, 38쪽.

8  "성을 이성 없는 순수한 역학에 이송한 것 같은 위대한 일련의 이항 대립(물체와 영원, 육체와 정신, 본능과 이성, 충동과 의식) 아래, 서양은 단지 성을 합리성의 징에 병합시키게 되었을 뿐만 아니라, 우리들 자신의 거의 모든 것, 다시 말해서 우리들, 우리의 육체, 우리의 영혼, 우리의 개성, 우리의 역사를 음욕과 욕망의 논리 아래 집어넣어 그것의 영향을 받도록

이분법적 성 범주로 규제하는 것은 이성애적·재생산적·법의학적 헤게모니를 파열시키는 섹슈얼리티의 전복적 다양성을 억압하게 된다. 셋째, 보부아르의 연속선상에 있는 위티그가 보기에 **성에 대한 이분법적 규제는 강제적 이성애 제도의 재생산**이라는 목적을 수행한다. 그렇기에 그는 강제적 이성애주의의 전복이 자유로운 인간의 산출이라는 진정한 휴머니즘을 열며, 에로스 경제의 확대가 섹스/젠더 그리고 정체성의 허상을 깨뜨릴 것이라고 주장한다. 결국 위티그는 여성들이 보편적 주체의 자리를 차지하기 위해 '섹스'의 허상을 파괴할 것을 요구하면서, 그 자리에 새로운 제3의 젠더를 세우자고 말하는데[9], 이는 결국 레즈비어니즘을 긍정하는 전략으로 소급된다. 넷째, 크리스테바는 자크 라캉(Jacques Lacan)의 '아버지 법'이 모든 언어적 의미화 구조(즉 '상징계')를 구성하는 보편 원리로 기능하면서, 모체에 대한 아동의 근본적 의존과 기원적 리비도(Libido) 욕망을 억압하는 기제가 된다고 보았다. 결국 상징계는 모체와의 기원적 관계를 거부함으로써 비로소 가능해지는데, 이러한 억압의 결과로 나타나는 '주체'는 억압적 법을 전달하는 메신저나 옹호자가 되는 것이다. 크리스테바는 이러한 라캉의 서사에 도전한다. 기원적으로 **모성의 몸으로 생겨난 언어 차원인 '기호계'가 상징계 안에서 영원히 전복의 원천으로 기능**하며, 다원적 의미와 기호의 비종결성이 지배적인 시적 언어를 통해 '상징계'의 질서를 대체할 것을 제안한다.[10] 이러한 입장들에 대한 버틀러의 분석 및 비판은 (지면의 한계상) 거칠지만 다음과 같은 간단한 도식의 형태로 정리될 수 있다.

---

하기에 이르렀다." 미셸 푸코, 『성의 역사(1)—앎의 의지』, 이규현 옮김, 나남출판, 1993, 92-93쪽.

9    Monique Wittig, "The point of view: Universal or particular?", *Feminist Issues*, vol. 3, No. 2, Fall, 1983.

10   줄리아 크리스테바, 『시적 언어의 혁명』, 김인환 옮김, 동문선, 2000.

|  | 이리가레 | 푸코 | 위티그 | 크리스테바 |
|---|---|---|---|---|
| 규범과 정체성 규정 | • 남성 로고스 중심주의<br>• 오직 남성의 성만이 존재하며 여성은 남성의 성에 대한 차이로서만 기능 | • 이성애 중심주의<br>• (남자든 여자든) 성 범주는 섹슈얼리티(이성애)의 규제적 효과 | • 강제적 이성애<br>• 남성은 보편적 인간으로 등록되며 따라서 여성만이 성 범주로 표시됨 (예: 여의사, 여교사) | • 언어적 의미화 구조 (상징계)<br>• '아버지 법'으로서의 상징계와 다원적 의미가 억압되는 모체(및 시적 언어) |
| 의의 | • 여성의 오인 혹은 재현 불가능성으로 인한 '하나이지 않은 성'의 가능성<br>• 남근 로고스 중심주의와 주체와 타자의 변증법 비판<br>• 주체 개념에 전제된 실체 형이상학 및 인간주의 비판 | • 정체성의 기원을 제도·담론·실천의 효과로 봄으로써 성 범주(섹스)가 역사적으로 특정한 섹슈얼리티 양식을 통해 구성된다는 계보학적 접근의 가능성<br>• 금기가 담론을 통한 효과로 작용하며, 금기를 권력관계 속에서 읽어내면서도 금기의 생산성을 설정한다는 점 | • 성의 자연성이 허구임을 폭로하며 섹스가 상상적 구성물이며, 젠더화된 범주로 산출된다는 점을 밝힘<br>• 섹스의 허구성을 근원적인 언어적 존재론(모두에게 동등한 기회가 부여된다는 것)을 통해 극복할 가능성 | • 라캉과 정신분석학의 근본적 전제로서의 상징계를 전복할 가능성 제공<br>• 모성적 몸에 가해지는 '아버지 법'의 단성적 의미화 기제를 다원적 의미로 대체할 수 있는 가능성<br>• 강제적 이성애 체제가 우울증과 비체화를 요청하는 인식적 가능성의 개방 |
| 한계 | • 남근 로고스 중심주의 비판을 통해 적을 단일화하는 인식론적 제국주의 설정<br>• 하지만 '식민화'는 남성성으로부터만 비롯되지 않으며 인종·계급·이성애 중심주의와 교차하면서 작동함 | • 양성 인간 에르퀼린 바르뱅의 일기에 대한 해석에서 은연중에 동성애적 인식을 주어진 것으로 전제함<br>• 바르뱅의 쾌락을 '비정체성의 행복한 중간 지대'로 이해할 때 드러나는 이상적 해방관 및 그에 따른 섹스와 정체성의 낭만화 | • 모든 발화에서 흠 없는 매끈한 정체성을 요구<br>• 대안으로 설정되는 '전 세계적 레즈비언화'가 지닌 도전적 제국주의의 위험성<br>• 레즈비어니즘이 가진 이성애 질서와의 근본적 단절, 따라서 이성애 내에서의 재의미화 가능성이 차단됨 | • 의미 이전과 이후의 설정<br>• 기호계의 시적 언어를 통해 전복하고자 하는 '아버지 법'의 상징적 의미화에 의존<br>• 문화에 앞서는 모성을 설정함으로 인한 모체의 자연주의화<br>• 모'성 본능의 목적론 설정 |

## 반근본주의적 연합의 정치

이리가레는 남근 로고스 중심적 언어에서 여성들은 재현 불가능성을 구성한다고 말한다. 뜻이 명료한 일의적 의미화의 언어 안에서는, 여성의 성적 차이는 지칭되거나 규정될 수 없다는 것이다. 이런 의미에서 여성들은 '하나'가 아닌 다수의 성이다.[11] 나아가 이리가레는 여성을 '타자'로 지칭하는 보부아르에 반대하면서, '남성-주체 대 여성-타자'라는 변증법적 인식에는 인간 안에 어떤 본질적 속성이 있을 거라고 미리 단정 짓는 '본질(실체)의 형이상학'이 전제되어 있다며 비판한다. 버틀러는 이리가레의 성적 차이의 이론이 인간에 대한 본질주의나 결정론에서 벗어나게 해주며, 나아가 남성적 의미화 경제의 획일성을 비판할 근거를 줌으로써 페미니즘적 비평의 다양한 가능성을 열게 했음을 인정한다. 하지만 버틀러는 뒤이어서 이리가레가 '타자의 문화'를 남근 로고스 중심주의의 확대 사례로 포함하는 방식을 언급하면서, 그것이 '인식론적 제국주의'의 일종임을 밝히고자 했다. 즉 사회적 관계 안에서 전개되는 여러 권력 작용들을 '남근 로고스 중심주의'라는 단일한 기호로 비판하는 것은 '적을 단일한 형태로 동일시하는' 전략이며, 이것은 '페미니즘 자체의 전체화'를 방관한 데서 비롯된다는 것이다. 버틀러가 보기에 권력의 식민화는 항상 남근 중심적으로 이뤄지는 것은 아니며, 그 안에는 인종적·계급적·이성애 중심적 권력 생산 작용이 동시에 이루어지기 때문이다. 따라서 여성은 남근 로고스 중심주의와의 관계 안에서만 생산되는 것이 아니라, "수많은 문화적·사회적·정치적 다양성" 속에서 배치되는 가운데 생산된다. 따라서

---

11 "그녀는 하나도 둘도 아니다. 사람들은 꼭 여성을 한 사람으로, 더 나아가 두 사람으로 결정할 수 없다. 그녀는 꼭 들어맞는 정의를 거부한다. 게다가 그녀에게는 '고유'명사도 없다." 뤼스 이리가레, 『하나이지 않은 성』, 35쪽.

이는 여성운동 안에서조차 무수한 형태의 권력관계의 효과로 생산된 '여성'들이 있음을 수용하는, 즉 통일성을 전제하지 않는 '연합의 정치학'의 필요성을 제기하는 방향을 취하게 만든다.

> 페미니스트의 행동은 안정되고 통일되고 합의된 정체성으로부터 설정되어야 한다는 강압적 기대만 없다면, 이러한 행동은 더 빨리 출발할 것이고, 여성이라는 범주의 의미가 영원히 고정되지 않는 수많은 '여성들'에게 훨씬 더 적합한 것이 될 것이다.
>
> 연합의 정치학에 대한 이런 반근본주의적(antifoundationalist) 접근방식은 '정체성'이 하나의 전제라고 생각하지 않으며, 그것이 형성되기 이전의 연합집단의 형태나 의미를 알 수 있다고도 생각하지 않는다. …… 열린 연합은 **당면한 목적에 따라 번갈아 제정되고 또 폐기되는 정체성**을 주장할 것이다.[12]

## 복종—위반의 양가성과 삶의 욕망

보부아르가 젠더가 구성적이라는 점을 이해하면서도 더 나아가지 못했던 것은, 몸(그리고 '성')이 자연적으로 주어진 것이라고 생각하는 데에서 기인한 것이다. 버틀러가 보기에 푸코는 여기에서 벗어나는 이론적 근거를 제공하는데, 푸코에게 몸은 오로지 권력관계의 맥락에서만 담론으로서 의미를 획득하며, 따라서 '성'은 일관된 정체성을 부여하는 규제적 관행, 즉 섹슈얼리티를 이성애로 안정화시키는 법적·규범적 장치를 통해 생산되기 때문이다. 나아가 푸코의 계보학적 탐구는 욕망이 단순히 금지

---

12  주디스 버틀러, 『젠더 트러블』, 113–114쪽(강조는 필자).

나 억압되는 것이 아니라, '억압되었다'고 간주하게 만드는 담론적 생산 과정을 통해 특정한 형태로 반복 생산된다는 점을 제시한다. 근친상간 금기로 대표되는 금지의 이면에서, 인간들은 자신들이 억압되었다고 간주한 이성애 욕망을 반복적으로 재생산하고, 그것으로써 문화적으로 인정받는 정체성을 형성하게 되는 것이다. 하지만 버틀러가 보기에 푸코에게는 스스로의 관점과도 모순되는 한 가지 문제가 있는데, 그것은 양성 인간 에르퀼린 바르뱅(Herculine Barbin)의 욕망을 설명하는 과정에서 나타난다.[13] 거의 보이지 않는 작은 페니스(혹은 확대된 클리토리스)를 갖고 태어난, 그래서 '여자'의 성을 부여받은 바르뱅은 수녀원에서 만난 소녀들과 '어머니의 자리를 대신한' 수녀들에게 연애 감정을 느끼는 죄의식으로 인해 괴로워했다. 바르뱅은 자신이 작은 성기를 갖고 있음을 고백하고 당국으로부터 합법적인 남자의 권리를 부여받지만, 이후 의사와 판사의 신체 규정에 따라 법적 격리 조치된 이후 자살로 생을 마감하게 된다. 푸코는 바르뱅이 여자에서 남자로의 변신 전에는 사법적·규제적 성 범주의 압력에서 벗어난 '자유로운 쾌락'을 향유했다고 보는데, 버틀러는 이렇게 "비정체성의 행복한 중간 지대"를 설정하는 푸코의 논의는 섹스와 정체성의 범주를 초월하는 유토피아적인 쾌락의 세계가 있음을 전제하는 것이며, 따라서 섹슈얼리티를 형이상학적으로 물화시키는 것이라고 비판했다.

그렇다면 바르뱅의 양성구유의 몸과 그/녀의 성적 쾌락을 어떻게 이해해야 할까? 버틀러는 바르뱅의 몸과 쾌락은 일의적인 의미를 부과하는 법 담론 내에서 생산된 것이면서도 동시에 법 담론의 언어로는 규명될 수 없는 모호한 양가성으로 이해할 것을 제안한다. 바르뱅의 욕망은

---

13  이에 대해서는, Michel Foucault ed., *Herculine Barbin: being the recently discovered memoirs of a nineteenth-century hermaphrodite*, trans. Richard McDongall New York: Colophon, 1980을 참고하라.

한편으로 자매와의 섹슈얼리티를 금지시키는 수녀원의 제도적 명령('동성애 금지')에의 위반으로 구성('동성애 감정')되는 한편, 자매들의 몸이 자신과는 '다르다'는 것(따라서 '비동성애적 욕망')을 느낀다. 사라라는 이름의 '자매'와의 하룻밤 뒤 바르뱅은 '이성애가 내포된' 소유와 승리의 언어("바로 그 순간부터, 사라는 내 것이었다!!")를 말하는데, 이것은 그/녀(바르뱅)가 이성애 규범 내에서 작동하는 남성적 특권을 '찬탈'하고 그 특권을 모방한다는 점을 보여 준다. 그렇다면 그/녀의 욕망은 푸코가 생각한 '비정체성의 지대'가 아니라, 이성애 규범 체제에 복종한(즉 이성애적 정체성을 형성한) 결과이면서 동시에 아직 권리상 여자인 상황에서 그 규범을 위반한 결과이기도 한 것이다. 그/녀는 이러한 복종·위반·굴절·혼란이 교차하는 가운데 자신의 정체성을 형성하려 했는데, 이러한 정체성 형성은 그/녀가 규범 체제 한 가운데에서도 자신의 삶의 자리를 확보하려는 것, 즉 "살기 위한 욕망, 삶이 가능해지도록 만들려는 욕망, 그 가능성을 다시 생각해 보려는 욕망에서 행해진 것"임을 보여 주는 것이다.[14] 버틀러는 바로 이렇게 정체성이 생산되는 그 자리에서 대안이 전개될 존재론적 지위를 확인한다, 즉 '삶을 욕망하는 한, 그들은 모두 자신에게 강제된 권력 체제 한가운데에서도 늘 전복의 가능성을 남겨 둔다.'

젠더의 '통일성'은 강제적 이성애의 실천 효과이다. 이 실천의 힘은 배타적 생산 장치를 통해 '이성애' '동성애' '양성애'의 상대적 의미를 제한하기도 하고 그 의미들의 융합과 재의미화가 일어나는 전복의 장소가 되기도 한다. 이성애주의와 남근 로고스 중심주의의 권력체제가 그들의 논리, 형이상학, 당연시된 존재론의 지속적 반복을 통해 스스로를 증식하고자 한다고 해서, (마치 그럴 수 있다는 듯이) 반

---

14 주디스 비틀러, 『젠더 트러블』, 63쪽.

복 자체가 멈춰야 한다는 뜻은 아니다. 반복이 정체성의 문화적 생산이라는 기제로서 지속된다면 다음과 같은 핵심적 질문이 등장할 것이다. 어떤 종류의 전복적 반복이 정체성 자체의 규제적 관행을 문제 삼을 것인가?[15]

## 구성적 외부로서의 우울증

그렇다면 이러한 강제적 이성애 체제 안에서, 그것을 벗어나게 하는 힘은 어디에서 비롯되는 것일까? 버틀러는 그것을 정신분석학의 '우울증' 논의를 통해 해명하고자 했는데, 그와 유사한 입지점을 가진 크리스테바를 분석·비평함으로써 '우울증'의 확장된 개념틀을 확보하고자 했다. 크리스테바의 이론은 모체에 대한 기원적 관계의 억압을 필요로 한다는 라캉의 서사에 도전하는 의의를 가지고 있다. 라캉과는 반대로 그는 '기호계'가 기원적 모성의 몸 때문에 생겨난 언어 차원이라고 주장하는데, 이를 통해 기호계는 상징계 안에서 영원히 전복의 원천으로 작동한다. 이 점에서 크리스테바의 전략은 라캉의 상징계에 맞서 '기호계'를, 그리고 '아버지 법'에 맞서 '시적 언어'를 대치시키는 데 초점이 맞춰져 있다.

버틀러가 보기에 이러한 크리스테바의 전략은 몇 가지 문제를 지니고 있다. 첫째, 크리스테바가 '시적 언어'로 '아버지 법'을 대체하려고 노력하는 만큼, 불가피하게 그 법의 안정성을 전제하고 그 체계를 확정짓는다는 점. 둘째, 크리스테바는 모성적 몸이 문화보다 앞서 있는 의미와 본질성을 지닌다고 말하는데, 그에 따라 모성은 물화되고 모성의 변이 가능성을 사전에 배제할 수밖에 없다는 점. 셋째, 크리스테바는 상징계가 억압

---

15 주디스 버틀러, 『젠더 트러블』, 145-146쪽.

하는 일차적 충동(모성적 충동)이 있다고 말하면서 이 충동의 현실화로 '아이의 옹알이'나 '정신병자의 방언'처럼 상징계 바깥에 놓여 있는 영역을 설정하는데, 문제는 그가 동성애를 모성으로의 귀환으로 보는 만큼 '동성애=정신병'이라는 전제를 아무 문제의식 없이 수용하게 된다는 점 등이다. 버틀러는 이렇게 크리스테바의 한계와 문제를 지적하면서도, '근친상간 금기'와 '동성애 금기'가 아이의 젠더를 형성하는 계기가 된다는 점에 대해서는 긍정한다. 프로이트는 사랑하는 대상을 상실했을 때 주체가 보이는 심리적 반응을 애도와 우울증으로 구분해 설명한 바 있다. 상실된 대상을 분명히 이해하고, 대상에 대한 사랑에 머무는 '애도'와 달리, '우울증'은 상실된 대상이 분명하지 않으며, 상실을 통해 자아의 형성으로 나아가며 또한 대상에 대한 사랑이 증오로 변모한다. 크리스테바에게서 '우울증'은 엄마에 대한 딸의 사랑이 근친상간과 이성애 금기를 통해 형성된 상실감을 내면화시키는 기제로 설명된다.[16] 여자아이의 정체성은 모성적 몸에 대한 일종의 상실이자 결여가 되며, 아이의 에고는 모체와의 분리에 우울증적으로 반응한 결과 '특정한 정체성'을 형성한다.

버틀러는 크리스테바의 관점이 모성성을 우울증과 동일시함으로써 '젠더 정체성의 형성'을 설명할 근거는 제공하면서도, 그것이 왜 이성애적 틀 안에서의 젠더 생산과 동성애의 거부/보존이 지속적으로 작용하는

---

16 "보이지 않는 자신의 질의 발견이 여성에게 무한한 감각적·사변적 그리고 지적 노력을 요구할 경우, 최초의 모성 대상의 성(sexe)과는 다른 성을 가진 성적 대상으로의 이행과 동시에 일어나는 상징 질서로의 이행은 대규모의 가공 작업을 표상하고, 그 작업에서 여자는 남자가 요구하는 것보다 더 높은 심적 잠재력을 투입한다. 이 과정이 순조롭게 완수될 적에 소녀들의 조숙한 각성, 많은 경우 학교 연령에 비해 보다 우수한 그녀들의 지적 수행 능력, 지속적으로 보여 주는 여성적인 성숙함 등등은 그 가공 작업의 증거가 된다. 그러나 여자들은 그 대가로 상실된 …… 그 정도로 상실되지는 않은 그 대상의 문제성 많은 상실의 슬픔을 끊임없이 기리면서 보상을 받는다. 그리고 그 대상은 계속 여성적인 안락함과 성숙함의 '지하 납골당' 안에 남아 있으면서 끈질기게 그녀들을 괴롭힌다." 줄리아 크리스테바, 『검은 태양─우울증과 멜랑콜리』, 김인환 옮김, 동문선, 2004, 46쪽.

지를 이해하는 방향으로까지는 나아가지 못했다고 지적하며 다음과 같이 덧붙인다. "크리스테바는 아버지 법을 **금지** 개념에만 독점적으로 한정시키기 때문에 아버지 법이 특정 욕망을 자연스러운 충동의 형태로 **생성**하는 방식을 설명할 수 없다. 크리스테바가 표현하고자 하는 여성의 몸은 그 자체 법에 의해 생산되는 구성물이고, 그것은 법의 토대를 약화시키게 되어 있다."[17] 버틀러는 이성애 규범을 통해 배제되는 동성애가 완전히 사라지는 것도, 정신병으로 귀착하는 것만도 아닌 '주체의 내부로 진입해' 매 순간 이성애자든 동성애자든 모든 이들의 내면에서 그들의 정체성(및 규범)을 흔들리게 만든다는 점을 강조하고자 했다. 따라서 버틀러에게 우울증을 앓는 젠더 주체의 몸은 이성애 중심주의가 배제했던 동성애를 불완전하게 합체한 사람들이며, 따라서 '젠더'는 이성애 규범을 신체로 통합하지만 항상 그 규범이 실패하고 거부됨으로써 형성된 내 안의 타자(즉 '구성적 외부')인 것이다.

> 젠더 정체성은 자신을 몸에 암호화하고 사실상 살아있는 몸과 죽은 몸을 결정하는, 상실의 거부를 통해 설정될 것이다. 반은유적 활동으로서의 합체는 몸 위에 혹은 몸 안에 상실을 문자 그대로 새겨 넣어서 몸의 사실성으로, 즉 몸이 문자적 진리로서 '성'을 갖게 되는 수단으로 나타난다. 주어진 '성감'대에서의 쾌락과 욕망을 금지하거나 그 위치를 설정하는 행위야말로 몸의 표면을 가득 채운 일종의 젠더 특정적 우울증이다.[18]

---

17  주디스 버틀러, 『젠더 트러블』, 261쪽.
18  같은 책, 216쪽.

## 수행적·전복적 패러디와 페미니즘의 영원성

수많은 페미니스트 이론과 문헌에서는 행위 뒤에 행위자('여성 주체')가 있다고 가정하곤 한다. 행위 주체 없이는 어떤 행위도 있을 수 없고, 따라서 사회의 지배 관계를 변화시킬 저항의 추동력도 주체 없이는 불가능하다는 것이다. 위티그 역시 행위 작용의 장소로 주체와 개인을 상정하는 입장 안에 있다. 그럼에도 그의 이론이 이전보다 진일보한 것은, 그가 젠더의 수행적 구성이 문화의 물질적 실천 속에서 가능하다고 본다는 점이다. 위티그가 보기에 성의 이분법적 규제는 강제적 이성애 제도의 재생산이라는 목적을 수행하는데, 그 속에서는 오로지 여성 젠더만이 언어적으로 존재한다.[19] 예를 들어 강제적 이성애 안에서 남성이 보편적 주체의 자리를 차지하는 만큼 젠더에는 오로지 여성만이 남게 되는데, 예컨대 각종 직업들의 표시에서 '여의사', '여교수', '여기자'가 말해 주는 것이 바로 이런 것이겠다. 위티그는 이러한 표식이 제도에 효과적으로 저항하는 실천들에 의해 삭제될 수 있다고 생각했는데, 그러한 생각의 전제에는 '섹스'가 언어적 허구이며, 이 허구를 유지하기 위해 이성애 제도는 강제적 규범으로 작동한다는 점이 담겨 있다. 따라서 위티그에게 섹스와 젠더는 차이가 없으며 섹스 범주는 그 자체 권력관계 속에서 젠더화된 범주로 이해된다. 위티그의 이러한 발상은 모든 사람에게 새로운 형태의 주체성을 확립할 동등한 기회가 언어 안에서 주어질 수 있으며, 여성들이 발화를 통해 자신의 물화된 '성'을 벗어날 가능성을 열어 두게 한다. 그 결과 위티그는 '문학작품도 전쟁기계처럼' 작동할 수 있으며, 이 전쟁의 주된 전략은 여성, 레즈비언, 게이들이 '말하는 주체의 위치'를 선점하는 데 있다고 본

---

19  Monique Wittig, "The Mark of Gender", *Feminist Issues*, vol. 5, No. 2, Fall, 1985, p.4.

다. 버틀러는 이러한 위티그의 관점이 오직 보편적이고 절대적인 관점을 취해야만, 또 전 세계를 레즈비언화해야만 강제적 이성애 질서가 파괴될 수 있다는 생각으로 귀결된다고 본다. 이것의 문제는, '도전적 제국주의 전략'이 가능하기 위해서 모든 사람들이 이성애에 참여하고 있으며, 또한 그 안에서 억압을 반복하고 강화해야 한다는 점에 있다. 이성애가 완전한 위치 변경을 필요로 하는 체계라는 바로 그 이유로 인해, 이성애주의를 재의미화할 가능성 자체는 거부된다. 따라서 위티그의 이론에서는 이성애에 대한 근본적 순응 혹은 총체적 거부라는 양자택일만 남게 된다. 또한 버틀러는 이러한 위티그의 저항 전략에는 강제적 이성애에 물들지 않은 '순수한 동성애'가 상정될 수밖에 없으며, 그만큼 이성애와 퀴어 사이에는 어떠한 연결도 보장되지 않는 근본적 단절만이 남게 된다는 점을 지적한다. 버틀러는 이러한 위티그의 생각에 맞서 "이성애 자체는 강제적인 법이기도 하지만 또한 필연적인 코미디이기도 하다. …… 나는 이성애가 강제적인 체계이자 내재적 희극, 즉 그 자체에 대한 지속적 패러디로 보는 동시에 어떤 대안적인 게이/레즈비언 관점으로 보려는 통찰을 이성애 쪽에 제시하고 싶다"[20]고 말한다. 바로 여기에서 버틀러만의 고유한 저항 전략 개념인 '**전복적 패러디**'가 도출된다.

> 권력은 거부될 수도, 철회될 수도 없다. 다만 재배치될 뿐이다. 사실 나의 견해는, 게이와 레즈비언의 실천에 대한 규범적 핵심은 권력의 완전한 초월이라는 불가능한 환영보다는, 권력의 전복적이고 패러디적인 재배치가 되어야 한다는 것이다. …… [따라서] 효과적인 전략은 정체성의 범주 자체를 전유하고 재배치하는 가운데 나타날 것으로 보인다. 그것은 단지 '성'에 대항하기 위해서가 아니라 '정

---

20  주디스 버틀러,『젠더 트러블』, 315쪽.

체성'의 자리에 다양한 성적 담론이 집중된다는 것을 표명하기 위해서다. 이는 어떤 형식이 되건 간에, 성의 범주를 영원히 문제적인 것으로 만들기 위해서다.[21]

이런 점에서 버틀러의 '패러디' 개념은 강제적 이성애 체제 안에서 그것이 부과하는 규범에 대한 재이용·재의미화를 염두에 두는 것이며, 그만큼 그러한 저항 전략은 담론 이전의 형이상학적 실체를 상정하지도, 나아가 저항 이후의 유토피아적 낭만화로도 귀결되지 않는 진정한 '내재주의'를 성취하는 것으로 보인다. 이러한 '내재주의'는 권력 작용이 있는 곳에서는 그 어떤 장소나 시간, 어떠한 위치에서도 저항과 전복이 가능할 수 있는 새로운 형태의 '영구혁명' 모델로 귀결되며, 그래서 페미니즘 정치의 새로운 대안을 확립하게 해준다. 이러한 대안적인 페미니즘 정치에 대해 버틀러는 다음의 구절로 『젠더 트러블』의 결론부를 제시한다.

페미니즘의 '우리'는 언제나, 그리고 오로지 환영적 구성물에 불과하다. 이 환영적 구성물은 자신의 목적이 있지만, 그 용어의 내적 복잡성과 불확정성을 부정하고, 또 그것이 동시에 재현하고자 하는 구성물의 일부를 배제해야만 자신을 구성한다. 그러나 이처럼 빈약하고 환영적인 '우리'라는 위상이 절망의 원인은 아니며, 최소한 절망의 유일한 원인은 아니다. 이 범주의 근본적인 불안전성은 페미니즘의 정치적 이론화에 대한 근본적 제약을 문제시하며, 젠더와 몸뿐 아니라 정치학 자체를 다르게 배치할 길을 연다.[22]

---

21  같은 책, 318-319쪽, 326쪽.
22  같은 책, 351쪽.

**PART 6**

# 차이와 감정으로 정의를 설명하다

'정의란 무엇인가'를 다시 묻다
**아이리스 매리언 영의 『차이의 정치와 정의』**

## 유민석

서울시립대학교 철학과에서 박사과정을 수료하고, 한국철학사상연구회 여성과 철학 분과에서 공부하고 있다. 주디스 버틀러의 『혐오 발언』을 우리말로 옮겼으며, 「퀴어에 대한 언어, 퀴어의 언어」, 「혐오 발언에 기생하기—메갈리아의 반란의 발화」 등 혐오 발언과 표현의 자유에 대한 몇몇 글을 썼다. 화용론, 메타 윤리학, 페미니즘 언어철학 등 언어를 통한 사유에 주로 관심이 있다.

한국 사회에서 정의는 뜨거운 화두이다. 정치철학자 마이클 샌델 (Michael Sandel)의 『정의란 무엇인가(Justice: What's the Right Thing to Do?)』(2009)라는 책은 국내에서 무려 200만 부를 돌파하기도 했으며, 몇 해 전 직권을 남용하고 국정을 농단했다는 이유로 대통령을 탄핵시킨 배경에도 정의에 대한 갈망이 존재했다고 볼 수 있다. 영화 〈내부자들〉에서 주인공 안상구(이병헌 분)와 우장훈(조승우 분)은 재벌 회장과 거물 정치인, 거대 언론에 맞서서 "정의를 원한다"라고 말하기도 했다.

아이리스 매리언 영(Iris Marion Young)은 이런 정의의 문제를 다룬 사상가이다. 그는 정의와 사회적 차이를 연구한 저명한 미국의 정치철학자이자 시카고 대학 정치학과 교수로, 1990년 저작 『차이의 정치와 정의(Justice and the Politics of Difference)』에서 지금까지의 정의론이 분배 중심 정의론이라 비판하며 '차이의 정치(politics of difference)'를 제기한 것으로 유명하다.

사실 한국 사회에는 존 롤스(John Rawls)의 『정의론(A Theory of Justice)』(1971)으로 대변되는 평등 지향적인 자유주의적 정의관이나, 로버트 노직(Robert Nozick)의 자유 지상주의 정의론, 그리고 샌델의 『정의란 무엇인가』와 같은 공동체주의적 정의관이 잘 알려져 있다.

그러나 이들의 정의관은 주로 파이를 어떻게 분배할지 혹은 플루트는 누가 차지해야 하는지와 같은 부나 재화, 지위 등의 분배 문제에만 관심을 두거나, 철로에서 누구를 구해야 하는지와 같은 일어날 법하지 않은 극한 상황(도덕적 딜레마 상황)에서의 도덕 추론을 따지는 데에만 관심을 뒀을 뿐, 성소수자가 당하는 억압이나 여성들이 느끼는 차별과 같은 매우 첨예한 사회적 문제들과는 다소 거리가 있는 내용들이 대부분이었다.

이를테면 롤스의 유명한 '원초적 입장'이나 '무지의 베일' 같은 가상의 장치들은, 물론 공정으로서의 정의(justice as fairness)를 정초하기 위한 것이지만, 기본적으로 일상에서 소수자와 약자가 느끼는 억압·차별의 문제와는 동떨어져 있는 듯 보인다. 과연 '정의의 두 원칙'이 억압당하는 사회적 약자들의 현실과 무슨 상관이란 말인가?

페미니스트 정치철학자 영은 이런 정의관을 예리하고 통렬하게 조목조목 비판한다. 정의 및 부정의에 대한 문제는 분배가 아닌, '지배'나 '억압'에서 출발해야 한다는 것이다. 그렇다면 분배 중심의 정의론이 대체 무슨 문제라는 것일까?


## 분배 정의관의 문제점

분배 정의관이란 소득이나 자원 등의 불평등을 해소하고 물질적 재화를 공정하게 분배하는 것이야말로 사회정의의 일차적인 과제라고 주장하는 입장이다. 이런 분배 정의관은 좌파와 우파, 자유주의와 사회주의를 막론하고 서구 정치철학 논의에서 중심을 차지해 왔다.

물론 영이 분배적 정의관의 모든 주장들을 배격하는 것은 아니다. 영은 분배적 정의관이 부와 자원의 분배나 지위에서의 불평등에 관심을 기울임으로써 매우 중요한 역할을 해 왔다는 것을 인정한다. 빈곤과 궁핍 속에서 하루하루를 근근이 살아가야 하는 제3세계의 현실이나 저소득 노동자들의 현실은 분배적 정의가 긴요한 문제임을 입증해 준다.

그러나 영에 따르면, 사회정의에 대한 사유를 사물, 자원, 소득, 부와 같은 물질적 재화의 할당이나 사회적 지위, 특히 직업의 분배에만 집중하는 경향은 분배 형태—산출된 물질적 재화를 놓고 누가 얼마만큼 가질 것인가—만을 다루지, 그러한 분배를 낳는 배경과 조건인 사회구조와 제도적 맥락의 문제를 간과한다. 다시 말해 분배적 정의관의 문제점은, 분배를 낳는 제도적 문제를 간과하고 현재의 제도적 맥락을 당연한 것으로 전제함으로써 이것이 이데올로기적으로 기능하게 된다는 것이다. 예컨대 관료제나 복지 자본주의적인 정부 형태를 당연하게 주어진 것으로 생각하는 것 등이 그러하다.

분배적 정의관은 이렇듯 분배 문제에 버금가게 중요한 문제들을 무시하고 간과하게 한다. 분배 문제는 정의의 필요조건일 수는 있어도, 충분조건일 수는 없다. 분배의 문제가 정의의 전부라고 간주하게 되면 우리는 그러한 불평등한 분배와 부정의를 낳는 생산조건과 제도적 맥락들인 **노동 분업의 문제, 의사결정 권력 문제** 그리고 **문화의 문제**를 보지 못하게 된다. 또한 분배에만 주목할 경우, 분배와 관련될 수는 있지만 그보다 더 포괄적이고 구조적인 '억압'이라는 문제는 도외시된다. 이것들 모두는 재화의 불평등한 분배에 못지않게 시급한 문제들임에도 말이다. 이 같이 분배와 상관없는 부정의 문제들—의사결정 권력 및 절차, 노동 분업, 문화—을 좀 더 자세하게 살펴보자.

먼저 분배와 관련 없지만 매우 중요한, 의사결정 권력 및 절차의 문제가 있다. 예컨대 시민이나 노동자의 삶에 지대한 영향을 끼치는 기업이나 국가의 의사결정이 민주적으로 이루어지지 않고, 그 결정 과정에서 누군가 배제되거나 다른 누군가에 의해 일방적으로 이뤄지는 경우, 그런 의사결정 권력 및 절차의 문제는 비록 분배의 문제와는 크게 관련이 없지만 부정의하다고 할 수밖에 없다.

영이 드는 사례는 지역 주민들의 의향을 묻지 않고 폐기물 매립지를 설립하려고 했던 매사추세츠 주의 사례라던가, 지역 시민들의 일자리를 책임지고 있는 사업장을 일방적으로 폐기한 오하이오 주 기업의 결정 등이다. 이것들은 소득과 부의 분배 문제라기보다는, 지역 주민들의 의사가 민주주의적으로 반영되지 못한 채 중대한 정책들이 일방적으로 결정된, 즉 의사결정 및 의사 권력이라는 절차적 문제였던 것이다.

또한 많은 여성들이 돌봄노동과 가사노동에 쏠리게 되는 현상과 같이, '누가 노동을 할지 그리고 누가 어떤 노동을 하게 되는지'에 관한 '노동 분업'이라는 문제 역시 분배적인 것을 넘어서는 제도적이고 구조적인 문제이다. 단순하게 기계적인 컴퓨터 데이터 입력 작업만 반복하는 사무직 노동자의 일을 살펴보자. 이런 컴퓨터 사무직 노동자의 기계적이고 반복적인 삶이 인간다운 것이며 정의로운 것이라고 할 수 있을까? 그렇다고 볼 수 없을 것이다. 아무리 연봉을 많이 받는다 하더라도 그런 일을 의미 있다고 생각할 사람들은 많지 않을 것이기 때문이다. 이 경우도 의미 있는 노동을 할 권리가 침해당한, 노동 분업의 문제인 것이다. 이런 부정의 역시 그 자체로는 분배적인 문제와는 크게 상관없다.

마지막으로 문화의 문제가 있다. 이것은 특정 집단들을 재현하는 문화적 방식과 관련된다. 예컨대 흑인들을 범죄자나 악역으로 묘사하는 영화라든지, 이슬람인들이 등장하면 전부 바람둥이 왕자이거나 테러리스트로 그려지는 방식들은 모두 분배와는 관련이 없지만 특정 집단에 대한 문화적 해석에 매우 심각한 영향을 미친다. 한국 사회의 미디어 역시 편견과 고정관념으로 여성이나 동성애자를 비하하거나 희화화하곤 한다. 이러한 것 모두는 직접적으로 분배와는 관련이 없지만 해당 집단에게 심각한 부정의라고 할 수 있다.

최근 한국 사회에서 뜨거운 쟁점이 되고 있는 '저녁이 있는 삶'이라든지, 삶과 노동의 균형을 뜻하는 신조어 '워라밸(Work and Life Balance)'이라든지, 가사노동의 분업 문제 혹은 돌봄노동이 저평가되는 문제라든지, 직장 내에서 민주주의가 이뤄지지 못하게끔 하는 '갑질'이나 '직장 내 괴롭힘' 등이라든지, 또 권위주의적인 관료제의 문제라든지, 이러한 문제들은 이를테면 분배의 문제 너머에 존재하는 문제들이다.

영에 따르면, 기존의 분배적 정의관은 이러한 부정의들을 담아낼 수 없으며, 따라서 우리는 정의의 문제에 대해 분배가 아닌 '지배'와 '억압'이라는 문제로 시선을 돌려야 하는 것이다.


## 차이에 대한 배제

영은 기존의 분배 중심 정의관이 개인주의적이며 이성 중심적이고 남성 중심적이라고 비판한다. 롤스의 정의론에서 알 수 있듯이, 원자적이고 불편부당한 개인을 전제하거나 동질적인 공중을 강조하는 식이다. 특히 영은 포스트구조주의와 페미니즘의 입장을 끌어온다. 기존 정의론들의 기저에는 일종의 근대적 이성 중심주의와 사회 존재론이 깔려 있으며, 이에 따라 이성과 정신을 지닌 백인 이성애자 남성은 감성과 신체의 영역을 여성·동성애자 등과 같이 '타자'에게 속한 것으로 전가시킨다. 영은 이렇게 '동질적 공중'을 전제하는 정의관을 비판하며, 다양한 사회집단이 경험하는 억압을 인정하는 '이질적 공중'을 내세우는 '차이의 정치'를 자신의 정의론으로 제시한다.

정의에 관해서는 크게 이상적인 정의의 원칙이나 가상적인 계약을 제시하는 초월론적 접근법과 현실의 부정의를 발견하고 제거해 나가는 내재적 방법이 대비된다. 영은 후자의 방식을 택한다. 현실을 분석하고 규범적인 진단을 하는 비판이론 전통, 상호 주체성과 신체와 감정을 복권시키는 페미니즘과 포스트모더니즘의 통찰, 그리고 무엇보다도 현실의 피억압 집단들의 투쟁에서 얻은 교훈을 결합하여, 영은 다양한 차이를 가지는 피억압 집단들로 이루어진 이질적 공중들의 차이의 정치를 주장한다.

이러한 영의 주장은, 사실 20세기 후반에 폭발적으로 급증한 신사회운동, 즉 맑스주의 이후의 여성운동, 게이-레즈비언 운동, 흑인 운동 등 현실 운동에 영향을 받은 것이기도 하다. 이들 신사회운동은 모두 억압과 부정의에 대한 요구를 주장하면서 등장하였다. 이들은 모두 단순한 사람들의 무리인 '집합체'나 자발적인 '결사체'와는 다른, 체계적이고 구조적인 억압을 당하는 '사회집단'으로서의 특징을 가진다.

분배 중심적이었던 그동안의 정의론과 달리 부정의의 해결은 지배와 억압의 문제에서 출발해야 한다. 이러한 차이의 정치의 도전에 대해 정치철학적으로 과연 어떤 답변을 해야 할까? 아니, 질문을 달리 해서, 부와 재화의 보다 공정한 소유나 분배에 대한 논의가 정의의 문제의 전부라고 생각하는 한국 사회는, 여성이 돌봄노동과 성별화된 노동에 종사되는 노동분업의 문제, 시민들이 관료화된 행정조직의 의사결정에서 배제되는 문제, 동성애자를 비롯한 성소수자들이 혐오의 대상이 되거나 구타당하는 문제, 즉 차이의 정치의 도전에 대해 준비되어 있다고 볼 수 있을 것인가?

## 억압의 다섯 가지 모습들

성소수자들이 "사랑은 혐오를 이긴다"라는 구호를 외치며 행진을 벌이는 퀴어문화축제를 보거나, 강남역 살인 사건 그리고 불법 촬영물로 촉발된 여성들의 시위 등을 보면, 억압당하는 집단은 부정의를 겪고 있다고 주장하며 정의를 요구한다. 정의란 무엇이며, 부정의란 무엇일까?

영은 『차이의 정치와 정의』에서 유명한 '억압의 다섯 가지 모습들'을 제시한다. 영은 철학에서 논의되어 왔던 기존의 정의론을 비판하면서, 정의와 부정의는 분배 문제에만 국한되어서는 안 되며, '억압'과 '지배'에서 출발해야 한다고 주장한다. 그렇다면 억압이란 무엇이며, 누가 어떻게 억압당한다는 것일까?

억압이란 "사회 구성원의 일부가 사회적으로 인정된 환경에서 좋은 기술들을 익히고 사용하는 것을 막는 제도적 과정 체계"[1]를 뜻한다. 이는 사회 구성원들의 자기-표현(self-expression)과 관계된다. 한편 지배는 "사람들이 어떤 행위를 할지 결정할 때 참여하지 못하게 금제하거나 막는, 또는 행위 조건들을 결정하는 데 참여하지 못하게 금제하거나 막는 제도적 조건들"[2]을 말한다. 이는 사회 구성원들의 자기-결정(self-development)과 연결된다. 영은 이런 억압과 지배를 제거하는 것이야말로 사회정의라고

---

[1]  아이리스 매리언 영, 『차이의 정치와 정의』, 김도균·조국 옮김, 모티브북, 2017, 99쪽.
[2]  같은 책, 99쪽.

주장한다.

억압이라는 용어는, 우선 전통적으로 독재국가에서 탄압받는 시민들을 일컬을 때 사용되거나, 제국주의 식민지 국가 또는 공산국가들을 가리킬 때 주로 사용되어 왔다. 그러나 영에 따르면 억압은 심지어 발전된 서구 자유주의 국가에서도 존재하며, 반드시 억압하는 자가 존재해야만 하는 것은 아니다. 다시 말해 억압은 제도적인 조건이기에, 단순히 사회적 지위나 생산관계로 인해 누군가가 특권을 얻고 누군가는 차별당하는 상황 자체도 억압이 된다.

억압이라는 용어가 부정의 문제의 핵심으로 등장하게 된 배경은 주로 신사회운동, 즉 사회주의 이후의 다양한 정체성 운동인 페미니즘, 게이-레즈비언 해방운동, 아프리카계 미국인 운동, 환경운동의 약진 덕분이다. 이들은 모두 자신들이 억압을 경험하고 있다고 주장했다. 영은 이러한 현실 운동의 주장들에서 출발한다. 주로 이들이 억압을 개선하거나 종식해달라고 요청할 때, 어떤 억압의 양상들이 출현하게 된다는 것이다. 영은 이러한 억압을 다섯 가지로 분류하는데, 착취·주변화·무력화·문화제국주의·폭력이 바로 그것이다.

우선 '착취(exploitation)'는 "일부 사람들이 다른 사람들의 목적(의도)에 따라서, 그리고 이들의 이익을 위하여 그 통제 하에서 자신들의 능력을 행사"[3]하게 되는 것, 즉 "사회집단의 노동 산물이 타 집단에게 이득이 되도록 이전되는 항상적 과정"[4]을 일컫는 용어로서, 물론 칼 맑스(Karl Marx)에게 빚을 지고 있는 용어이다.

그러나 영은 노동자에 대한 자본가의 착취 문제를 넘어서 여성의 에너

---

3  같은 책, 123쪽.
4  같은 책, 124쪽.

지가 남성으로 이전되는 '젠더 착취'로 착취 개념을 확장시킨다. 젠더 착취에는 두 가지 양상이 있다. 예컨대 여성이 보수를 받지 못하고 가사노동을 하게 되는 것처럼, 물질적 노동의 과실이 남성에게 이전되는 것. 그리고 성애화된 직종에 종사하거나 직장에서 긴장 관계를 누그러뜨리는 노동에 종사하게 되는 것처럼, 여성의 정서적·성적 에너지가 남성에게 이전되는 것이다. 영에 따르면, 이런 착취는 단순히 노동 산물이나 에너지에 대한 착복만을 의미하지 않는다. 착취하는 집단은 착취를 통해서 부나 이윤뿐 아니라 권력을 소유하게 된다는 점에서 문제적이다.

둘째는 '주변화(marginalization)'로, 이는 "노동 시스템이 사용할 수 없거나 사용하지 않으려는"[5] 것을 일컫는다. 청년 실업이나 노인, 신체장애인과 정신장애인, 재취업에 실패하는 사람들이 이러한 주변화로 인해 고통받는 집단에 해당된다. 주변화를 경험하는 집단은 불안정한 고용과 실업으로 인한 고통과 복지에 의존한다는 비난 등으로 인해, 의미 있는 노동과정에 참여하지 못하고 생존의 위기에 내몰리는 억압을 경험한다. 따라서 영은 "어쩌면 주변화야말로 가장 위험한 억압 형태일지도 모른다"[6]라고 말한다.

대학을 나오고, 어학연수며 봉사활동이며 교환학생 등 다양한 스펙을 쌓아도, 인턴직 하나 구하기 쉽지 않은 게 현재 20대 청년들의 현실이다. 뿐만 아니라 점차적으로 고령화되는 시대에 경제활동을 할 수 밖에 없는 노인들도 존재한다. 그러나 노인 일자리 역시 바늘구멍이 되어버린 지 오래다. 임신과 출산, 육아를 이유로 장기간 휴직을 할 수 밖에 없는 여성들의 현실은 어떠한가? 능력과 역량이 있음에도 불구하고, 육아휴직 이후

---

5  같은 책, 131쪽.
6  같은 책, 132쪽.

에는 퇴직이나 해고의 압력이 가해지기도 한다. 소위 경력 단절 여성을 일컫는 '경단녀'라는 신조어는, 여성들이 노동시장에서 밀려나게 되는 현상을 보여 주는 단어다. 이처럼 청년 실업과 구직난, 해고와 경력 단절이라는 주변화의 문제는 매우 고통스러운 억압 중 하나인 것이다.

세 번째, '무력화(powerlessness)'는 "간접적 의미에서의 권한이나 권력조차도 전혀 가지지 못하는 것", "명령은 무조건 따라야 하지만 명령을 내릴 권리는 거의 갖지 못하는 상태에 처한 것"[7]을 의미한다. 다시 말해 의사결정에 민주적으로 참여할 권력 자체가 박탈당한 상태이기 때문에 무력화인 것이다. 예컨대 비전문직 노동자들은 고소득 전문직 노동자들에 비해 업무에서의 자율성이 거의 없고 독자적인 판단을 내리기가 불가능하며 상급자의 지휘나 감독만을 받기 때문에, 자신의 일에 대한 전문성이나 통제력을 가지지 못한다. 공사장의 인부는 전기기술자, 건축기술자 등 숙련노동자에 비해 천시당하거나 권한을 갖지 못한다.

'갑질'이나 '갑을 관계' 등으로 잘 알려진 직장 내 괴롭힘, '워크 하라(work harassment)' 같은 문제들을 생각해 보자. 기업 오너에게 모든 권한이 집중된 직장 공간은 매우 비민주적이고 적대적인 환경을 의미할 것이다. 직원들에게 염색을 강제로 시키거나, 비행기에서 내리라고 하거나, 물컵을 던지고 고함이 오가는 환경에서 권한과 권력이 없는 말단 사무직 노동자들은 표현하기 힘든 억압을 당하고 있는 것이다.

지도교수의 갑질에도 일언반구 대응하지 못하는 대학원생들의 처지도 마찬가지일 것이다. 학업과 관계없는 교수의 개인적인 업무 지시에도 대학원생들은 학위논문이라는 족쇄로 인해 현실에 순응해야 하며 인권을 보장받기가 힘들다. 대학원생들은 필요 이상의 노동을 하거나, 제대로 된

---

7   같은 책, 137-138쪽.

대우는커녕 조교 월급도 가로채인다. 구직 활동을 못하고 있을 경우, 게다가 폭력에 항의할 창구조차 가로막혀 있는 경우, 이런 대학원생들은 착취, 주변화, 무력화를 모두 경험하고 있을지도 모른다.

네 번째 억압은 '문화제국주의(cultural imperialism)'이다. "지배 집단의 경험과 문화를 보편화하고 유일한 규범으로 확립하는 것"[8]으로서, 이는 지배 집단이 자신들 역시 특수한 집단임에도 불구하고, 자신들의 관점이나 견해가 보편적인 것인 양 강요하는 현상을 일컫는다. 예컨대 백인 이성애자 남성들이 흑인이나 여성들은 열등하다는 꼬리표를 붙이거나, 동성애자들은 난잡하다는 식으로 선입견을 조장하는 방식이다. 피억압 집단을 향한 지배 집단의 편견이나 선입견이 보편적인 문화로 제시됨으로써, 피억압 집단의 관점이나 정체성은 배제되거나 차별받게 된다.

마지막 억압은 '폭력(violence)'으로서, 영에 따르면 폭력은 단순히 개별 행위자의 행위가 아닌, 사회적인 맥락에서 비롯되는 체계적인 속성을 가진다. "폭력이 개인적으로 저지르는 도덕적 잘못이라는 점을 넘어서서 사회 부정의의 한 현상이 되는 것은 폭력이 가지는 체계적 속성, 즉 폭력이 사회적 실천으로서 존재한다는 점이다."[9] 다시 말해, 특정 제도와 사회적 실천이 특정 집단의 구성원에 대한 폭력 행위를 부추기고 관용할 뿐 아니라, 그것을 용인하는 사회적 환경(맥락)이 결국 폭력을 재생산하기 때문에, 이것을 사회적 실천으로서의 체계적 폭력(systematic violence)이라 말할 수 있는 것이다. 예를 들어 여성을 성폭행하거나 동성애자를 구타하는 행위는, 그러한 행위들을 방조하고 묵인하는 제도적이고 사회적 맥락이 존재하기 때문에 가능해진다.

---

8  같은 책, 142쪽.
9  같은 책, 148쪽.

이 폭력이라는 억압은 최근의 여성 대상 혐오 범죄나 성소수자 혐오 범죄를 설명해 줄 수 있는 유용한 도구라고 생각된다. 영의 말을 들어 보자.

사회에 통용되는 논리에 따르면, 폭력을 더 '부르게' 만드는 상황들이 있다. 히치하이킹하는 여성들을 태우는 남성들 중 많은 이들이 강간해 볼까, 하는 생각을 떠올리게 된다는 것이다. 또한 대학 기숙사 복도에서 동성애자 남성을 괴롭히거나 조롱해 볼까, 하는 생각이 많은 이성애자 남학생들에게 떠오른다는 것이다. 여러 명이 함께 폭력 행위를 저지르는 경우가 많은데, 이는 특히 남성으로만 구성된 집단의 경우가 더 그러하다. 때로는 폭력 행위를 저지르는 자들은 구타, 강간, 조롱의 대상이 될 사람들을 찾아 나서기도 한다.[10]

영에 따르면 폭력을 억압의 하나로 만드는 것은 특정한 폭력 행위 그자체가 아니다. 물론 대부분의 폭력 행위는 너무도 끔찍한 경우가 많기는 하지만, "그 폭력 행위를 가능하게 하고 심지어는 받아들일 수 있는 것으로 만들어 주는 사회적 환경(맥락)이 그런 역할을 수행한다"[11]는 것이다.

다문화가정 출신이라는 이유로 놀림을 받고, 괴롭힘을 당하고, 구타를 당해 죽음에까지 이르게 된 혼혈 아동 사건을 생각해 보자. 그 아이가 그렇게 폭력을 당한 것은 다문화가정 출신이나 혼혈인에 대한 우리 사회의 뿌리 깊은 차별과 혐오 때문이었다. 그런 폭력들을 방관해 오고 용인해 왔던 배경이 존재했기 때문에, 그런 폭력도 가능했던 것이다.

영의 분석은 폭력이 우연하고 일시적인 사건이 아니라 선행해 온 제도적 조건에서 기인한다는 사실과 더불어, 어째서 특정 집단에게만 빈번하

---

10  같은 책, 149쪽.
11  같은 책, 149쪽.

게 발생하는지를 이해할 수 있게 해준다. 그럼에도 불구하고 인간에 대한 억압의 요소 중 하나인 폭력은 그동안 정치철학에서 배제되어 온 주제였다. 영은 말한다. "제도와 사회적 실천이 특정 집단들의 구성원에 대한 폭력 행위를 부추기고, 관용하고, 가능하게 한다면, 그만큼 사회적 실천은 부정의하며, 따라서 교정되어야만 할 것이다."[12]

## 차별에서 억압으로

영은 또한 부정의를 이야기함에 있어 그동안 많이 사용해 온 차별 개념 역시도 억압 개념으로 전환해야 한다고 주장한다. 차별보다는 억압 개념이 부정의를 설명하는 데 더 낫다는 것이다. 이것을 이해하기 위해서는 영이 차별과 억압을 어떻게 구분하는지를 살펴봐야 한다.

일상에서 사람들은 "차별받았다", "차별하지 말라"라는 이야기를 많이 하는데, 우선 차별은 주요 사회집단 구성원에게 가해지는 상대적 불이익이다. 예컨대 기업이나 대학이 특정 집단에게만 혜택을 부과해서 어떤 지위를 분배하는 경우나 특정 지역 출신들로만 뽑았을 경우엔 차별이 발생한 것으로 볼 수 있다. 그러나 이것이 다른 집단을 '억압'한 것이라고 볼 수 있을까? 영은 그렇지 않다고 주장한다. 차별과 억압은 다르다는 것이다.

영은 차별은 의도적으로 개인이나 집단이 저지르는 잘못(fault)을 의미하는 경향이 있다고 본다. 즉 "차별은 기본적으로 행위자 지향적이고 과책 지향적인 개념"[13]이다. 따라서 다분히 의도성을 가진 가해자의 일탈적

---

12  같은 책, 151–152쪽.
13  같은 책, 418쪽.

이고 예외적인 도덕적 잘못을 가리키는 개념이기 때문에, 일상적이고 역사적이며 비의도적인 '억압'과는 다르다는 것이다.

예컨대 소수자 우대 정책(affirmative action)을 둘러싼 논쟁에서, 여성이나 장애인에게 할당을 주는 것은 남성이나 비장애인이 상대적 불이익을 보는 '역차별'일 수는 있지만, 그들에게 억압을 주는 것은 아니다. 또한 여성 개인이나 장애인 개인이 취업에서 불이익을 받은 경우 그것은 차별을 받은 것이기는 하지만 집단으로서의 여성이나 집단으로서의 장애인이 억압을 받은 것은 아니다.

이렇게 보면 영은 차별은 다분히 개인적이고 의도적인 개념인 반면, 억압은 보다 집단적이고 비의도적인 것으로 간주하는 것 같다. 따라서 집단이 겪는 부정의를 설명하기 위해서 차별 개념을 버리고 억압 개념으로 전환해야 한다고 주장하는 것이다. 그러나 영의 이러한 주장은 약간의 의구심을 갖게 한다. 과연 집단이 경험하는 부정의를 설명하는 데 부족하다는 이유로 '차별' 개념이 완전히 무용해지는 것일까? 예컨대 차별을 '직접 차별'과 '간접 차별'로 구분하는 학자들의 경우, 직접 차별은 명시적이고 의도성을 갖는 차별이지만, 간접 차별은 무관심이나 편견에 의해서도 발생할 수 있는 차별이라고 설명한다. 그렇다면 영의 억압 개념은 '간접 차별' 개념과도 일맥상통할 여지가 있는 것이 아닐까.


## 억압당하는 사회집단

어쨌거나 영은 일회적이고 개인적인 차별보다는, 좀 더 집단에 기반하고 있으며 무의식적이고 뿌리 깊은 억압에 관심을 갖는다. 그는 기존의 분배적 정의론을 원자론적 개인주의로 비판하면서, 억압은 주로 사회집단에 가해진다고 주장한다. 지금까지의 분배 중심의 정의론이 문화제국주의나 폭력과 같은 억압의 문제를 제대로 다루지 못했다는 것이다.

이런 억압들은 개인보다는 '사회집단'으로서의 사회적 약자와 소수자에게 가해진다는 특성이 있다. 따라서 사회집단에 대한 영의 논의를 좀 더 들여다볼 필요가 있다. 먼저 '집단'은 크게 **결사체**(association), **집합체**(aggregate), **사회집단**(social group), **이데올로기 집단**(ideology group)으로 분류된다.

먼저 결사체는 자발적으로 가입과 탈퇴가 비교적 자유로운 동아리나 정당, 학교, 교회 등을 일컫는다. 그리고 집합체는, 예컨대 '키 170센티미터 미만인 사람들의 모임'과 같이 자의적인 기준에 따라 분류되는 집단이다. 한편 사회집단은 친밀성에 기반한 집단으로, 차별의 경험과 역사를 공유하고 있는 여성 집단이나 동성애자 집단과 같이, 주로 억압받는 사회적 집단을 일컫는 반면 이데올로기 집단은 페미니스트나 사회주의자처럼 특정 정치적 신념을 공유한 집단을 가리킨다.

영은 이렇듯 이데올로기 집단과 사회집단을 구분한다. 예컨대 맑스주의자는 이데올로기 집단이지만, 노동자는 사회집단이다. 마찬가지로 페미니스트는 이데올로기 집단이지, 여성이라는 사회집단과 딱히 인과관계에 있지 않다. 또한 성소수자는 억압당하는 사회집단이지, 이데올로기 집단이 아니다. 영에 따르면 이데올로기 집단이 사회집단이 되거나, 사회집단이 이데올로기 집단이 될 수는 있어도 둘은 엄연히 다르다.

영의 관심사는 바로 이들 중 '사회집단'에 있다. 이 사회집단이 억압, 즉 부정의를 경험하는 일차적인 집단이기 때문이다. 영은 집단을 단순히 이런저런 속성을 통해 자의적으로 분류할 수 있는 집합체나 혹은 가입과 탈퇴가 비교적 자유로운 공식적인 결사체로 바라보는 기존의 정의론을 비판한다. 이는 개인이 집단 이전에 있다는 자유주의적인 인간관을 전제하기 때문이다. 영은 이처럼 개인들의 묶음으로 집단을 바라보는 관점이 피억압 집단이 발생하게 된 사회·역사적 맥락을 도외시함으로써 억압을 강화한다고 주장한다. 기존의 정의론은 억압당하는 사회집단이 존재한다는 사실을 누락시킴으로써 차이를 은폐해 왔다는 것이다.

물론 모든 사회집단이 다 억압받는 것은 아니다. 예컨대 미국에서 가톨릭 신도들은 독특한 관행과 상호 친밀성을 가진 특수한 사회집단이기는 하지만, 이제 더 이상 억압받는 집단은 아니다. 영에 따르면 "한 집단이 억압받는지 여부는 다섯 가지 조건(착취·주변화·무력화·문화제국주의·폭력) 중 한 가지 조건이나 그 이상의 조건들을 충족하는지에 따라 정해진다."[14] 예컨대 영의 '억압의 다섯 가지 조건'을 고려해 봤을 때, 사회집단으로서의 '이성애자 집단'은 인종, 성별, 계급이나 학벌 등으로 차별받을 수는 있어도, 적어도 이성애자 자체만으로 억압을 경험한다고 보기는 힘들 것이다.

영이 사회집단을 어떤 본질적인 속성을 공유한 자연적인 것으로 보는 것은 아니다. 그보다는 정체성에 대한 소속감이 사회집단을 구성하게 된다. 또한 집단 정체성이 늘 고정되어 있는 것은 아니며, 정체성은 관계를 통해 구성되는 것이므로 언제든 변할 수도 있다. 한 사회집단을 정의하는 것은 본질적이고 객관적인 속성이 아니라, "집단에 소속된다는 확인 의식, 사회적 지위가 만들어 내는 공통의 역사, 그리고 자신이 어떤 집단에 속하는가 하는 자기 정체성 의식"[15]이라고 설명한다.

영은 억압에 대한 다섯 가지 기준을 제시함으로써 사회집단들이 경험

---

14  같은 책, 120쪽.
15  같은 책, 113쪽.

하는 다양한 억압들을 범주화했다. 이는 차이를 가지는 사회집단들이 경험하는 억압을 제거해 나가는 정의를 실천해 가기 위해서이다. 동일성을 통해 차이를 없애기보다는, 차이를 의식하고 이를 인정하는 것이 좀 더 정의롭다는 것이다. 예컨대 영은 젠더 중립적인 정책보다는 젠더 의식적인 정책, 집단들의 의사가 반영되는 참여 민주주의로서의 집단 대표제(group representation)와 소수자 우대 정책 등을 제시한다. 차이를 고려하는 사회가 정의로운 사회가 된다는 것이다.

## 집단 대표제

차이와 사회집단, 그리고 지배와 억압에 대한 영의 사유는 선거와 민주주의 이론에도 크게 기여한 것으로 알려져 있다. 특정 집단의 대표성을 강조하는 '집단 대표제'가 바로 그것이다. 영의 집단 대표제에 대한 논의를 잠깐 살펴보고자 한다.

대의 민주주의에서 대표에 대한 논의는 핵심적인 주제들 중 하나다. 누가 나를 대변할 것인가는 매우 중요한 정치적 권리의 문제이기 때문이다. 사실 대의 민주주의 사회에서 대표가 있어야 하는 까닭은, 모두가 정치를 할 수는 없다는 현실적인 이유에서 생겨나는 것이다. 정치를 할 전문가가 따로 있다는, 일종의 정치인과 대중의 노동 분업을 주장하는 민주정에 대한 플라톤의 주장이 여전히 유효한 것이다.

그러나 적어도 우리는 누가 나를 대표하게 하는지, 대표를 어떤 방식으로 정하는지에 대해서는 고민해야 한다. 정치인이라는 대표를 선출하는 방식에 따라 유권자들의 권리와 지위 역시 변동하기 마련이며, 득히 사회적으로 억압을 당해 온 집단들은 그들의 정치적 견해가 선거제도 내에서 잘 대변되지 못했기 때문이다.

이 대표제에 관해서는 잘 알려진 '소선거구 대표제'와 '비례대표제', 그리고 '집단 대표제'가 대립하고 있다. 쉽게 말해 지역을 대표하느냐, 정당 지지자들을 대표하느냐, 아니면 집단을 대표하느냐에 따라 갈리는 것이다.

첫째로, 소선거구 대표제(single member district representation)는 지리적으로 한정된 구역에서 대표를 선출하는 방식이다. 먼저 중용을 표방하고 안정적인 정부를 구성한다는 장점은 있으나, 문제점은 양당제를 강화하고 사회의 소수 집단의 목소리를 약화시키며 그들의 이해를 무시하는 경향이 있다. 때로는 더 많은 소수자 대표를 보장하는 방식으로 선거구 경계를 재획정함으로써 문제가 처리될 수는 있지만, 소선거구제에서는 소수자가 대표되는 데 분명한 한계가 있다.

둘째로 정당명부식 비례대표제(proportional representation)는 전체 투표 인구에서 정당이 획득한 총 투표수의 비율로 의석을 획득하는 방식이다. 비례대표제는 소수자들의 의견이 더 잘 대표될 뿐 아니라 더 잘 구분된다는 장점이 있다. 그러나 시민들이 당의 노선을 엄격히 고수하도록 하고, 정부를 통제하기 위해 정부와 끊임없이 경쟁하는 동질적 진영으로 분열시키는 경향이 있다.

셋째로 집단 대표제는 언어 집단, 노동자 집단, 농부 집단 같이 집단으로 나뉠 때 이들 집단의 대표들을 입법부로 내보내는 방식이다. 영은 『차이의 정치와 정의』 제6장에서 집단 대표제를 주장하면서 소선거구 대표제와 비례대표제 양쪽을 비판한다. 역사적으로 권리가 박탈되어 온 일부 집단은 여전히 비례대표제로는 대표되지 않으며, 이 집단들에게 있어서 자신의 이익을 보호할 수 있는 유일한 방법은 오로지 법적으로 집단 대표를 보장하도록 하는 것이다.

물론 각 당에서는 집단들을 의식하며, 예를 들면 청년 대표나 여성 대표, 농민 대표들을 내세우기도 한다. 그러나 많은 경우 기실 생색내기나 포장하는 용도로 이용되기 일쑤이기 때문에, 진정으로 청년들의 의제나 여성 그리고 농민 집단들의 의제가 반영되기는 쉽지 않다. 진정한 의미의 집단 대표제라는 이상향은 실현될 수 있을까? 된다면 어떻게 가능한 걸까? 이처럼 영의 정의론은 민주주의와 선거제도의 본질적인 물음과도 연결된다.

## 다시, 정의란 무엇인가?

정의란 분배의 문제가 아니며 지배와 억압에 관한 문제라는 것, 그리고 분배를 넘어서는 쟁점들을 정의에 수용해야 한다는 영의 주장은 분배적인 문제만으로는 부족하다고 목소리를 내는 다른 정치철학자들의 입장— '급진 민주주의(radical democracy)' 개념을 통해 여성, 동성애자, 장애인 등 사회집단 간의 차이를 민주주의에 수용할 것을 주장하는 샹탈 무페(Chantal Mouffe)와 에르네스토 라클라우(Ernesto Laclau)의 정의론, 분배와 인정 모두의 이원론적인 정의관을 주장하는 낸시 프레이저(Nancy Fraser)의 정의론, 좋은 삶을 정의에 포함시키는 '역량 접근법'(capability approach)을 주장하는 아마르티아 센(Amartya Sen)과 마사 누스바움(Martha Nussbaum) 등의 정의론과 같은 —과도 공명하는 듯하다. 이들 모두는 분배란 단지 재화를 나누는 문제가 아니라고 본다. 먹고 사는 문제는 물론 중요하지만, 그게 다는 아니라는 것이다.

우리 사회는 정의에 대한 요구들과 이를 둘러싼 논의들로 팽배하다. 그러나 무엇이 정의인지, 누가 부정의를 겪고 있는지에 대한 논의는 어딘가 부족하고 다소 평면적인 것으로 보인다. 또한 정의를 둘러싼 많은 담론들은 모든 시민들이 동질적이라고 가정하면서 차이를 부정하고 은폐하기도 한다. 예컨대 여성의 독자적인 의제를 말하거나 동성애자들이 자기 목소리를 내면, 그것을 이기적이라고 힐난하거나 민족과 계급의 이름으로 은폐하는 일들이 비일비재하다. 이런 상황들이 과연 정의롭다고 볼 수 있을까?

이런 현실들은 '정의란 무엇인가', 또는 '부정의란 무엇인가'를 다시 물을 것을 요청한다. 결국 영의 주장대로 추상적인 정의의 원칙들, 그리고 모두가 같은 핏줄이자 같은 민족이라는 '동질적 공중'이라는 망상에 근거할 것이 아니라, 우리가 서로 다른 차이들과 다양성, 서로 다른 특권과 권력관계들로 이루어진 '이질적 공중'임을 인정하는 것, 그리고 타자화와 배제를 통해 억압당하고 있는 집단들이 겪고 있는 부정의를 제거해 나가는 것이 진정으로 '정의'가 아닐까?

취약하면서 압도적인 감정에 관하여
**마사 누스바움의 『혐오와 수치심』**

## 유민석

서울시립대학교 철학과에서 박사과정을 수료하고, 한국철학사상연구회 여성과 철학 분과에서 공부하고 있다. 주디스 버틀러의 『혐오 발언』을 우리말로 옮겼으며, 「퀴어에 대한 언어, 퀴어의 언어」, 「혐오 발언에 기생하기—메갈리아의 반란의 발화」 등 혐오 발언과 표현의 자유에 대한 몇몇 글을 썼다. 화용론, 메타윤리학, 페미니즘 언어철학 등 언어를 통한 사유에 주로 관심이 있다.

최근 한국 사회에서 단연 뜨거운 화두는 '혐오'라는 이슈였다. 한편에선 강남역 살인 사건에서 '미투 운동'으로 이어지는 여성 혐오에 관한 담론들이 화제의 중심이었고, 예맨 난민지위 인정이나 다문화가정 아동에 대한 폭력을 둘러싸고는 인종 혐오 문제도 논란이 되었었다. 퀴어문화축제마다 발생하는 보수 개신교와 성소수자 진영의 충돌은 이제는 익숙한 풍경이기도 하다.

뿐만 아니라 혐오스런 내용을 담고 있다는 이유로 비난을 받은 힙합 가사와 웹툰, 게임 캐릭터의 노출, 또 포르노그래피와 불법 촬영물 사이트에 대한 접속 차단 등을 둘러싸고 혐오 표현의 규제냐 표현의 자유냐라는 논쟁이 일기도 했다. 이런 일련의 논의들에서 빈번하게 등장하는 '혐오'란 대체 무엇일까? 마사 누스바움(Martha Nussbaum)은 이 혐오의 비밀을 파헤친다.

페미니스트 철학자 누스바움은 다양한 분야에서 다양한 철학적 작업을 일구어 온 철학자이다. 그의 관심사는 주로 고대철학, 정치철학, 페미니즘, 윤리학으로 알려져 있지만, 그가 연구한 주제의 일부만을 거론해봐도 장애인, 동물에 대한 윤리, 생명윤리, 시민교육, 전 지구적인 사회정의에까지 걸쳐 있다.

특히 그는 인간의 취약성에 대한 고찰, 혐오나 수치심 같은 인간의 감정과 정동에 대한 연구, 그리고 여성 철학에서는 여성의 자율성이나 성적 대상화나 성 노동에 대한 연구 등으로 유명하다. 사실 이 모든 철학적 문제의식들은 "어떻게 살아야 하는가?"라는 오래된 철학적 물음과 맞닿아 있다고 볼 수 있다.

그의 대표적인 저서 중 하나인 『인간성으로부터 숨기—혐오, 수치심, 그리고 법(Hiding from Humanity: Disgust, Shame and the Law)』(1995)[1]에서는, 우리를 지극히 취약하게 만들면서도 압도적으로 휘감아 버리는 대표적인 감정인, 혐오와 수치심을 집중적으로 파고든다.

혐오는 페미니즘이 많은 관심을 두는 주제였다. 줄리아 크리스테바(Julia Kristeva)의 혐오(aversion)에 대한 고민이 그러하고, 누스바움의 혐오(disgust)에 대한 고민이 그러하다. 최근에 사회적으로 뜨거운 논란이 되고 있는 혐오 표현(hate speech)이나 혐오 범죄(hate crime) 같은 문제들은 어떠한가? 이런 주제들은 혐오가 단순히 감정의 문제가 아닌, 정치적이고 사회적인 문제임을 알려 준다.

이 글에서는 누스바움의 수많은 저서들 중에서 '혐오'와 '수치심'이라는 감정을 다룬 저서인 『혐오와 수치심』을 중심으로, 그의 혐오에 대한 사유를 전달해 보고자 한다. 먼저 감정(emotion) 일반에 대한 누스바움의 논의를 살펴본 후에, 혐오라는 감정에 대해서 본격적으로 들여다보기로 하겠다.

---

[1] 한국어 번역은 『혐오와 수치심—인간다움을 파괴하는 감정들』, 조계원 옮김, 민음사, 2015.

## 감정의 비밀

감정에는 이런저런 특성들이 있다. 우선 첫째로, 감정은 욕구나 기분과는 구분된다. 감정은 욕구나 기분과는 어떻게 다른 걸까? 첫째, 누스바움은 먼저 두려움이나 분노, 혐오와 같은 감정들은, 배고픔이나 목마름 같은 욕구(appetite), 또는 우울함이나 짜증 같은 기분(mood)과는 다르다고 설명한다. 먼저 욕구는 내 의지와 다르게 불가항력적으로 찾아온다. 예를 들어 피곤함이나 배고픔 같은 욕구를 생각해 보자. 이 욕구들은 인간이 살기 위해서 필연적으로 가질 수밖에 없는, 본능에 가까운 것들이다. 그러나 감정은 보다 섬세한 측면이 있다. 예컨대 남편의 가정폭력을 두려워하는 여성은 고통이나 무력감 같은 기분을 동반할 수 있다. 그러나 두려움이라는 감정은 어떤 대상, 그리고 그 대상에 대한 믿음과 평가를 동반한다.

둘째로, 감정은 그 대상(object)을 갖는다. 북핵과 전쟁에 대한 두려움, 최순실과 국정 농단에 대한 분노, 가족에 대한 사랑이나 세월호 참사에 대한 연민을 생각해 보자. 이 모든 감정들은 각각 구체적인 명확한 대상들을 가지고 있다. 불법 촬영물에 대한 여성들의 공포와 두려움은 불법 촬영물이라는 대상을 가지고 있으며, 성범죄에 대한 페미니스트들의 분노는 성범죄라는 대상을 향한다. 철학자들은 이런 대상을 갖는 감정의 특성을 지향성(intentionality)이라고 설명한다. 마음은 마음 바깥의 어떤 대상을 지향한다는 것이다. 따라서 구체적인 대상 없이 발생하는 우울함 같은 기분과 달리, 연민이나 혐오 같은 감정은 구체적인 대상을 향한다.

셋째, 감정의 또 다른 중요한 특징은 바로 믿음(belief)이 감정의 본질적 구조를 이루고 있다는 것이다. 누스바움은 아리스토텔레스에게서 가져

온 페르시아인들에 대한 아테네인들의 분노를 예시로 든다. 아테네인들은 페르시아인들이 아테네를 약탈하고 있다는 믿음이 있었기 때문에 그들을 향해 분노하게 되었다는 것이다. 남편의 폭력에 대한 두려움을 갖는 여성은, 남편이 자신을 죽이거나 상하게 할 것이라는 믿음으로 인해 두려움이 증폭되는 것이다. 아이가 사망했다는 소식을 들은 어머니의 슬픔을 떠올려 보자. 그 어머니 역시 아이가 사망했다는 믿음으로 인해 슬픔을 느끼게 된다.

물론 이런 믿음은 사실관계가 틀린 거짓된 믿음일 수도 있다. 예컨대 아이가 사망하지 않았는데 누군가가 거짓말을 하거나 착오에 의해 그런 말을 전했을 수도 있다. 그러나 그렇게 틀린 믿음을 갖게 되었다 하더라도 어머니의 슬픈 감정에는 영향을 줄 수 없다.

또한 감정 속의 어떤 믿음은 근거 없는 부당한 믿음일 수도 있다. 예컨대 화성 외계인의 침공에 대한 두려움을 갖는 사람이 있다고 해보자. 화성 외계인이 지구를 침략할 가능성은 거의 없기 때문에 이 사람의 믿음은 분명 근거 없는 믿음일 것이다. 또한 우리는 칫솔을 잃어버리는 것에 대해서는 일반적으로 두려움을 갖지는 않는다. 잃어버리면 다시 사면 그만이기 때문이다. 치아 농양이라는 질병에 대한 두려움 역시 부당한 믿음이라고 누스바움은 설명한다. 이 질병은 조기에 발견되면 치료가 가능하기 때문에, 일반적인 사람이라면 생소한 이 질병에 대해서 두려움을 느끼지 않는다는 것이다.

넷째로, 또한 누스바움에 따르면 감정에는 대상에 대한 가치평가가 전제되어 있다. 예컨대 친구나 가족의 죽음에 대한 슬픔을 생각해 보면, 친구나 가족이라는 존재는 한 개인의 삶에서 매우 중요한 위치를 차지하기 때문에 그 슬픔이 극심할 수밖에 없다. 반면 우리는 먼 외국인의 사망 소식에는 그렇게 별다른 슬픔을 느끼지 못한다. 예컨대 중국에서 지진이 발생해서 사망한 사람에게 그렇게까지 슬픔을 느끼진 않을 것이다. 동일한 감정도 대상에 대한 가치평가에 따라서 그 양상이 다른 것이다. 마찬가지로 외모에 대해 많은 가치평가를 두고 있다면, 외모에 대한 모욕적인 발언에 대해 분노할 수밖에 없을 것이다.

다섯째, 마지막으로 이러한 감정의 특성, 즉 감정이 믿음과 연결되어 있다는 사실은 생각보다도 감정이 비이성적이거나 비합리적인 것이 아닌, 합리적인 이성과 밀접한 연관이 있음을 시사한다. '믿음'은 플라톤의 저서 『메논(Meno)』이나 『테아이테토스(Theaetetus)』에서 보듯이, '앎'과 함께 전통적으로 중요한 철학적인 인식론의 주제였기 때문이다. 믿음에 거짓된 믿음이나 부당한 믿음이 있다는 것은 이미 소크라테스와 플라톤 역시 간파했던 사실이었다. 예컨대 페르시아인들을 향해 분노하는 아테네인들의 경우, 사실은 아테네에 해악을 끼친 사람들은 페르시아인들이 아니라 스키타이인들이었을 수도 있다. 이 경우 아테네인들은 거짓된 믿음을 가졌던 것이다. 혹은 페르시아인들이 고의가 아닌 미미한 피해를 끼쳤을 수도 있다. 이 경우 아테네인들은 정당화되지 않는 근거 없는 믿음을 가졌던 것이다.

이처럼 믿음이 감정에 필수 요소라는 누스바움의 논의는, 감정에 있어서 판단이나 이성의 중요성을 시사해 준다. 아테네인들은 가짜 뉴스를 듣고서 부당하게 페르시아인들에 대해 혐오나 분노의 감정을 가지게 되었을 수도 있기 때문이다. 예컨대 아리스토텔레스는 쥐를 두려워하는 사람은 사소한 것에 두려움을 갖는 것이라고 비판했고, 세네카 또한 식당에서 상석에 앉지 못했다고 화를 냈던 자신을 반성했다고 한다. 이런 사례들을 통해 누스바움은 감정에 있어서 교육이 매우 중요하다고 주장한다. 예컨대 교통체증에 대해 쉽게 화를 내는 사람, 혹은 어둠을 무서워하는 아이에게는 감정에 대한 교육이 필요하다는 것이다.

사실 플라톤은 이미 유명한 '영혼 삼분설'에서, 영혼이 이성, 기개 혹은 분노(thymos), 그리고 욕구의 세 부분으로 이루어져 있다고 말한 바 있다. 플라톤은 이를 각각 신체의 머리, 가슴, 배 부분과 연결시킨다. 오로지 본능에만 충실한 욕구와 달리, 기개는 이성의 도움을 받아 이러한 욕구에 저항하도록 사용될 수 있다. 물론 기개가 욕구와 한편이 되어 이성을 따르지 않게 될 수도 있다. 감정이 욕구와 다르며, 이성의 인도를 받기도 하고 받아야 한다는 것은 이미 고대철학에서도 사유되었던, 오래된 인류의 지혜인 것이다.

## 혐오스러운 혐오

혐오는 물론 감정의 하위 범주이다. 따라서 혐오 역시 위에서 설명한 감정의 일반적인 특징들을 공유하고 있다고 할 수 있다. 예컨대 감정이 대상을 갖듯이, 혐오 역시 대상을 갖는 것이다. 사람들은 많은 것들을 혐오한다. 사람들은 무엇을 혐오할까?

누스바움은 우리가 원초적으로 혐오하는 대상이 있다고 설명한다. 예컨대 우리는 종이, 금잔화, 모래는 혐오하지 않지만, 신체 배설물과 부패한 음식은 혐오한다. 냄새가 고약하다고 해서 치즈를 혐오하지 않지만, 대변은 혐오한다. '똥인지 된장인지 먹어 봐야 아나'라는 속담처럼, 심지어 대변과 형태마저 유사한 된장은 혐오하지 않는다. 마찬가지로 우리는 설탕은 혐오하지 않지만, 바퀴벌레에서 설탕 맛이 난다 하더라도 혐오할 것이다.

그렇다면 이러한 혐오의 대상들의 특징은 무엇일까? 그것은 바로 인간에게서 떨어져 나간 부산물들(예컨대 토사물이나 대소변)이거나, 인간의 불완전성과 동물성을 떠올리게 하는 물질들(동물이나 시체)이라는 것이다. 누스바움에 따르면, 이러한 대상들은 인간에게 불완전성과 유한성, 동물성을 환기시키면서 혐오의 대상이 된다. 이러한 혐오의 대상들은 두 가지 법칙, 즉 '접촉의 법칙'과 '유사성의 법칙'을 따른다.

먼저 접촉의 법칙이란, 혐오의 대상이 다른 대상과 접촉될 경우 다른 대상마저 혐오의 대상이 되는 것이다. 예컨대 죽은 바퀴벌레가 떨어졌던 주스잔의 경우, 우리는 그 주스잔이 아무리 깨끗하게 세척되었다 하더라도 기피하게 된다는 것이다. 마찬가지로 전염병이 있는 사람이 입었던 옷역시, 살균 소독되어 전염병과 무관하게 세탁되어 있다 하더라도 기피한다는 것이다.

또한 유사성의 법칙이 있다. 즉 원래의 혐오의 대상과 유사한 다른 대상 역시 혐오하게 되는 법칙이다. 예컨대 개똥 모양으로 만든 초콜릿의 경우, 왠지 꺼림칙하게 된다. 살균한 파리채로 휘저은 수프의 예시도 그렇다. 만일 파리채로 수프를 휘저었다면 그 수프 역시 마시기가 힘들 것이다. 새로 산 빗으로 휘저은 음료 역시 마찬가지다. 아무리 그 빗이 공장에서 막 나온 새것이라 하더라도, 그것으로 휘저은 음료 역시 마시기가 거북할 것이다. 이런 예시들은 혐오가 작동하는 법칙들을 잘 보여 준다.

다음으로 누스바움은 혐오와 위험, 혐오와 비정상, 그리고 혐오와 분노를 구분한다. 예컨대 독버섯은 위험한 대상이지만, 우리는 독버섯을 혐오하지는 않는다. 또한 돌고래는 바다에 사는 포유류이기 때문에 비정상이라고 볼 수 있지만, 그렇다고 돌고래를 혐오하지는 않는다. 혐오의 대상들은 이것들과 달리 앞에서 이야기했듯이 인간의 유한성과 동물성을 환기시키는 존재들로, 나를 오염시킬 수 있다는 믿음을 초래하는 것들이다.

## 혐오스럽다고 감옥에 보내야 할까?

누스바움은 다른 감정들과 달리 혐오는 특히 매우 불안정한 감정이기 때문에, 법이나 도덕의 판단 기준이 되어서는 안 된다고 주장한다. 따라서 그는 혐오를 불신의 눈초리로 바라보면서, 혐오를 옹호하는 철학자와 법학자들을 비판한다.

예컨대 생명윤리학자인 레온 카스(Leon Kass)는 혐오를 적극적으로 옹호하면서 특정한 혐오감이 인류의 지혜를 드러내는 감정일 수 있다고 주장한다. 생명복제에 대한 직관적인 거부감 같은 것이 그것이며, 그런 혐오는 생명복제가 옳지 않다는 것을 알려 주는 인류의 지혜의 지표라는 것이다.

그러나 누스바움에 따르면, 혐오는 편견에 기반한 감정이 되기 쉽기 때문에, 인종 간 결혼이나 동성결혼법에 대한 혐오로 악용되면서, 사회적 약자에 대한 억압과 박해에 이용되어 왔다고 주장한다.

누스바움은 앞에서 다루었던 배설물이나 동물의 시체 같은 '원초적 혐오'와, 동성애자나 장애인에 대한 혐오 같은 '사회적으로 매개된 혐오'를 구별한다. 원초적 혐오는 위생과도 관련되어 있고 진화의 산물일 수 있기에 그렇게 위험하지 않으며 인간의 삶과 떼어놓을 수 없다. 반면 사회적으로 매개된 혐오는 특정 집단에 대한 혐오와 같이 매우 위험한 혐오다. 특히 사회적인 혐오는 주로 해당 사회의 문화적 편견의 영향을 받으며,

주로 그 사회의 소수자와 약자를 향한 투사적인 성격을 가진다.

'사회적으로 매개된 혐오'는, 원초적 혐오가 사람에게 귀속되어 그 대상이 혐오하는 자의 유한성과 동물성을 환기시킨다는 이유로 낙인이 찍히고 혐오를 당하는 것이다. 예컨대 동성애자 남성은 이성애 남성을 오염시킬 수 있는 전염성을 지닌 존재로 취급당하기 때문에 기피된다. 또 역사적으로 여성 역시 유약하고, 끈적거리며, 유동적이고, 냄새나는 존재로 취급당해, 여성의 몸은 오염된 불결한 영역으로 상상되어 왔다고 설명한다.

이런 사회적 혐오 혹은 혐오의 정치는 동성애자들의 성관계를 처벌했던 '소도미 법(Sodomy Law)'이나 군대 내 동성애자의 커밍아웃을 금지했던 '묻지도 말고 말하지도 말라(Don't ask, Don't tell)' 정책 등에도 반영되어 있다. 특정 집단에 대한 혐오가 공적인 영역인 법과 정치로 침투하여, 사회적 약자들을 억압하는 것을 정당화하는 도구로 쓰인 것이다.


## 해악 원칙 대 불쾌 원칙


누스바움은 존 롤스(John Rawls)의 정치적 자유주의를 따라 공적인 영역에 사적인 감정이나 선입관이 진입해서는 안 되며, 존 스튜어트 밀(John Stuart Mill)을 따라 오로지 타인에게 피해를 끼친 행위들만 법적으로 처벌해야 하지, 혐오감을 준다는 이유로 동성애자들의 성관계나 알코올 중독, 약물중독을 처벌해서는 안 된다는 '해악 원칙'(harm principle)을 지지한다.

해악 원칙이란 오로지 타인에게 해악을 낳은 행위만이 도덕적으로 그른 행위이며 법적으로도 제재할 수 있는 행위라는 원칙이나. 이러한 누스바움의 주장은 결국 '해악 원칙 대 불쾌 원칙'으로 압축될 수 있을 것이다.

'불쾌 원칙'(offense principle)이란, 해악을 낳지 않았다 하더라도 처벌의 기준이 될 수 있다는 철학자 조엘 페인버그(Joel Feinberg)가 주장한 원칙이다. 누스바움은 혐오를 법이나 도덕의 기준으로 삼을 수 있게 하는 불쾌 원칙을 당연히 반대할 것이다.

예컨대 지적 장애인이거나 게임 중독에 걸린 사람들은 많은 사람들에게 불쾌감 혹은 혐오감을 줄 것이다. 온몸에 문신을 한 사람은 어떤가? 보기만 해도 혐오스러울 수도 있다. 그런데 보기에 혐오스럽다는 이유로 게임 중독에 걸린 사람이나 문신을 한 사람들을 감옥에 보내도 되는 것일까? 뚱뚱해서 불쾌감을 주는 사람은, 특이한 헤어스타일과 옷차림을 한 사람은 또 어떤가? 현대 민주주의 국가에서는 있을 수 없는 인권 탄압일 것이다.

한국에서도 과거에 그런 일이 있었다. 부랑자들, 미니스커트를 입은 여성들, 장발을 한 청년들을 단속하고 적발한 역사가 있었다. 아직도 군 형법에는 동성애 장병들을 처벌할 수 있는 조항이 존재한다. 퀴어문화축제에 대한 많은 이들의 반감 역시 마찬가지다.

그러나 우리는 누스바움의 혐오에 대한 통찰을 따라, 혐오는 많은 경우 사회적인 편견에서 비롯된 것이며 사회적 약자들을 탄압하는 도구로 악용되어 왔다는 사실을 잊어서는 안 될 것이다. 그런 혐오는 잘못된 믿음에 기반한 이성적이지 않은 편견인 것이다. 다음으로 소개할 수치심 역시 마찬가지로 위험한 감정이다.

## 숨기고만 싶은 치부—수치심

인간은 누구나 취약하고 부족한 요소들을 가지고 있다. 그러나 이걸 인정하는 것은 곧 자신이 부족하고 완벽하지 않은, 즉 불완전한 사람이라는 걸 인정하는 것이기 때문에 이를 부인하려는 사람들이 있다. 그들은 자신의 치부가 드러날까 꼭꼭 숨기고 덕지덕지 봉합한다. 잡힐까 두려워 머리만 풀숲에 처박는 꿩처럼 그렇게 위장하고 은폐한다. 혹시라도 남들 앞에 자신의 이런 치부가 발각되거나 드러나기라도 하게 된다면, 많은 경우엔 강렬한 수치심이 동반되게 마련이다. 이런 수치심은 자존감을 무너뜨리게 되고 온전한 인격을 형성하는 것을 방해함으로써 개인의 정체성과 인간관계를 비롯한 삶의 전반에 심각한 위협을 초래할 수도 있다.

이처럼 수치심은 우리를 압도하면서도 위태롭게 만들기 때문에 매우 위험한 감정이라고 할 수 있다. 누스바움은 『혐오와 수치심』에서 이러한 파괴적인 감정인 수치심을 예리하게 분석한다. 먼저 수치심에 대한 누스바움의 설명을 살펴보고, 그리고는 수치심이 법과 사회에서 어떤 역할을 해야 하는지, 그리고 수치심으로부터 보호받을 수 있는 사회는 어떤 사회인지에 대해서 살펴보도록 하자.

## 편안한 자궁, 비극적인 출생

"자신의 약점이 노출되었을 때 생기는 고통스러운 감정"인 수치심은 개별 인간의 삶의 발달 과정에서 비교적 이른 시기에 형성된다. 누스바움에 따르면, 수치심은 전지전능함과 완선함, 그리고 편안함을 바라는 유년기의 욕구 속에 이미 자리 잡고 있다. 유아는 점차 성장하면서 자신의 유한성, 부분성 그리고 거듭된 무력감을 느끼게 된다. 자신이 유한한 존재라는 것과 동시에 과도한 욕심과 기대가 두드러지는 존재라는 것을 깨닫게 될 때, 그 깨달음 내부의 일정한 긴장을 해소하는 일시적 방법이 바로 수치심이라는 것이다.

누스바움은 이렇게 유아기에서부터 형성되는 수치심을 '원초적 수치심'이라고 일컫는다. 이 원초적 수치심은 불가피하면서도 다소 보편적인 감정이지만, 그만큼 위험하며 삶의 어느 단계에서는 극복되어야 할 감정이다. 그런데 어떤 외적인 계기로 인해 원초적 수치심을 제어하거나 극복하지 못하고 강화된 채로 존속된다면, 자신과 타인에게 매우 위험한 감정이 된다.

누스바움에 따르면, 유아는 태아 상태에서 자궁 속에 있을 때는 불필요한 자극이 없고 자동적으로 욕구를 충족시킬 수 있기 때문에 편안함과 완벽함을 느끼게 된다. 그러나 출생의 순간부터 비극이 발생하게 된다. 엄마의 편안한 자궁과 달리, 세상은 유아에게 호락호락하지 않기 때문이다. 세상은 온갖 고통스러운 자극과 매정함으로 가득 차 있고, 돌봄 제공자는 항상 원할 때 자동으로 욕구를 충족시켜 주지 않는다.

이런 풍경은 다양한 고전들 속에 그려지고 있다. 이를테면 출생을 거센 파도에 난파되어 표류하는 선원에 비유하는 루크레티우스의 시라든지, 노동할 필요도 없고 강에서는 젖과 꿀이 흐르며 날씨는 따뜻하고 대지는 풍요로운 곡식들로 넘쳐나는 황금시대를 이야기하는 헤시오도스의 신화라든지, 또 인간이 둥근 모습을 하고 있고 힘이 엄청났으며 신과 같이 강했다가 제우스의 저주를 받아서 둘로 갈라지게 되었다는 아리스토파네스의 신화 이야기는, 완벽한 세상인 자궁 안에 있다가 출생과 동시에 비극적인 세상으로 나오게 되는 유아의 모습을 은유한다.

유아는 예전처럼 세상이 완벽하게 자기 뜻대로 통제되지 않는다는 것을, 따라서 자신이 세상의 중심이 아니며, 전지전능하지 않고 결핍되고 부족한 인간이라는 깨닫게 되면서 원초적 수치심을 갖게 된다. 따라서 원초적 수치심은 완전한 자아 이상을 바라는 나르시시즘이 충족되지 않았을 때 발생하는, 자신의 부족한 모습을 들키기 않고 감추기 위해 타인의 시선으로부터 숨어버리고자 하는 방어적인 감정인 것이다. 이런 원초적 수치심은 유아기 이후에도 잠복되어 있게 되며, 이제 부끄럽다고 여겨지는 특성들, 즉 부족하거나 결핍되거나 완벽하지 못하거나 의존적이라는 특성들은 수치스러운 것들이 되어 억압의 대상이 되고 파괴의 대상이 되어 버린다.

## 수치심을 옹호하는 사람들

그런데 수치심을 옹호하는 사람들이 있다. 도덕적으로 잘못된 짓을 저질러 놓고도 수치심을 느끼지 못하는 사람들로 인해 사회가 무질서해지고 타락하고 있다는 것이다. 따라서 그들은 수치심이 좋은 감정이며, 심지어 사회가 법을 통해서 수치심을 주는 형벌을 권장할 필요마저도 있다고 주장한다.

예컨대 공동체주의 사상가 아미타이 에치오니(Amitai Etzioni)나 법학자 댄 케이헌(Dan Kahan)이 대표적인 인물이다. 케이헌은 노상방뇨를 한 사람에게 직접 길바닥을 솔로 북북 문지르게 한 처벌을 옹호하며, 성매매를 한 사람의 신상을 신문에 공개해야 하고, 심지어 음수 운전자거나 범죄사임을 알리는 표시를 자동차에 부착해야 하며, 얼굴에 낙인찍는 형벌을 복원해야 한다고까지 주장한다.

이들에 따르면, 이렇듯 수치심을 주는 처벌은 범죄에 대한 강력한 억제 효과와 처벌 효과가 있다. 미혼모, 약물중독자, 범죄좌와 같은 일탈적인 사람들에게 수치심을 주는 것은 사회질서와 도덕적 가치 구현에 매우 유용하기 때문에 권장되어야 할 좋은 수치심이라는 것이다.

그러나 누스바움은 다음과 같은 다섯 가지의 이유를 들어 수치심 처벌에 반대한다. 첫째, 수치심을 주는 처벌은 모욕을 주기 때문에 인간 존엄성을 해친다. 둘째, 수치심을 주는 처벌은 국가의 사법적인 절차가 아니라 인민재판이 된다. 셋째, 수치심을 주는 처벌은 잘못된 대상을 처벌하거나 처벌의 정도를 명확히 정하지 못하는 경우가 많기 때문에 신뢰할 수 없다. 넷째, 수치심을 주는 처벌은 억제 효과가 없으며 오히려 대상을 소외시킴으로써 더 범죄로 몰아넣는 역효과를 지닌다. 다섯째, 수치심을 주는 처벌은 시민들을 사회적 통제 아래에 둔다.


## 낙인찍히는 존재들

무엇보다도 이러한 사회적 수치심 처벌은 주로 역사적으로 억압당해 온 집단에 부과되어 왔다. 예컨대 옆에 있기만 해도 수치심을 불러일으킨다는 이유로 낙인찍히거나 수치심을 부여받는 사람들이 있다. 그리고 그런 특성들을 상기시키는 사람들은 낙인과 배제의 대상이 되곤 한다. 주로 사회적으로 비정상적이라고 간주되는 존재들, 예컨대 여성이나 동성애자, 범죄자 등이 그런 낙인과 수치심 주기의 대상이 되어 온 것이다.

누스바움은 얼굴에 문신을 새기는 형벌과 같은 스티그마(stigma)나 여성의 치마에 대한 역사 등의 고찰을 통해서, 불완전하고 비정상적이라고 여겨지는 집단들에게 수치심을 주어 왔다고 이야기한다. 예컨대 여성의 신체는 남성에게 수치스럽고 부끄러운 것이기 때문에, 성차별적인 사회는 여성들의 패션과 치마 길이를 통제해 왔다. 또 범죄나 동성애자는 그 자체로 수치스러운 존재들이지만 겉으로는 그들의 그런 특성이 드러나지 않기 때문에, 그런 표지를 얼굴에 문신으로 새겨 넣음으로써 누구나 인식하게끔 하는 잔혹한 행위가 자행되어 왔다.

앞에서 원초적 수치심을 다룰 때 이야기했던 것처럼, 주로 장애인이나 여성, 동성애자 같은 사회적 약자들은 비정상적이거나 약하고 불완전하다고, 즉 수치스러운 특성을 지녔다고 간주됨으로써, 원초적 수치심을 일으키는 대상으로 투사되는 것이다. 그런 낙인을 부여함으로써 그들과 다른 나는 정상적이며 완벽하다고 위안을 삼을 수 있게 된다.

"그렇게 야한 옷을 입다니 천해 보인다", "네가 치마를 짧게 입고 돌아다니니 그런 일을 당하지"와 같은 '피해자 비난하기(victim blaming)' 또는 '창녀 수치심 주기(slut shaming)'를 생각해 보자. 여성의 몸을 드러내는 것은 수치스러운 것으로, 경박한 것으로 여겨지곤 한다. 나이든 여성이 예쁘게 꾸미는 것도 수치스럽고 주책맞은 일로 취급하기도 한다. 반면 남성들의 경우에 감정을 드러내거나 눈물을 보이거나 약한 모습을 보일 때, 그것이 남자답지 못하고 여성스러운 것이므로, 즉 수치스러운 것이기에 억누르라고 강박하는 문화 속에서 성장한다.

누스바움은 이렇게 감정적인 욕구나 친밀성을 억누르면서 이것들을 수치스럽게 여기는 사회에서는, 남성들이 솔직한 감정의 표현과 타인과의 감정 교류, 공감과 연민의 문제에서 어려움을 겪어올 공산이 크다고 주

장한다. 뿐만 아니라 이런 문화가 여성적인 것에 대한 비하의 맥락 안에
놓여 있기에 '여성 혐오자'가 될 가능성도 있다고 지적한다. 여성을 통제
하고자 하는 욕망은, 여성이 자신의 통제 밖에 놓인 독립적 개체라는 사
실을 인정하지 못하고, 통제되지 않는 여성들을 향해 분노와 적대를 표출
하는 것이다.


## 좋은 수치심도 있을까?

이처럼 수치심은 신뢰할 수 없고 매우 위험한 감정이며, 특히 그것이
사회적으로 억압당해 온 집단에게 부여될 경우엔 더더욱 위험한 낙인이
나 예속으로 기능할 위험이 있다. 그런데 좋은 수치심도 있을까? 누스바
움에 따르면 도덕적인 분개나 도덕적 반성에서 기인하는 수치심이나, 아
니면 성취한 목표에 대한 열망의 독려 차원에서의 수치심의 경우에는, 어
쩌면 위에서 언급한 차별적이고 신뢰할 수 없는 수치심에 비해서는 긍정
적인 역할을 할 수도 있다고 설명한다.

누스바움은 이러한 수치심을 '건설적 수치심' 또는 '생산적 수치심'
으로 일컫는다. 예컨대 작가이자 활동가인 바버러 에런라이크(Barbara
Ehrenreich)가 자신의 저서에서 이야기한, 노동자들이 극심한 빈곤과 주거
및 고용 불안, 열악한 노동 조건에 시달리는 현실에도 불구하고 이에 무
관심한 탐욕스러운 미국 사회를 향해 수치심을 가져야 한다고 강조한 것
과 같은 수치심이 그런 종류의 건설적인 수치심일 수 있다.

누스바움은 이러한 수치심은 누군가를 낙인찍지 않기 때문에 괜찮은
수치심일 수 있다고 말한다. 그럼에도 이런 도덕적 반성을 일깨우는 건설

적 수치심이 잘 작동하기 위해서는, 첫째로 도덕적으로 바람직한 규범에 호소해야 하며, 둘째로 나르시시즘(완벽한 자아 이상에 대한 사랑)적인 요소가 없어야 한다고 경고한다. 수치심은 자칫하면 비정상에 대한 낙인과 배제로 기능하기가 쉽기 때문에, 이런 수치심의 경우에도 신중해야 한다는 것이다.

## 혐오와 수치심이 없는 사회

수치심을 주지 않는 사회, 혐오가 사라진 사회를 만들려면 어찌해야 할까? 누스바움에 따르면 인간은 누구나 취약한 비정상성을 하나 이상 가지고 있을 수밖에 없다. 그는 어빙 고프만(Erving Goffman)의 사회학적인 논의를 끌어들여 인종, 장애, 계급, 지역, 학벌, 외모, 성별, 성적 지향 등에서 모두 완벽한 '정상적인' 사람은 있을 수 없다고 주장한다. 세상에 완벽한 성골은 없는 것이다.

우리는 또한 타인의 보살핌을 필요로 하고 서로 상호 의존할 수밖에 없는 존재다. 무엇보다도 나이가 들면 누구나 노인이 되고 장애인이 되며, 우리는 모두 언젠가 죽을 수밖에 없는 존재다. 태어날 때 부모의 돌봄을 필요로 했듯이, 나이가 들어서도 우리는 자식이나 국가의 돌봄을 필요로 할 것이다.

물론 많은 사람들은 이런 현실을 받아들이기 힘들어하며, 자신의 이런 취약성과 불완전성을 숨기려 하고, 이를 환기시키는 사람이나 집단에게는 수치심을 투사하는 방식으로 낙인을 찍고 모욕을 준다.

누스바움에 따르면 우리가 지향해야 할 사회는 인간의 취약함과 인간다움을 인정하고, 이를 제도적으로 보호해 주는 사회이다. 이 점에서 그는 모든 인간의 평등한 존엄성과 상호 의존성, 그리고 다양성과 다원성을 인정하는 롤스식의 정치적 자유주의를 옹호한다. 롤스에 따르면 모든 인간의 존엄성과 권리는 공공복리 같은 목적을 이유로 수단화되어서는 안 되며, 우리는 서로 타인의 종교, 세계관, 생활 방식과 같은 '포괄적 교설'(comprehensive doctrine)을 존중해 줘야 한다.

누군가는 동성 결혼이 도덕적이나 종교적으로 옳지 않으며 수치스럽다고 생각하거나, 여성의 자유로운 옷차림이나 성적인 표현이 도덕적으로 문란하고 수치스럽고 정숙하지 못한 일이라며 통제하고 싶어 할 수도 있다. 그런 포괄적 교설은 개인이 가질 수는 있지만, 그것이 사회의 법과 제도의 기초가 되어서는 안 된다. 특정한 누군가의 세계관이나 종교가 정치나 법의 영역에 들어와서는 안 된다는 것이다.

롤스는 그런 모욕과 수치심은 자유주의가 보장하고자 하는 시민의 존엄성과 배치된다고 보았으며 이를 중요한 문제로 보았기 때문에, '자존감의 사회적 기반(social base of self-respect)'이 정의로운 사회가 신경써야 할 가장 중요한 기본적 사회재(primary social goods)라고 이야기했다.

롤스의 이런 자유주의는 누스바움의 수치심에 대한 주장과 공명한다. 누스바움에 따르면, 타인을 통제하고 싶어 하는 도덕관이나 세계관은, 비정상적으로 보이는 열등함을 참지 못하는 원초적 수치심이 그릇된 사회적 편견으로 인해 강화된 경우일 수 있다. 누스바움은 이처럼 법이나 제도에 수치심이 들어와서는 안 되며, 그럴 경우 낙인에 취약한 사회적 약자들이 주로 피해를 입을 것이라고 주장한다.

누스바움의 말처럼 인간은 모두 불완전하고 불확실한 존재이며, 타인의 보살핌을 필요로 한다. 이것이 수치스러운 것이 아니라는 사실을 솔직하게 받아들이고, 서로 다른 차이를 받아들이며 상호 존중과 존엄성을 구축하는 자유주의 사회를 구축하는 것. 다시 말해 철학자 아비샤이 마갈릿 (Avishai Margalit)의 주장처럼 모욕을 주지 않는 사회를 만들어 나가는 것이 수치심과 혐오로부터 보호받는, 보다 정의로운 사회를 만드는 길일 것이다.

서울의 한 지역에서 발달장애인 특수학교에 대한 설립을 반대하는 주민들의 반발이 거세지자, 장애 아동을 둔 부모들은 토론회에서 주민들 앞에 무릎을 꿇어야 했다. 장애 자식을 둔 게 죄가 된 것이나 다름없었던 것이다. 뿐만 아니라 불법 촬영물, 즉 몰래카메라나 리벤지 포르노그래피 영상들을 유포당한 여성들은 사생활이 파괴되고 수치심으로 인해 사회적인 사형선고를 받아야 했고, 심지어 자살을 한 사례도 있다. 인천에서는 엄마가 외국인인 다문화가정 아이라는 이유로 패딩 점퍼를 빼앗기고 폭행을 당하여 목숨까지 잃어야 했던 중학생 아이의 사례도 있었다.

이 모든 끔찍한 사건들 뒤에는 모두 자신과 다른 존재, 나와 다른 몸을 가진 타자에 대한 혐오가 존재한다. 나와 다른 열등한 존재라는 이유로 그들은 혐오와 폭력을 경험해야 했던 것이다. 그러나 우리 모두는 언제든 혐오의 대상이 될 수 있는 취약한 몸을 가진, 일종의 타자이다. 늙고 병들고 배설하기도 하는 그런 동물성과 유한성을 함께 지닌 존재인 것이다. 누스바움의 말대로, 혐오와 수치심에 대해 우리 사회는 인간의 동물성과 유한성이 부끄러운 것이 아니라는 것, 타자와 내가 다르지 않음을 받아들이고 환영하는 것을 가르칠 수 있는 교육과 제도를 갖춰야 할 것이다. 그것이 이처럼 혐오의 희생양이 된 죽음들을 애도할 수 있는 길이지 않을까?

# 페미니즘 고전을 찾아서

발행일 2019년 7월 15일 초판  1쇄

지은이 **김상애 외 5인**

펴낸이 **연주희**

편 집 **윤소희**

펴낸곳 **에디투스**

경기도 성남시 분당구 장미로 101, 821-503

전화 **070-8777-4065** 팩스 **0303-3445-4065** 이메일 **editus@editus.co.kr**

**www.editus.co.kr**

Copyright ⓒ 김상애 외 5인, 2019, *Printed in Korea.*

ISBN 979-11-966224-8-0

이 도서는 한국출판문화산업진흥원 '2019년
우수출판콘텐츠 제작 지원' 사업 선정작입니다.